여성의 정치사상

울스턴크래프트와 밀

여성의 정치사상

울스턴크래프트와 밀

박의경 지음

책세상

제5부　탈젠더화된 정치사상의 세계

역사는 현실을 설명하고 미래를 예측하는 데 가장 기본적이고 중요한 자료이자 근거이다. 정치사상에서 정치사상사가 차지하는 비중은 역사가 현실에서 차지하는 비중과 유사하다. 정치사상이 정치사상사로부터 시작하는 이유가 바로 여기에 있다고 하겠다. 정치는 현실이고, 정치사상은 현실이 현실로 존재하는 이유를 찾아주는 길잡이 역할을 한다. 이러한 관점에서 정치사상사는 현재의 길잡이일 뿐만 아니라, 현재에서 미래로 가는 관문을 지키는 수문장이라고 할 수 있을 것이다.

현재 진행되고 있는 현상을 설명하기 위해 필요한 재료는 역사에서 찾아볼 수 있고, 맞추어진 역사의 조각들은 이제 미래로 가는 길을 찾는 데 단서를 제공한다. 인간으로 태어나 인간으로 성장했으나, 사회에서는 남성과 여성으로 구분되어 각기 다른 궤적을 따라 사는 삶이 당연하고 자연스럽다고 생각하는 것이 모든 이의 자유와 평등을 설파한 '근대기획'의 기본적 사고라는 점에 이 책은 의문을 제기한다. 사상가들이 오랫동안 다루어왔지만 어떤 모습인지 확실히 알 수 없었던 인간의 자유와 평등, 개인의 독립성과 자율성 등이 혁명의 시대를 지나면서 법과 제도로 구체적인 틀을 갖추며 사회에 자리 잡아가는 시기를 '근대'라 하고, 당시의 제도적 정착 과정을 '근대기획'이라 칭한다. 같은 인간으로 성장한 남성과 여성이 왜, 어떠한 경로를 거쳐 각기 다른 궤도를 따라가는지, 이로써 남성과 여성에게 발생하는 문제점은 없는지, 인간이라는 말과 남성, 여성은 관련이 있는 것인지, 있다면 '어떻게', 없다면 '왜'라는 질문이 연이어서 제기된다. 인간이라는 근본 문제에 대한 답변이 제대로 되어 있지 않기 때문이다.

20세기 말부터 여성의 사회적 · 정치적 권리가 눈에 띄게 신장하고 21세기 지구상 대부분의 나라에서 남녀평등을 헌법상의 권리와 의무로 명기하고 있음에도 여전히 부족한 여성 대표성을 호소하는 나라가 있는가 하면, 역차별론으로 역공세를 펴자고 주장하는 나라도 있다. 여성의 문맹률이 아직도 높아 여성 교육부터 당장 해야 하는 나라가 있는가 하면, 일하는 여성의 비율이 너무 높아 어떤 직종에서는 남성 할당을 따로 해야 한다는 주장이 나오는 나라도 있다.

21세기는 과거와 미래가 현재라는 시공간에서 조우하는 매우 기이한 사상적 담론 구조를 보이고 있다. 고도의 기술력 덕분에 3D 작업으로 미래의 현실화를 앞당길 수 있게 되었지만, 그 작업의 콘텐츠는 여전히 과거의 소재를 벗어나지 못하고 있다. 근대 과학혁명 이후 앞서가는 과학의 화살을 인간의 머리가 따라잡지 못하는 '사고와 과학의 역전 현상'이 새삼스러운 것은 아니지만, 최소한 근대 이전에 인간의 사고는 과학의 방향을 설정했고, 규정했고, 평가를 내렸다.

여기에 21세기가 10년도 더 흐른 지금 여성정치사상을 탐구하기 시작하는 근거가 있고, 18세기 근대의 초입을 그 출발점으로 설정한 이유가 있다. 오늘을 말하기 위해서는 과거를 알아야 하고, 오늘이 명백해져야 미래가 밝은 모습으로 다가올 것이다. 과거는 오늘의 존재 근거이자 미래로 가는 출발점이다. 여성정치사상이 2,500년 역사를 자랑하는 정치사상사의 끝자락에서 이제야 출발하고 있는 것처럼 보이지만, 실제로는 이미 300여 년 전부터 시작되었다는 점에 착안하여 그 태동의 역사를 오늘 다시 꺼내 보고자 한다.

미래로 가는 길의 궤도를 바꾸려면 현재만 수정해서는 소기의 목적을 달성할 수 없다. 현재가 과거로부터 축적되어온 결과를 반영하고 있기 때문이다. 현재의 근원으로서의 과거를 정밀하게 분석하고 현재를 바르게 파악해야만 미래 발전 방향을 제대로 설정할 수 있다. 영화 〈백 투 더 퓨처Back to the Future〉3편에서 미래를 잘못 건드린 탓에 왜곡된 현실을 바로잡고자 과거로 가는 주인공의 모습은 잘못되어가는 미래를 바로잡는 힘이 과거의 역사로부터 나온다는 사실을 극적으로 보여준다.

여성이 배제된 정치사상사의 흐름에 익숙한 우리 상황에서, 어느 날 갑자기 사회에 나타난 여성의 존재는 근원에 대한 끊임없는 의문을 불러일으킨다. 19세기에 민주주의가 제도적으로 각 국가에서 자리 잡으면서, 정치의 주인이 시민이라는 보편적 사고 또한 확산된다. 시민으로 사회에 나타나는 사람들이 모두 남성인 상황에서 '여성도 시민인가?'라는 질문은 근대민주주의에서 선거권의 확대 과정을 통해 해결되어야 하므로 대두하는 자명한 질문이라고 할 수 있다. 중세 초기 각종 종교회의에서 제기된 '여성이 인간인가?'라는 질문은 명확한 답을 얻지 못한 채 역사의 뒤안길로 숨어버렸고, 이렇게 답을 얻지 못한 질문은 근대 이후에 와서 '여성도 시민인가?'라는 또 다른 질문으로 역사의 전면에 다시 등장하게 된다.

중세의 미해결된 과제가 다시 근대의 과제로 등장함으로써 해결되지 않은 과제는 언제라도 다시 나타나 역사의 수레바퀴를 거꾸로 돌릴지도 모른다는, 퇴행에 대한 우려를 자아낸다. 여성의 권익 신장을 역설하는 여성주의 운동이 1960년대부터 발생했지만, 20여 년이 채 지나지 않아 반동 backlash이라는 퇴행 현상이 나타난 이유는 무엇일까? 이는 여성주의의 역사적 기원과 근저에 대한 분석과 연구의 부족 때문이다. 여성 정치 참여를 논하면서 현실에서의 '끼어들기', 미래의 '새판 짜기'와 함께, 과거와 역사 속의 '숨은그림찾기'라는 작업에 필자가 주목하는 이유가 여기에 있다. 숨은그림찾기는 역사 속에 존재했던 여성들의 목소리와 아우성을 찾아내어 전체 그림을 완성하는 작업으로, 과거와 현재를 이어주면서 미래의 비전을 제시한다. 끼어들기는 지금 상황에서 남성적 구도가 잔존하더라도 그 상태 그대로 끼어들어 여성의 참여율을 높이는 일로, 미래를 위한 준비 작업이다. 새판 짜기는 여성주의적 시각으로 새로이 구성된 사회에서 여성의 속성이 인위적으로 변화하지 않아도 정치적·사회적 권리를 자연스럽게 향유하게 되는 것으로 미래를 앞당기는 역할을 한다.

혹자는 이제 여성 관련 논의와 담론은 수명을 다한 것이 아닌가 하는 의문을 제기하기도 한다. 여성의 권리가 법제화되고, 권익이 상당한 정도로 보장되고 있는 21세기의 현실에서 과연 여성정치사상의 역사를 뒤지는 작업이 필요하냐는 것이다. 그러나 현실에서의 끼어들기가 힘을 발휘하고 미래에도 지속하기 위한 탄력을 받으려면 바로 숨은그림찾기——즉, 사상사 속의 여성 관련 활동과 여성 권리에 대한 담론의 존재를 드러내기——가 필요하다. 실제로 어떠한 새로운 일에 정당성을 부여하고자 할 때 우리가 언제나 전례와 관례를 찾는 것처럼, 여성 존재의 정당성은 해당 분야 최초의 존재를 찾는 작업에서 확보될 수 있다.

현실의 문제를 고쳐서 제대로 된 미래로 나아가기 위해서는 과거로 돌아가 문제의 근원을 살펴보고 원인부터 치료해나가는 것이 그 첫걸음이다. 지금 눈앞의 문제만을 고치는 것은 임시변통의 땜질에 불과하다. 원인 진단의 오류 가능성을 염두에 두어, 여성정치가 정체하는 현실에 대해 대책을 세우고 미래의 가능성을 타진하기 위해서는 역사 속 여성정치사상의 근대적 토대를 분석해야 하는 것이다.

이 책 제1부에서는 보편성과 중립성을 기저로 하는 정치사상사의 흐름 속에서 배제되어버린 여성들을 찾아내는 작업을 통해 여성정치사상의 가능성을 개진한다.

이어지는 제2부의 '젠더화된 정치사상'에서는 근대정치사상의 남성 중심성, 비중립성, 성맹목성gender-blind을 지적하고, 그 결과 여성이 배제되면서 길을 잃어버린 근대기획의 모습을 살펴본다. 길을 잃었을 때 길을 찾으려면 출발점으로 다시 돌아가는 것이 기본이다. 마찬가지로 숨어 있던 여성의 존재에 대한 기억과 인식 없이 남성 중심 사회의 무성적gender-blinded 의식으로 정립된 현실에서는 여성 권리와 관련된 법과 제도의 뿌리를 찾아야만 그 토대를 복원하여 사상누각의 상태에서 벗어나 안정을 되찾을 수 있다.

제3부에서는 자유와 평등이라는 시민혁명 정신을 추구했던 메리 울스턴크래프트Mary Wollstonecraft(1759~1797)의 작품 속에 나타난 여성에서 인간으로 태어나려는 18세기 여성들의 항변과 울부짖음을 파헤치면서, 이를 당시 주류 사상가 장 자크 루소Jean-Jacques Rousseau(1712~1778)의 사상과 비교하여 분석한다. 여성은 언제나 있었고, 여성은 언제나 행위와 의지의 주체였으며, 정치적 정체성을 가진 존재였으므로, 인간이자 시민 됨에 하자가 있을 수 없고, 여성이 시민에 포함되지 못하는 것은 결국 인류 사회의 결정적 손실이며, 교육을 통해 여성이 시민으로 바로 설 수 있다면 사회 발전의 진정한 초석이 되리라고 울스턴크래프트는 주장했다. 따라서 여성 교

육은 그 사회가 미래를 위해 첫 번째로 투자해야 하는 것이었다.

제4부에서는 존 스튜어트 밀John Stuart Mill(1806~1873)의 자유와 종속에 대한 공리주의적 분석으로 제3부에서 등장한 울스턴크래프트의 '광야에서의 외침'이 민주주의 사회라는 정치 현장으로 파고드는 모습을 보여준다. 젠더화된 근대정치사상이라는 현실을 인식한다는 것은 우물 속의 개구리가 우물 밖의 세상을 인식하는 것처럼, 거의 불가능에 가까운 일이었다. 공리주의자이자 자유주의자 밀은 해리엇 테일러Harriet Taylor(1807~1858)와의 지적 교류를 통해 제한된 시공간에 갇혀버린 한 인간으로서의 한계를 극복하고 자신과 현실을 들여다보기 시작한다. 밀은 시민혁명으로 시작된 자유와 평등 개념이 민주주의를 통해 제도화되어가는 과정을 미국에 가서 직접 살펴본 프랑스의 정치가이자 역사가 알렉시 드 토크빌Alexis de Tocqueville(1805~1859)의 분석을 공유한다. 그러면서 밀은 자유와 종속의 사회적 의미를 파헤치고 대의 민주주의와 개인의 자유를 설정하며 보편을 중시하는 과정에서 보편에 포함되지 않을 수 있는 존재들이 있음을 인식하는 한편, 이들을 위한 제도적 장치에 초점을 맞추게 된다. 이러한 과정을 통해 밀은 근대의 핵심 개념인 자유가 중립적인 개념이 아니라 이미 젠더화된 개념임을 인식한다.

제5부에서는 자유에서 배제되는 자들에 대한 관심과 함께 자유의 탈젠더화라는 미래적 자유주의를 구상하는 과정을 보여준다.

울스턴크래프트와 밀은 탈젠더화된 정치사상의 세계를 형성하는 두 개의 기둥으로 현실의 토대를 마련하는 동시에 현실의 배를 미래로 밀어나가는 동력을 제공하게 된다. 여성주의가 반동적 저항에 시시때때로 부딪치듯이 민주주의도 간헐적으로 발생하는 보수 반동적 저항과 조우하게 마련인데, 그 저항의 파고를 넘어서는 동력이 과거의 파도에서 유입되는 에너지를 통해 제공되는 것이다. 미래를 위해 과거를 살펴보아야 할 이유가 바로 여기에 있다.

이렇게 해서 근대사상의 이념인 자유와 평등에서 배제되는 이가 없어지고 근대기획은 '그들만의 리그'에서 벗어나 진정한 보편성을 담보하게 될 것이다. 그래야만 정치사상은 보편적이고 중립적이며, 개별적이고 구체적이기도 한 모든 이의 정치사상으로 자리매김하면서 열린 미래로 나아갈 수 있다. 근대기획의 잘못된 출발을 지적하고 바로잡는 '근대 바로 세우기'는 정치사상의 보편성과 중립성이 다른 편견 없이 정당하게 받아들여지는 토양의 형성을 궁극적 목표로 하고 있다. 울스턴크래프트의 절절한 외침과 밀의 조용하지만 강력한 담론은 이상과 현실 양면에서 정치사상의 필요성과 당위성을 더욱 강조하고, 보편적 정치사상이 미래의 방향을 제시하는 불꽃이자 어두운 바다에 빛을 비추는 등대라는 사실을 우리에게 알려준다. 과학이 사상을 선도하다 못해 압도하고, 눈에 보이는 실용이라는 가치가 보이지 않는 가치를 앞서나가고 무시하기까지 하는 현 세태에 정치사상이 왜, 무엇을 위해 필요한 것인지를 독자가 이 책을 통해 알게 된다면, 필자로서는 더 이상 바랄 것이 없겠다.

이 책을 이미 오래전부터 구상해왔기에 그동안 주제별로 작성한 단일 논문들을 학술지에 발표하기도 했다. 제2부 · 제3부 · 제4부에는 필자가 학술지에 발표한 논문 다섯 편을 부분적으로 수정 · 증보하여 옮겨 실었으며, 그 서지 사항은 각주에 상세히 밝혀놓았다.[1] 이 논문 다섯 편은 글의 중심을 차지하고 있어 많은 내용을 옮겨 실었지만, 한 권의 책으로 편제하기 위해 다시 살펴보는 과정에서 몇몇 문구에 수정을 가하는 동시에 새로운 내용을 대량 보충했다. 실제로 기존의 글을 다시 보는 과정에서 발견되는 실수와 부정확성은 필자에게 고통과 부끄러움을 안겨주었지만, 이러한 사전 작업 덕분에 이 책이 완결될 수 있었다는 점을 인정하지 않을 수 없다. 해당 논문을 이 책에 실을 수 있도록 허락해준 전남대학교 5.18연구소, 한국정치외교사학회, 한국정치사상학회, 성신여자대학교 동아시아연구소에 감사드린다.

비록 타인의 의지로 세상에 태어났지만 성인이 되어 자신이 세상에서 할 일을 찾았다면 후회 없는 삶이라고 말할 수 있을 것이다. 어쩌면 인간의 삶이란 자기가 하고 싶은 일, 해야 할 일을 찾아가는 여정 그 자체인지도 모른다. 나의 의지가 아닌 타인의 의지로 들어선 삶에서 나의 의지를 찾는다는 것은 세상에 없는 것을 찾아가는 허무한 인생 행로를 예견한 말일 수도 있다. 타인의 의지로 시작된 나의 삶이 나의 의지로 이행해가는 과정과 그 과정의 끝에서 누군가의 의지를 통해 생을 마감하는 것이 인간의 삶이라고 할 때, 정치사상을 연구하는 학자로서 나의 삶은 어디쯤 와 있는지 나를 객관적 대상으로 놓고 들여다보고 싶은 심정이다.

내가 나 자신을 객관적으로 바라볼 수 없는 현실에서, 정치사상은 과연 무엇을 말하고, 무엇을 예견하고, 어디로 향하는 것인지 알아보고 싶은 욕망이 글을 쓰는 과정에서 생겼다면 욕심일까? 목표를 보고, 목적을 정하고 움직이기 시작했다면, 이미 그것은 왜곡된 글쓰기라고 할 것이다. 《여성의 정치사상》이라는 이 책도 집필 과정에서 몇 번의 궤도 수정을 거쳤다. 기획 단계에서 미처 생각하지 못했던 문제들이 발생하고 새로운 것들이 추

---

1   제2장 : 〈계몽과 근대의 아포리아, 여성〉, 《민주주의와 인권》 제13권 1호(전남대학교 5.18연구소, 2013). 제3장 : 〈근대정치사상과 인권 그리고 여성〉, 《한국정치외교사논총》 제30집 2호(2009). 이 글은 또한 김비환 외 15인이 공저한 《인권의 정치사상》(이학사, 2010) 제8장에 수록되어 있다. 〈프랑스대혁명과 근대기획, 그리고 여성의 희망과 절망〉, 《한국정치외교사논총》 제34집 1호(한국정치외교사학회, 2012). 〈루소와 울스턴크래프트〉, 《정치사상연구》 제18집 2호(한국정치사상학회, 2012). 제4장 : 〈밀의 민주주의론〉, 《국가와 정치》 제19집(성신여자대학교 동아시아연구소, 2013).

가되면서, 이 책은 이제 과거의 사상을 다루는 데 그치지 않고 미래의 열린 사회를 위한 발전 전략이라는 새로운 목표로 방향을 설정하게 되었다.

세상은 더욱더 세속적으로 변해가고 모두가 미래로만 향하고 있지만, 그러한 세상을 가능하게 하려면 누군가는 세속의 근간이 되는 가치를 지켜야 하고, 미래를 가능하게 하는 과거와의 연결고리를 붙잡고 있어야 한다. 이 세상에 태어나 내가 할 수 있는 일이 있고, 그 일을 하는 것이 행복이라고 할 때, '나는 행복하다'고 답할 수 있는 이유를 바로 여기서 발견한다. '안녕들 하십니까?'라는 2013년의 질문에 아직 답을 하지 못한 채 2014년으로 넘어왔지만, 이 책을 마무리하는 과정에서 '행복들 하십니까?'라는 질문이 주어진다면 '그렇다'고 답할 수 있을 것 같다. 그래서 나는 행복하다. 이 책은 나에게 행복 그 이상이다.

나의 학문적 성취를 무엇보다 바라고 지원해주셨던, 고인이 되신 나의 아버지 영전에 이 책을 바치고, 언제나 나를 사랑으로 지켜주시는 어머니께 가장 먼저 이 책을 헌정한다. 나아가 이 책은 나를 지켜주고 내가 지키고자 하는 모든 사람의 것임을 선포하고자 한다. 세상은 앞에 나가 싸우는 사람들보다 뒤에서 지키는 사람들을 통해 전승되고 지속되는 것이므로 묵묵히 일상을 영위해나가는 시민들에게 열정적 신뢰를 보낸다.

지루한 작업임에도 마다치 않고 교정을 맡아준 전남대학교 정치외교학과 박사과정에 있는 황옥자, 형은화에게 고마움을 전하고 그들의 학업에 좋은 결실이 있기를 바란다. 또한 이 책이 한국연구재단의 2009년 인문저술사업[2]의 지원을 받아 집필될 수 있었음을 밝히고, 어려운 상황에도 기꺼이 출간을 맡아준 책세상에도 감사를 드린다. 책세상의 도움이 없었다면

2 한국연구재단 인문저술 과제번호 nrf-812-2009-2-B00066.

이 책이 이 모습으로 나오기란 불가능했을지도 모른다. 특히 교정을 담당해준 편집팀 이단네 님의 노고에 감사와 함께 찬사를 보낸다.

더불어 나는 마지막 감사를 당연히 이 모든 일의 근본에 계시는 하나님께 드리고 싶다. 시작을 가능케 하셨고, 오랜 인고의 과정을 통해 이렇게 결실을 맺을 수 있도록 기다려주신 하나님의 은혜에 무한한 감사를 드린다.

메타세쿼이아가 보이는 용봉동 연구실에서

2014년 8월

박의경

제1부

/

정치사상과 여성

제1장

서양정치사상사
—정치적인 것에 대한 성찰의 역사

세상을 살아가면서 인간은 많은 선택에 직면한다. 그 과정에서 어떤 기준으로 어느 것을 선택하고 결정해나가는가에 대한 내용을 다루는 학문이 정치학이다. 정치는 공동체의 조직에서 사람들의 대립된 생각을 다루는 행위다. 자신들이 사회의 질서를 통해 얻고자 하는 것에 대한 견해에서 불일치가 발생하면, 정치가 들어설 여지가 생긴다. 즉, 사회에서 통치 원칙에 대한 합의가 형성되지 않을 때, 정치가 등장하는 것이다.

정치적으로 선택하고 행위한다는 것은 독립적인 합의 기준 없이 책임 있게 합리적·공적으로 행동하고 선택하는 것을 의미한다. 확실한 지식, 참된 과학이나 절대적 선이 있는 곳에서는 어떠한 갈등도 진리에 준거하여 해결될 수 있으며, 따라서 정치적 필요성은 사라진다……정치는 진실이 알려져 있지 않거나 아직 알려져 있지 않은 분야에 대해서만 관심을 갖는다. [확실한 것에 대해서는]³ 투표를 하지 않는다……[어떤 것에 대해서는] 많은

견해차를 보인다. [이렇게] 합의가 멈춘 곳에서 정치는 시작된다. (Barber 1984, 129쪽)

인간을 둘러싼 대부분의 사안은 정치적 선택을 필요로 한다. 정치사상이란 정치적인 삶과 관련 있는 정치적인 것을 선택할 때 어떻게 선택할 것인가 하는 사안을 다룬다. 독일 태생의 유대인으로 미국에서 정치철학자로 활동한 레오 스트라우스Leo Strauss(1899~1973)[4]에 따르면, 정치적인 것은 본질상 찬성과 반대, 승인과 거부 등 개인의 선택과 필연적으로 연관되어 있다. 따라서 정치적인 것은 결코 중립적일 수 없으며, 인간으로 하여금 판단하고 결정하게 한다(Strauss 1959, 12쪽). 그러므로 인류가 존재하기 시작할 때부터 정치사상의 역사는 이미 시작되었다고 할 수 있다. 인간이 관계를 형성하여 살게 되면서, 판단하고 선택할 일이 생기게 되었다. 곧 정치적 선택을 해야 할 필요성이 발생한 것이다. 정치적인 것들에 대한 선택과 결정을 위해서는 기준이 필요해지는데, 이 기준에 대한 논의가 바로 정치사상이라고 할 수 있다. 정치사상은 정치사회의 질서를 유지하기 위해 필요한 것이다.

이렇게 볼 때 정치사상은 어쩌면 매우 현실적인 학문 분야라 할 수 있다. 근본 사상과 원리, 원칙이 모두 현실에서의 질서 유지를 목적으로 한다고 본다면, 어느 시대의 정치사상을 알기 위해서는 그 사회가 과연 어떻게 유

---

3 [ ]의 내용은 필자가 추가한 것이다.
4 실제로 스트라우스는 정치사상과 정치철학을 구분하고 있다. 정치철학이 정치적인 것의 권리와 좋음goodness, 정치질서의 개념, 즉 앎에 대한 추구라면(인간의 행복을 위해서 중요한 것이 좋음이고, 좋음에 가까이 가기 위해 필요한 것이 바로 앎, 즉 지식이라는 의미이다), 정치사상은 여기에 행동이 결부된 것을 추구한다고 설명한다. 즉, 정치사상은 법과 제도를 비롯한 사회에 구체적으로 드러난 것들을 연구한다(Strauss 1959, 12쪽).

지되어왔는가를 먼저 알아야 한다는 것이 바로 정치사상이다. 여기서 기원전 5세기 고대 그리스에서 소크라테스Socrates(기원전 470?~399)가 겪은 어려움을 알 수 있다. 소크라테스는 사회의 정신적 근간이 되는 절대적 진리가 존재한다고 생각했고, 당대 주류 학자들(당시에는 소피스트라고 지칭되지만 후일 궤변론자라고 지칭되는 학자들)은 정치사회 현실에 따라 상대적으로 맞는 진리가 존재한다고 주장한다. 철학은 개념의 본성을 추구하는 것이므로 자신의 주장이 현실에서도 설명력이 있다고 역설한 소크라테스를 소피스트들은 비웃었다. 결국 소크라테스는 그리스 시민 배심원단의 판단에 의해 사회와 젊은이들을 타락시켰다는 이유로 죽음을 맞이한다. 이를 두고 정치가 철학을 죽인 사건이라 규정한 플라톤은 현실정치에 대한 희망을 버리고 이상국가 논리를 제시하게 된다. 현실정치는 이미 자정 능력을 상실했으므로, 외부의 철학을 통해서 구원의 메시지를 받아야 한다는 것이다.

플라톤Platon(기원전 428?~347?)의 전통을 이어받은 스트라우스는 인류사에 보편적으로 적용될 수 있는 개념을 추구하는 것으로서의 정치철학과 정치사상을 구분하고 있다. 플라톤 이후 아리스토텔레스Aristoteles(기원전 384~322)는 정치철학과 정치사상의 결합을 시도하면서, 현실의 구원은 현실에서 발견될 수 있음을 제시한다. 정치사상은 현실정치 속에서 발견되는 원리에 정의의 원칙이 결합될 수 있는 가능성에 대해 연구하는 것으로, 사회의 '공동선'과 '공동의 이익'을 궁극적으로 추구한다. 인간이 건강하기 위해서는 몸에 좋은 것을 골고루 섭취해야 하고 신체가 고르게 발달해야 하는 것처럼, 정치사회에서도 질서가 유지되기 위해서는 그 사회의 공동선과 공동의 이익이 과연 무엇인지에 대해 사람들이 공감하고 이를 위해 공동으로 노력해나가야 한다는 것이다.

플라톤은 대화편《프로타고라스 *Protagoras*》에서 그리스 신화를 빌려 인간의 공동생활의 연원에 대해 설명한다. 신들에게서 생존에 필요한 재능과 기술을 부여받았으나 자연의 다른 피조물에 비해 상대적으로 약한 인간들은 함께 모여 살기로 결정했다. 이렇게 도시를 형성하고 모여 살게 되었으나 모여 사는 기술, 즉 정치의 기술이 부족하여 서로에게 상처를 주게 되자 도시는 해체되고 파괴되었다. 이를 보고 제우스는 인류가 파괴되지 않도록 정의 justice를 주기로 결정한다.

> 제우스는 전체 인류가 전멸할 것을 두려워하게 되었으며, 헤르메스를 그들에게 보내어 도시에 질서를 부여하는 원리 및 우애와 유대로서 존중 respect과 정의를 전달하게 했다. 헤르메스가 사람들에게 정의와 존중을 어떻게 분배해야 하는지 질문했다……제우스는 대답했다. "모두에게. 그들 모두 자신의 몫을 가지게 하라. 다른 기술과 마찬가지로 소수만이 그 덕(정의와 존중)을 공유한다면 도시는 존재할 수 없다." (Hamilton 1971, 319~320쪽)

여기서 공적인 것, 공통의 것, 일반적인 것이라는 정치사상 용어의 기원이 나타나고, 또한 정치질서를 사회의 모든 구성원이 이해관계를 가진 관심사를 다루기 위해 창조된 공통의 질서로 보았던 서양 정치전통의 연원이 잘 드러난다.

사람들이 모여 살면서 '공동선'과 '공통의 이익'을 추구하기 위해서는 인간과 사물, 그리고 거기서 발생하는 사건들이 필요하다. 정치사상이란 한마디로 "정치적 현실의 실상을 파헤치고 그 현실에 의미를 제시해주는 것이다. 따라서 정치사상은 정치적 현실의 의미나 정치가 지향해야 할 바를 제시함으로써 그 정치적 현실을 변형시키는 것이다"(세이빈 1997, 28쪽).

정치사상이란 현실의 갈등과 문제점에서 출발하여 미래로 이어지는 것으로, 미래사회의 질서를 형성하기 위해 절대적으로 필요하다는 점을 부인할 수 없다. 또한 정치사상의 출발점이 현실이라는 점은 사회에서 발생하는 갈등과 문제에 대한 답변과 해결책을 사람들은 정치사상에서 구하고 있다는 것을 의미한다.

정치사상이 현실의 공적 문제를 해결하고자 한다는 전제로부터 정치사상의 중요성과 더불어 위험성이 드러난다. 문제를 설정하고, 그 전제와 근거를 중심으로 논의를 전개하여 현실에 정당성과 당위성을 부여하고, 미래로 이행할 수 있는 추동력을 일으킨다는 점에서 정치사상은 인류정신사의 발전을 위해 매우 중요하지만, 동시에 잘못된 방향으로 부정확하게 규정이 될 경우 정반대로 잘못과 왜곡의 합리화를 통해 역사를 전혀 다른 방향으로 이끌 수도 있다는 위험성을 내포한다. "합의가 멈춘 곳에 정치가 들어선다"는 벤저민 바버Benjamin Barber의 말처럼 정치는 하늘이 아니라 지상에서 출발한다. 따라서 정치사상은 절대적으로 옳은 것이라기보다는 사람들이 옳다고 생각하는 것을 좇을 가능성을 가진다. 고대 이후 많은 사상가들이 절대적으로 옳은 것과 옳다고 생각되는 것의 간격을 좁히기 위해 여러 가지 방법을 시도해왔으나, 왜곡된 방향으로 움직일 수 있는 가능성만은 제거할 수 없었다.

옳다고 생각되는 것에 경도되는 현실 세계와 옳은 것을 천착하는 정치철학 사이에서 정치사상은 일종의 균형점을 찾아내려고 시도한다. 옳은 것만으로 세상은 유지되기 어렵고, 옳다고 생각되는 것만으로 정치의 근간인 질서를 도출해낼 수 없기 때문이다. 철학과 정치의 첫 번째 만남에서 소크라테스의 죽음을 통해 플라톤은 철학의 입장에서 정치와의 단교를 선언하지만, 소크라테스는 플라톤의 저술을 통해 부활하여 그의 사상은 고대 이후 중세까지 정치사상의 근간을 이루게 된다. 인간 사회에서 규정되는 절대적 진리가 존재하며, 근본적인 무엇인가가 존재한다는 믿음으로부터 정치사상은 세상에 질서를 형성하기 위한 근본적인 가치를 논의하는 데 초점을 맞춘다.

또한 플라톤은《티마이오스Timaeos》에서 우주의 근본을 논하면서 인간의 창조 문제를 다루는데, 사람들에게 필요한 것을 만들어주는 장인으로서의 만드는 자 데미우르고스Demiurgos[5]가 세상에 있는 것들을 모아 조화로운 형상을 만들어낸 것이 바로 인간이고 우주라고 말한다. 우주와 인간에 대해 플라톤은 다음과 같이 설명한다.

죽게 마련인 생물들과 불사의 생명체들을 받아 이처럼 가득 차게 된 우주는 가시적인 생명체들을 에워싸고 있는 가시적인 살아 있는 것이며, 지성에 의해서 알 수 있는 질서의 모상eikon이요 지각될 수 있는 신이고, 가장 위대하고 최선의 것이며, 가장 아름답고 가장 완벽한 것으로 탄생된 것이 이 유일한 종류의 것인 하나의 천구ouranos입니다. (플라톤 2000, 256쪽)

데미우르고스가 우주를 창조하는 데 있어서 그 근본 목적과 방법은 바로 '좋음agathon의 실현'에 있다는 것이 플라톤의《국가 · 정체Politeia》에서처럼《티마이오스》에서도 다시 구현된다. 따라서 세상은 형성될 때, 무질서에서 질서로 이동하는 운동의 방향성을 이미 가지고 있음을 제시하기도 한다.

---

5 플라톤의《국가 · 정체》제6권 500d에서 데미우르고스는 어떤 가치의 구현자로 제시되며, 대체로《국가 · 정체》전반에 걸쳐 우주 또는 세계의 창조자로 지칭된다(플라톤 1997, 419~420쪽).

그[우주를 구성한 이]는 훌륭한 이였으니……모든 것이 최대한 자기 자신과 비슷한 상태에 있게 되기를 바랐습니다……이는 신이 모든 것이 훌륭하기를 바랐지……볼품없기를 바라지는 않았기 때문인데, 이처럼 가만히 있지 않고 조화롭지 못하며 무질서하게 움직이는 가시적인 모든 것을 그가 받아서는, 그것을 무질서 상태에서 질서 있는 상태로 만들었습니다. 질서 있는 상태가 무질서한 상태보다 모든 면에서 더 좋다고 생각해서였죠. (플라톤 2000, 82~83쪽)

이와 더불어, 제우스가 이미 형성된 인류가 혼란 속에서 절멸될까 두려워 그들의 존속을 위해 정의를 주었다는 것은 질서 형성이 인간 사회를 정립하는 데 필수적이라는 것을 의미한다.

이제 질서 유지는 인간이 사회를 형성하고 살면서 생명을 유지하고 존속하는 데 필요한 절대적 조건이 되었고, 이를 위한 수단을 제시하는 것이 정치사상의 중요한 임무가 되었다. 질서 유지에 대한 사람들의 생각이 언제나 같지 않으므로, 합의가 없는 곳에 정치가 들어선다는 것은 자명한 귀결이었다. 정치적으로 질서 유지를 위한 원칙을 형성하는 데 근본 요소로서 등장한 '정의'와 '공적인 것res publica'은 누구의 의견도 절대적으로 우위를 차지할 수 없는 인간의 삶에서 정치가 이제 피할 수 없는 영역이 되었음을 드러낸다. 정치사상이란 바로 이 장면에서 데미우르고스나 제우스처럼 사회가 나아갈 근본 방향을 제시하는 역할을 하게 된다.

보다 구체적으로 정치사상은 '정의'나 '공적인 것'이 무엇인가에 대해 논쟁하기 시작한다. 키케로Marcus Tullius Cicero(기원전 106~43)는《국가론 De Republica》에서 이 문제를 다루면서 플라톤이 상정했던 상상 속의 '이상국가'가 아닌 현실의 정치공동체Commonwealth, 즉 국가에서 답을 찾고자

한다.《국가론》에서 정치공동체에 대해 스키피오Scipio(기원전 185~129)
의 입을 통해 키케로가 내리는 정의는 다음과 같다. "정치공동체는 국민적
문제이다. 그러나 국민이란 아무렇게나 모은 사람들의 집단이 아니라 정
의에 대한 존중과 공공선에 대한 동료의식으로 결합된 다수 사람들의 집
합이다."(Cicero Republic. I. 39. in Strauss · Cropsey 1972, 137쪽 ; Cicero 1985,
129쪽에서 재인용). 스키피오는 정치공동체가 인간의 나약함보다는 자연이
인간에게 심어준 사회성 때문에 성립된다고 보고, "정치공동체가 행복하
고 덕 있는 삶에 본질적으로 작동하는 한, 정치공동체는 자연스러운 현상"
(Strauss 1972, 137쪽)이라고 역설한다.

　실제로 키케로는《국가론》에서 아카데미학파 회의론자인 필루스Philus
의 입을 통해 인간의 본성과 정의의 추구가 언제나 들어맞는 것이 아님을
지적하면서 정의에서 생기는 이익과 정의를 철저하게 따르는 데서 발생하
는 문제를 피해야 한다고 역설한다. 하지만 기원전 2세기경 로마의 정치
가 라엘리우스Laelius는 정의 자체가 바로 자연질서의 일부라는 논리를 내
세운다. 정의란 진실하고 영원하며 보편적인 법에 내재하고 있다고 본 그
는 정의 그 자체도 진실하고 영원하며 보편적인 것임을 밝히고자 했다. 이
에 대해 후일 로마의 신학자 락탄티우스Lactantius(240?~320?)는 라엘리우
스의 자연적 정의와 필루스의 시민적 정의를 구분하면서, 진정한 질문은
자연적 정의의 존재와 효율성에 있다고 지적한다. 키케로의 글에서 정의와
조화의 관계에 대해 명확한 답변이 발견되지는 않으나, 조화는 정의의 결
과임을 자연스럽게 추정할 수 있다(Cicero 1985, 54쪽).

　신성하고 영원한 법의 인간적 모방, 바로 이것이 정치사회를 연합시키는
유대이다. 국가는 법 없이 존재할 수 없으며, 바로 그 정의로 인해 국가는 법

아래 연합된 사람들의 집단이라 할 수 있다. 따라서 키케로는 법이 왜 정치 사회의 필수불가결한 요소인지에 대해 매우 명확한 입장을 취한다. 모든 사람에게 동일한 방법으로 영향을 끼치는 국가에 동일한 요소가 있어야 함은 필연적이다. 키케로에 따르면, 오직 법만이 동등한 조건으로 모든 시민이 공유할 수 있는 유일한 것이다. 정의로워야 한다는 당위적 요구 이외에도, 법의 본질적 기능은 모든 이에게 동일하게 적용되고 특별한 면제도 과도한 특혜도 있어서는 안 된다. (Cicero 1985, 52~53쪽)

결국 정의의 문제는 법의 문제로 이어진다. "진정한 법은 자연과 일치되는 바른 이성이자 정의로운 행위를 통해 가장 지혜롭고 큰 보상을 얻을 수 있을 것"이라는 라엘리우스의 주장은 "덕은 유익한 것"이라는 소크라테스의 주장과 맥을 같이한다.

키케로에 따르면, 인간이 가진 이성능력은 신으로부터 온 것이고 이성은 신과 인간이 공유하는 신성한 능력이다. 이성이 좋은 정치질서를 유지할 수 있도록 제우스가 인간에게 준 바로 그 정의의 기원이 되는 것으로서 법의 원천으로도 자연스럽게 이어진다. 현실과 이상의 논쟁과도 같은 필루스와 라엘리우스의 논쟁을 통해서, 키케로는 법 정신의 근간이 되는 정의의 원칙과, 현실에서의 법 적용 사이에서 균형점을 찾아내고자 한다. 최선의 정치질서를 추구하는 가운데, 정치적 삶의 본질적 한계에 봉착한 키케로는 이성과 정의가 현실의 정치적 삶과 합치되기 위해서는 양자 모두 자신만의 색깔을 희석시킬 필요가 있음을 알게 된다. 정치적 삶과 철학적 삶의 사이에서 정치사상은 일종의 줄타기 게임을 하고 있는 셈이다.

아리스토텔레스로부터 필루스, 마키아벨리Niccoló Machiavelli(1469~1527)로 이어지는 프루던스prudence 개념이 던지는 중요성이 바로 여기에 있다. 또한 원칙과 현실 사이에 합의가 이루어지지 않은 곳에는 반드시 정치가 들어선다는 말을 다시금 새겨볼 필요가 있겠다. 하늘에서 내려온 이상이 현실과 연합하기 위해서는 현실에 맞는 옷을 입어야 하는 것처럼, 정의의 원칙도 현실에 적용되려면 유연성을 확보해야 했다.

그러나 정치사상사는 오히려 다른 방향으로 움직인다. 고대에 제시된 정의의 원칙은 중세를 거치면서 신의 의지를 그 기반으로 더욱 공고히 유지된다. 유연성을 띠기보다는 오히려 원칙을 정치공동체에 강요하는 상황이 서양정치사상의 역사를 1,000년이나 지배한다. 종교의 강고한 도그마가 정의와 이성의 원천으로, 결코 넘어서거나 부인될 수 없는 절대적 진리로 사람들의 마음에 자리 잡고, 종교가 권력을 잡게 되자 사회의 갈등이나 불화는 거짓말처럼 사라지고 세상은 하나로 연합된 듯이 보였던 세월을 우리는 '중세'라 부른다. 피상적일지라도 합의가 엄존하고 있었기에 정치가 들어설 여지는 존재하지 않았다. 권력의 강력한 서슬 아래 사라진 것처럼 보였을 뿐 여전히 존재하는 갈등은 철학이 신학의 시녀로 존재하는 중세 1,000년 동안 끊임없이 저변을 흐르고 있었다.

사라진 듯이 보였던 불화의 불씨는 종교 내부에서부터 발생하기 시작했고, 종교의 불화를 기화로 정치는 다시 사회의 전면에 등장하게 되었다. 중세에는 정치적인 것에 대한 논쟁이 벌어지면 최종 종결지는 교황청이었고 교황의 칙령이었지만, 교황의 칙령에 대한 문제가 제기되면서 눌려 있었던 세속의 권력이 자신의 목소리를 내기 시작했다. 중세 이후 발생한 세속의 소리는 '정치적인 것'에 대한 성찰이라는 고대정치사상의 주제를 다시 내세우면서, 새로운 분석을 제시한다.

정의와 이성의 관계에 있어서 고대는 정의를 앞세워왔던 반면, 중세 1,000년의 터널을 통과한 근대는 정의와 이성을 동시에 내세우면서도 이성을 앞세운다는 차이점을 드러낸다. 고대와 중세가 공유했던 개념인 정의가 외부에서 주어진 것이라면, 근대의 정의는 이성을 가진 존재인 인간이 만들어가는 것이었다. 과거에는 주로 자연과 신의 영역이었던 곳으로 인간이 한 발 더 밀고 들어간 셈이다. 이성을 가진 인간의 자유는 이성을 이성으로 발휘하기 위해서는 당연히 필요한 가치였고, 이성을 가진 인간의 평등은 위계적 관계 설정의 신적 근거를 인정하지 않게 되면서 자연스럽게 다가온 혁명적 변화였다. 중세에는 오직 신을 중심으로 사고하다가 인간의 자아 정체성과 주체성을 자각하게 되면서 등장한 계몽사상은 인간을 역사와 시간의 주인으로 밀어 올린다. 계몽사상으로 정점에 달한 사상의 흐름은 사회계약론을 통해 정치의 영역으로 들어서게 된다.

국가와 같은 정치공동체가 형성된 원인에 대해서는 그동안 신과 자연의 영역의 일로 치부되어 어떠한 정치적 질문도 제기되지 않았지만, 근대정치사상은 바로 이 지점에서 출발한다. 정치공동체의 연원에 대한 질문과 답을 통해서 정치공동체의 설립 원칙과 과정들이 밝혀져야만 현실의 법 제도가 과연 사람들의 행복한 삶에 기여하는지 알 수 있게 된다는 것이다. 정의가 현실에 존재하는지의 여부를 국가의 근원에서부터 추적해내겠다는 매우 과감하고 어떤 의미에서는 오만불손한 사상적 시도가 바로 근대의 사회계약론이라고 할 수 있다. 현실에서 어떤 것들이 이루어져야 하는지에 대해서도 인간이 결정해야 한다는 것이다. 모든 것은 인간이 결정하며, 그 이상의 결정권을 가진 자도 없고 그래서도 안 된다는 생각이 근대의 저변을 흐르게 된다.

근대정치사상에서도 여전히 중요시하는 것은 바로 질서의 문제이다. 질서는 인간의 생존과 직결되어 있기에, 개인의 동의를 거쳐 정치권력의 정당성을 확보해야 하고 그 정당한 정치권력을 바탕으로 질서를 추구해야 한다는 것이다. 질서가 없는 혼란 속에서 인간은 그 생명까지 위협을 받을 수 있다는 명제가 근대까지 이어져 죽음에 대한 공포로부터 질서를 추구해가는 홉스적 사회계약론이 나오게 된다. 이미 형성된 질서에 편입된 채 어떤 것이 그 질서를 유지하는 데 도움이 될 것인가 하는 것이 고·중세의 과제였다면, 그 질서의 형성 자체에 대해서도 좀 더 깊이 들어가는 것이 근대의 과제였다.

정치질서를 논함에 있어 중요하게 고려되는 '공적인 것'과 '공동의 것'이라는 주제는 정치사상가들로 하여금 다음과 같은 기본적 믿음을 공유하게 한다.

> 정치적 지배는 공동체의 모든 구성원에 의해 공유되는 일반 이익에 관계되어 있다. 정치적 권위는 그것이 그 공통의 속성 속에서 고려된 사회의 이름으로 표명된다. 정치사회의 구성원 됨은 공통의 관여라는 삶의 상징이다. 정치적 권위가 주재하는 질서는 전체적으로 사회의 모든 범위에 걸쳐 행사되어야 한다. (월린 2007, 39쪽)

궁극적으로 구성원의 일반 이익과 관련된 정치적 지배와 정치적 권위 속에서 정치적인 것이 내재하기에, 무엇이 정치적인 것인가를 규정하는 것 자체가 정치사상의 과제이고, 이 과제가 역사를 통해 지속되고 있다는 점에 주목할 필요가 있다. 소크라테스와 플라톤 이후 2,500여 년 동안 사회는 많은 변화를 겪어왔고, 이 와중에 정치적 지배와 권위도 끊임없이 변화했다. 이 과정에서 합의되지 않은 변화를 기존 사회의 구성원이 만났을 때 어떤 방향을 취해야 하는가에 대한 답변 과정이 바로 정치사상의 과정이고, 동시에 정치사상의 과제이기도 하다.

따라서 정치적인 것에 대한 분석과 성찰을 통해서 정치사상은 현실 속에서 미래를 살핀다. 현실의 정치적 결속과 조합에서 미래로의 변화 가능성을 유도해내며, 변화 이후의 정당성 확보를 통해 정치적 안정을 도모하는 것이 또한 정치사상의 역할이기도 하다. 이러한 역할은 정치사상가로 하여금 역사에 대한 전지적 작가 시점을 갖도록 한다. 전지적 작가 시점의 기본적 역량은 바로 상상력[6]으로, 상상력이 체계적 사고 과정을 거쳐 이론화되고, 정치 현상이 이러한 이론화의 틀 속을 지나면서 현실적 정당성을 확보하여 정치적 안정을 꾀한다. 이 모든 것의 기본 자산은 현실을 바로 보고 파악하며 분석하는 이성능력에서 출발한다. 현실을 보는 이성으로부터 현실을 초월하는 상상력이 형성되고, 현실에서 이륙한 상상력이 착륙하는 곳이 바로 변화된 사회의 현실이 되는 것이다. 여기서 정치사상은 현실의 정당화 작업에 자신의 상상력과 비전을 제공하고, 사회 안정과 질서 유지는 그 자연스러운 결과인 셈이다.

역사적으로 볼 때, 정치사상이 정치에서 갖는 힘은 현실에서 정치 행위를 수행하는 정치인보다 오히려 강하면 강했지 약하다고 할 수 없다. 비전과 통찰력을 가지고 상상력이라는 자원을 동원하여 현실을 그 근본부터 뒤흔들어 변화를 이끌어낼 수 있는 힘은 정치사상만이 가지고 있다. 종교적 신념조차도 그것이 정치사상적 비전으로 승화되었을 때에만 힘을 발휘하는데, 이는 역사 속에서 종교개혁자 마르틴 루터Martin Luther(1483~

---

6 월린의 말에 따르면, "상상력은 친숙한 방식으로는 결코 알 수 없는 세계를 이해하는 사상가의 수단"이다. 월린은 플라톤을 그 전형적 사례로 든다. "플라톤은 내가 여기서 말하는 상상력이 풍부한 비전을 예술성의 극치로 표현했다. 정치가의 신적인 기예에 의해 지도되어 선의 이데아를 지향하며 나아가는 정치공동체에 대한 상을 통해 플라톤은 본질적으로 지식 체계론적인 비전의 형태를 시현했다." (월린 2007, 52쪽)

1546)나 장 칼뱅Jean Calvin(1509~1564)을 보면 잘 알 수 있다. 진정한 혁명이란 사상 혁명이 수반되었을 때 비로소 사회의 변화라는 그 최종 목표를 달성할 수가 있는 것이다.

사회의 안정을 위해 질서가 필요하고, 질서를 위해 사람들의 합의가 필요하다. 합의를 이뤄내기 위해 필요한 것은 공동의 것에 대한 공감대인바, 이를 제시해주는 것이 바로 정치적 상상력을 통한 비전이다. 자연과학의 발전과 달리, 사상에 있어서는 그 변화된 모습을 상상해내기란 그리 쉬운 일은 아니다. 정치사상가들은 그 모습을 본 듯이 그려내고 있다. 사회계약론자들이 설정한 자연상태가 바로 그 대표적 사례다. 자연상태는 어디에도 없었던 것으로 공동체가 형성되기 이전에 그렇게 살았을 것이라고 가정하는 상황에서 그려진 인간의 전前사회적 모습이다. 여기서 좋음과 불편함을 가려내고, 좋음을 지향하는 사회로 이동해간다는 이성에 근거한 믿음으로 사회계약론이라는 설정이 가능해졌고, 해당 국가의 국민이 되기 위해 계약서에 서명한 사람이 아무도 없는 상황에서도 많은 사람들은 오랫동안 이 사회계약론에 찬사와 신뢰를 보냈다. 그 결과로서 계약적 문건이라고 볼 수 있는 영국의 권리청원과 권리장전, 미국의 독립 선언서, 프랑스의 〈인간과 시민의 권리선언Déclaration des droits de l'homme et du citoyen〉 등이 작성되었다.

계몽사상과 시민혁명을 통해 근대는 개인을 발견했고, 인간의 자유와 평등이라는 목적을 달성했다. 그중에서도 중요한 것은 자유로서 근대혁명의 문서는 모두 '모든 인간은 자유롭다'는 선언적 문구를 앞에 내세운다. 이후 모든 제도는 개인의 자유 보호를 근간으로 하고, 개인의 자유가 침해받지 않는 상황을 달성해야 할 목표로 설정한다. 여기서 개인은 이성을 가진 모든 이로서 자유에 있어 동일한 가치를 지닌다. 따라서 어느 누구도 다른 이의 의견을 강제할 수 없으며, 동시에 자유란 타인의 자유를 침해해서는 안 된다는 근본적 제한 조건이 명시적으로 인식되게 된다. 민주주의의 사회가 도래한 것이다. 여기서 존 스튜어트 밀의《자유론*On Liberty*》과《대의 정부론*Considerations on Representative Government*》이 민주주의 사회의 비전을 제시하는 매우 중요한 지표로서 등장한다.

상상 속에 존재하던 그림을 이제 정치적 현실에서 구체적으로 그려내야 했던 근대의 사상가 밀에게서 자유와 평등의 조화, 다수와 소수의 조화, 원칙과 현실 적용의 조화를 찾아볼 수 있다. 밀은《자유론》에서 자유의 중요성을 언급하는 동시에《여성의 종속*The Subjection of Women*》에서 왜 여성이 정치적 자유에서 배제되어야 하는지에 대한 의문에 자유주의자로서 답변할 수 없음을 분명히 한다. 자유를 주장한다면 여성에게 정치 참여의 자유가 주어져야 하고, 여성의 정치 참여가 불가하다면 개인의 자유라는 자유주의의 원칙은 이미 불완전하다고 밀은 주장한다. 또한 밀은 사상적·철학적으로 자유는 무한하고, 이에 대한 규제는 이론적으로 불가능하지만, 현실에서의 자유는 타인의 자유를 침해해서는 안 된다는 명확한 제한 규정을 가진다고 역설한다. 또한 자유로운 개인은 모두 평등하므로 의결 방식으로서 다수결의 원칙이 필요하기는 하겠으나, 이때 다수의 횡포tyranny of the majority[7]로 언명되는 폭력적 상황이 발생해서는 안 되기에 소수자 보호라는 원칙도 결부시킨다. 밀은 모든 이가 자유롭고 평등한 사회에서도 질서는 유지되어야 하고 정치적 결정들은 내려져야 하기에 직접민주정치

---

7 이는 프랑스 혁명을 체험하면서 자유와 평등의 관계 설정에 심각한 난관이 존재함을 인정했던 프랑스의 알렉시 드 토크빌의《미국의 민주주의*Démocratie en Amérique*》에서도 나타나는 개념으로 민주주의의 전제화를 경고하고 있다.

에 대한 차선으로서 대의정치를 주장하고, 자유와 강제의 조화를 도출해내고자 한다.[8]

일종의 '자기실현적 예언self-fulfilling prophesy'이나 자아도취적 상황이라고 할 수 있지만, 근대 역사는 이렇게 여러 가지 가정을 출발점으로 해서 명목상으로나마 이성을 가진 모든 이의 승리를 성취했고, 민주주의의 형성이나 달성을 넘어서 다수로 인해 억압받는 소수의 문제점을 논해야 할 정도로 과도한 민주주의의 만능시대로 이미 들어서고 있다. 참여로 시작한 민주주의에서 참여의 부재가 문제가 되는 역설적 상황도 과도한 민주주의의 폐해 중 하나일 것이다. 개인의 발견으로 시작된 근대의 정치 체제인 민주주의는 이제 다수 속에 함몰된 개인을 구해내야 하는 상황으로 몰리고도 있다.

---

8 밀은,《사회계약론*Du contrat social*》을 통해 "자유를 위한 강제"라는 말로 자유와 강제의 역설을 주장한 루소와는 다른 해결책을 제시한다.

제2장
여성정치사상의 가능성

  정치적인 것에 대한 성찰을 의미하는 정치사상의 역사에서 주목해야 할 것은 이 '정치적인 것'이라는 말이다. 정치적인 모든 것이 정치사상의 대상으로 사회 변화의 기제가 될 수 있다는 긍정적 분석과 동시에, 정치적인 것으로 파악되지 않는 한 그 어느 것도 사회 변화의 추동력을 가질 수 없다는 점에도 주목할 필요가 있다. 또한 정치적인 것이 과연 무엇이고, 어떤 과정을 거쳐 사회에서 드러나는지에 대한 합의된 방식이 없다는 것도 근대의 불완전성과 왜곡 가능성에 대한 의심을 떨쳐버리지 못하게 한다.

  당대의 정치적인 것을 규정하고 정치의 가상세계를 설정하면서 그 목표를 적절하게 달성해낸 것이 근대정치사상이라면 바로 여기에 그 한계 또한 존재한다고 할 수 있다. 가상세계가 아닌 현실세계에 존재하는 것들에 대한 정치사상적 담론은 태생적으로 제한될 수밖에 없는데, 이 담론은 근대정치사상의 정치적 비전의 영역을 넘어서는 또 다른 차원의 상상력을 필요로 한다. 비유적으로 표현하자면, 정치의 바구니에 필요한 모든 것을 다 담았다고 생각하고 변화의 재주를 넘었지만, 재주넘는 과정에서 바구니에 담긴 몇 개는 빠져나간데다 남은 것만 실은 기차는 시간의 벽을 넘어 다른 세상으로 달려 나가버린 형국이라 하겠다.

세상은 고·중세의 벽을 넘어 다른 짜임으로 질서가 잡혀갔지만, 남겨진 여성은 근대 이전에 갇혀 있게 되었다. 올더스 헉슬리Aldous Huxley(1894~1963)의《멋진 신세계Brave New World》[9]에 나오는, 금지된 지역에서 사는 야만인처럼, 근대에 사는 전근대인의 전형으로, 인간도 아니고 노예도 아닌 비정상적 존재[10]인 근대 여성이 태어나게 된 것이다. 이 글에서 말하는 여성정치사상이란 바로 이런 금치산자적 근대 여성의 존재의 근거를 찾아, 그 금치산자적 요소를 없애 근대정치사상에 포함시키려는 시도이다.

플라톤은《국가·정체》의 이상국가를 논하는 대목에서 여성이 철학자 왕이 될 수도 있음을 인정한다. 당시 그리스에서 여성을 차별하는 사고가 엄연히 존재했음에도 소크라테스는 드러나는 모습이 아닌 본질적 속성을 기준으로 인간을 분류한다. 여성이 남성과 본질적으로 다르다는 근거가 없는 한 여성은 인간으로 모든 영역에서 다루어져야 한다는 것이 소크라테스의 일관된 생각이었던 것이다. 따라서《국가·정체》에서 플라톤이 수호

---

9 과학의 발전 덕분에 생물학적 출생으로부터 자유로워진 인간이 기계적으로 규정된 삶을 살아가는 디스토피아적 세상을 비판적 관점에서 그려낸 소설이다. 여기서 모든 인간은 신경세포가 없어서 고통을 모르는 동물처럼, 불행의 요소를 미리 제거한 과학적 조처로 만들어진 행복을 누리지만, 고통과 불행이 없는 곳에서 희열과 행복을 과연 느낄 수 있는지에 대한 문제를 제기한다. 생물학적 출생 과정으로부터 자유롭지 못한 야만인의 존재에게서 이 시험관 출신 인류가 위협과 공포, 그리고 뭔가 모를 부러움을 동시에 느끼는 모습이 이 소설에 잘 묘사되어 있다. 완벽한 질서가 인간에게 주는 전체주의 사회의 위험성에 대한 경고이기도 하다.

10 그리스 신화에 나오는 반인반수와도 같다고 볼 수 있지만, 그리스 신화의 반인반수는 인간의 지성과 동물의 육체적 능력을 동시에 가지고 있다. 이런 점에서 근대의 비정상적 여성의 존재와는 그 방향성에 있어서 발상이 전혀 다르다고 할 수 있을 것이다.

자 계급의 공산주의적 사회 모습을 그려 보일 때에도 여성은 자연스럽게 여기에 포함되어 논의된다. 플라톤이 남녀 모두에게 전사 교육을 시키는 스파르타를 이상적 사회의 모델로 생각한 것도 이런 생각의 영향일 수도 있을 것이다.

반면에 아리스토텔레스는 생물학적 차원에서부터 여성을 남성에 비해 열등한 존재라고 설명한다. 이에 따라 아리스토텔레스의 사회에서 여성의 자리는 가정oikos으로 한정된다. 여기서 주목할 점은 아리스토텔레스가 여성의 영역을 가정에 한정시킨 근거로, 여성이라는 이유가 아니라 능력이 부족하다는 데 초점을 맞추고 있다는 점이다. 능력 부족의 근거는 생물학적인 것에 거의 한정되고 있다. 여성이라는 이유로 규제당하는 것이라면 생물학적으로 여성을 벗어나지 못하는 한 그 규제에 묶여 있게 되지만, 능력 부족이 그 이유라면 상황은 달라진다. '만약 능력이 부족하지 않을 경우에는 어떻게 할 것인가?'라는 질문에 대한 답변이 준비되어야 하는 것이다.

게다가 당시 그리스에서 가정oikos은 정치를 제외한 많은 부분, 특히 경제를 담당하는 영역이었다는 데 주목할 필요가 있다. 현재 사회에서 경제를 공적 영역에서 빼놓고 생각하는 사람은 없을 것이다. 경제economy의 어원 오이코노모스oikonomos는 그리스어로 가정oikos과 사회nomos의 합성어로서, 가정이 사회에서 공적 역할을 수행하고 있었다는 의미로 해석하기도 한다. 고대 그리스 사회에서 여성에게 가해진 제한과 규제는 능력에 대한 사고가 변화된다면 얼마든지 움직일 수 있는 가능성을 내포하며, 근대에 말하는 공적 영역과 사적 영역 간의 구분도 그리스에서는 이루어지지 않고 있어 그리스 여성들 대부분은 이미 공적 영역에서 역할을 충분히 담당했었다는 해석도 가능하다.

이러한 가능성에도 불구하고 고대 현실 속에 드러난 남녀의 구분은 중세에서도 그대로 이어지는데, 여기서는 또 다른 이유가 제시된다. 고대 그리스에서 말하는 여성의 능력보다, 중세에는 기독교의 경전인 성경의 〈창세기〉에 등장하는 창조와 타락의 설화에서 그 근거를 찾는다. 여성은 창조 때부터 남성의 후순위이고, 특히 타락의 시조가 되어 낙원에서 추방되는 제1요인이기도 하며, 이로 인해 하나님의 명령으로 여성은 남성의 지배를 받게 되었다는 것이 그 근거이다. 이는 장구한 역사를 가진 여성 혐오론 misogynism의 기원이 되기도 한다.

기원후 2세기경 교부 테르툴리아누스Tertullianus(160?~220?)는 여성을 성경 속의 이브Eve와 연계시키며 다음과 같이 언명한다. "당신(여성)은 악마로 가는 문이다. 당신은 하나님의 법을 버린 최초의 인간이다……당신은 하나님의 이미지로서의 인간을 너무도 쉽게 파괴해버렸다. 당신이 하나님의 법을 버림으로써 죽음이 들어왔다. 하나님의 아들마저 죽어야 했다." (Ruether 1974, 157쪽). 4세기에 아우구스티누스Augustinus(354~430)도 여성의 종속은 하나님의 창조 시부터 본질적으로 내재된 것이라고 보았다. 남성만이 하나님의 이미지로 창조되었고, 여성은 지적·육체적·도덕적으로 열등하게 창조되었기에 여성의 종속은 당연한 결과라는 것이었다. 동시대의 성 히에로니무스Hieronymus(347?~419?)는 여성이 세속의 삶에서 살 때는 육체나 영혼 모두 남성보다 열등하게 살 수밖에 없지만, 순결의 삶을 선택하고 예수에게 봉사하는 삶을 살기로 결정하는 순간 여성이 아니라 남성, 즉 인간이 된다고 설명한다(Wiesner-Hanks 2008, 21쪽).

13세기에 토마스 아퀴나스Thomas Aquinas(1225?~1274)는 기독교의 타락 문제와 여성의 육체적 열등함에 대한 아리스토텔레스의 주장을 종합하여, 여성의 열등함은 이브의 잘못된 행위에서 비롯할 뿐만 아니라 창조시의 원초적 문제에서도 기인한다고 설명한다. 따라서 "여성은 그들의 육체적·지적 약함으로 인해 모든 것에서 남성의 도움을 필요로 한다. 그러나 여성도 영혼을 가지고 있기에 구원에 대해서는 자신이 책임져야 한다"(Wiesner-Hanks 2008, 22쪽)고 말한다.

근대 이후까지 이러한 성경 해석이 주류를 이루기는 하지만, 이 또한 역전의 가능성을 내포한다. 여성이라는 이유가 아니라, 여성이 성경에 그렇게 묘사되어 있다는 해석에서 비롯되었으므로 성경 해석이 달라진다면 이 또한 달라질 수 있기 때문이다. 기존의 성서 해석을 남성 중심적 전승과 해석이라고 보는 엘리자베스 피오렌자Elizabeth Fiorenza, 필리스 트리블Philis Trible 등의 여성 신학자는 남성 중심의 편향적 성서 해석을 통해 여성에 대한 억압과 편견이 발생하고 지속되었다고 주장한다.

　남성 중심적 성서 텍스트들이 그러한 가부장적 억압과 또한 여성들의 고난에 관한 회상의 망각, 이에 대한 침묵, 혹은 근절의 영속화와 합법화를 위해서 사용되는 한, 그 텍스트들은 하나님의 계시적 말씀이라고 주장할 수 없는 가부장적 권력과 이데올로기의 남성 중심적 법전화로서 비신화화되어야 한다. 성서적 남성 중심적 전승들과 그것들에 이어지는 해석들의 신학적 평가를 위한 계시적 경전이란 성서 그 자체로부터 도출되어질 수 없고 다만 모든 가부장적 억압에서부터 해방을 위한 여성들의 투쟁 안에서 또 이것을 통해서만 정식화되어질 수 있다. (피오렌자 1986, 종로서적)

여성의 열등함을 역설하는 근거로서 제시된 〈창세기〉 2~3장에 대해 트리블은 〈이브와 아담〉이라는 글에서 다음과 같이 해석한다.

　〈창세기〉 2~3장에서는 아담Adam이라는 단어의 의미가 애매하다는 것이 특징이다……아담은 인간 전체에 대한 포괄적 용어로 쓰이고 있다……남자와 여자가 양성으로 분리되기 전까지(2장 21~23절) 아담은 양성이 섞여 있는 한 사람의 인간이었다. [여성이 나중에 창조되었다는 데 대해서는] 여성을 이차적이고, 종속적이며, 열등적 존재로 만들어놓았다……여성은 하나님이 뒤에서 따로 만든 것이 아니라 창조의 절정이라는 사실이다……여성이 등장하는 경위는 '아담의 일을 돕는 배필을 지어주리라'(〈창세기〉 2장 18절)……이는 호혜적 관계를 규정하는 단어이며, 하나님, 인간, 동물에게 모두 사용된다. 하지만 단어 자체가 관계 속의 지위를 규정해주지는 않는다. 더욱이 그 단어가 열등성을 함축하고 있지 않다……남녀의 동등권을 입증해주는 또 다른 증거는 남녀 모두 천연 재료로 창조되었다는 사실이다. 즉, 남자는 흙으로부터, 그리고 여자는 남자의 갈비뼈로부터 창조되었다……이 갈비뼈가 열등성이나 종속관계를 의미한다고 주장하는 것은……창조 설화 그 자체에는 없는 일이다……갈비뼈는 연대성과 동등성을 의미한다. (이우정 1985, 150~164쪽)

이렇게 중세 기독교를 중심으로 하는 여성에 대한 일방적 매도는 남성 중심적 성서 해석의 결과였으므로 관점과 시각이 변화하여 해석이 움직이는 경우, 여성에 대한 분석은 달라질 수밖에 없다. 당대 세상을 지배하는 개념과 다른 생각을 제시하고 그 생각으로 세상을 파악하고 분석하는 것이 바로 정치사상의 역할이라 하겠다.

이러한 관점에서 앞서 언급한 바와 같이, 정치사상은 현실로부터 상상력과 비전을 제시하고 미래의 모습을 형성해왔다. 정치사상은 또한 정치적인 것에 대한 성찰을 통해 현실을 살핀다. 여기서 정치적인 것이란 현실사회 구성원들의 생각을 조합한 것이다. 이러한 말들을 모두 조합하여 생각해본다면 정치사상의 상상력이나 비전도 결국은 현실로부터 출발하는 것이기에, 현실에서 어떠한 생각을 하고 있는지 어떠한 취급을 받고 있는지가 절대적으로 중요하다. '개인적인 것은 정치적인 것The personal is political'이라는 근대 여성주의의 모토가 의미하는 바는 정치적인 것에 대한 문제를 제기한다. 정치적인 것에 대한 성찰이 정치사상이라고 할 때, 앞서 말한 인류의 역사적 상황 속에서 여성이 정치적인 것의 대상으로 존재하기란 거의 불가능에 가까웠다고 할 수 있다. 그렇다면 여성의 문제는 누군가 의도적으로 현실과 관계없이 상상력과 비전의 날개를 펼쳐 제시하기 전에는 정치적인 것으로서 현실에 등장하기가 용이하지는 않았을 것이라는 점을 부인할 수는 없을 것이다.

앞에서 언급한 피오렌자와 트리블은 기존의 성서 해석이 가부장사회의 남성 편향적 성향을 보여준다고 하면서, 이에 대한 양성평등적 해석의 가능성을 제시한다. 실제로 근대 초기인 1401년에 프랑스 법정에 보낸 공개서한에서 크리스틴 드 피장Christine de Pizan(1364?~1430?)은 기존 기독교계의 여성에 대한 폄하를 공개적으로 비난한다.

여성은 무엇인가? 그들은 무엇이란 말인가? 그들은 뱀인가, 늑대인가, 사자인가, 용인가, 독사인가, 아니면 게걸스러운 짐승으로 인류의 적인가?……
그러나 오 하나님! 그들이 당신들의 어머니, 자매, 딸, 아내, 그리고 동료라면 그들이 바로 당신이고 당신이 바로 그들인 것이다. (Akkermann 2009, 1쪽)

종교가 모든 것의 위에 있었던 중세는 지나갔으나 여전히 가부장적 종교 세력이 엄존하는 가운데, 피장이 던진 질문과 답변은 여성정치사상의 가능성을 명확하게 보여주는 것이다. 피장은 결혼과 여성의 악덕에 대한 중세적 논쟁이 여성 혐오론의 연장이라고 역설하면서, 새로운 논쟁이 시작되고 여성이 직접 이 논쟁에 참여자로 등장하는 계기를 마련한다(Akkermann 2009, 9~10쪽).

여성 혐오론은 이후에도 지속적으로 근대까지 이어지는바, 근대 사상가 루소도 자신의 저서 《에밀Émile ou De l'éducation》에서 여성이 남성에 비해 교육받는 데 규제가 많고 제한적 성장 과정을 보내는 것은 여성이 에덴동산에서 뱀의 유혹에 빠져 타락함으로써 세상에 가져온 해악과 고통을 생각하면 당연하다고 주장하기도 한다(Rousseau 1979, 369쪽). 《사회계약론》과 《에밀》을 통해 시대를 앞서 가는 사상을 펼친 루소도 여성 이슈를 논할 때는 근대가 아니라 근대 이전의 여성에 대한 인식과 주장을 전제로 한다. 이는 중세부터 근대에 이르기까지 여성 이슈는 논란이 되고 합의가 필요한 '정치적인 것'에서 배제되었기 때문이다.

이러한 지속적 배제 때문에 정치사상사에서 드러나지 않는 여성을 사상사의 전면으로 등장시키려는 것이 여성정치사상사의 목적이다. 이 여성정치사상사를 위해 우선적으로 필요한 작업은 '정치적인 것'의 개념 확대를 통해 여성을 정치사상사의 범주에 포함시키는 일일 것이다. 즉, 정치적인 것에서 배제되었던 여성의 주장을 찾아내어 정치적 담론으로 승화시키는 작업이 바로 그것이다. 정치사상이 정치적인 것에 대한 성찰을 의미한다면, 여성 관련 이슈를 정치적인 것으로 유도해내는 작업이 선결 조건이라고 본다.

이를 위해서 15세기에 이탈리아인이지만 프랑스에서 활동한 크리스틴 드 피장은 여성이 인간임을 주장했고, 16세기에 독일의 코르넬리우스 아그리파Cornelius Agrippa(1486~1535)는 당시 팽배해 있던 여성이 열등하다는 인식을 반박하면서 오히려 여성이 남성보다 우월하다고 역설했다. 예수의 어머니 마리아와 같이 여성은 완벽하지만, 예수를 배반한 유다에게서 보는 것처럼 남성은 죄 많은 존재라고 하면서, 여성이 죄 많은 성性이라는 기독교의 기존 해석을 반박하기도 한다(Fairchilds 2007, 20~21쪽). 마녀사냥의 시대를 살았던 17세기 네덜란드의 안나 마리아 판 수르만Anna Maria van Schurman(1607~1678)은 여성들을 공적인 삶에서 배제한 당시의 사회적·법률적 문제에 직접 저항하는 대신 기독교적인 도덕관을 바탕으로 여성의 권리를 강조하면서 주장을 펼친다(룰만 2005, 230쪽). 17세기 영국의 메리 애스텔Mary Astell(1666~1731)은 여성만의 공간을 만들고자 시도하면서 여성들이 자기 자신만을 위한 성찰의 시간과 기회를 가져야 한다고 역설한다. 그리고 《여성들에 대한 진지한 제안A Serious Proposal to the Ladies》에서 여성들 간의 동지애가 하나님에 대한 사랑 다음으로 중요하다고 강조한다(룰만 2005, 271~272쪽). 애스텔은 17세기에 이미 현대 페미니즘이 역점을 두고 있는 여성적 시각을 도입하여 여성의 집단 정체성을 강조한 것이다. 혁명의 시대인 18세기에는 프랑스의 올랭프 드 구주Olympe de Gouges(1748~1793)[11]와 영국의 메리 울스턴크래프트가 남성 중심적 여성 규정과 해석에 문제를 제기하고 나선다.

근대에 이르기까지 위와 같은 여성들의 문제 제기 작업이 누적적으로 계속되면서 여성 이슈가 정치적인 것으로 등장하는데, 특히 프랑스 혁명 직후 민주주의가 제도적으로 정비되어가는 과정에서 일어난 여성의 정치 참여에 대한 논쟁이 대표적이다. 이 과정에서 구주는 여성이 단두대에 오를

---

11 프랑스 혁명 당시 여성의 정치적 권리를 주장한 여성으로, 1791년 〈여성과 여성 시민의 권리 선언Déclaration des droits de la femme et de la citoyenne〉을 작성하고, "여성이 교수대에 오를 권리가 있다. 의회의 연단에도 오를 권리가 있다"(Landes 1988, 121~129쪽)고 역설한다.

수 있음을 몸으로 보여주고, 여성의 정치적 권리를 역설하면서 생을 마감한다. 울스턴크래프트는 근대정치사상의 여성 폄하에 대한 설전을 자신의 저작을 통해 벌인다. 루소의《에밀》에 나타난 소피의 교육 방식에 대해 울스턴크래프트는《여성의 권리 옹호》를 통해 조목조목 비판하면서, 여성에게도 보통교육 제도를 확대 실시할 것을 프랑스의 탈레랑Charles Maurice de Talleyrand(1754~1838)에게 권고하기도 한다.

중세 이후 300년을 지나는 동안 지속적으로 제기되어온 여성 이슈는 사회적 합의에 이르지 못한 그야말로 '정치적인 것'으로 정치사상의 중요한 주제라 하지 않을 수 없다. 정치사상사의 2,500년 역사에서 여성이 정치적인 것으로 다루어지지 않았으므로, 여성 문제는 언제나 정치적 해결의 바깥에서 실제로는 해결되지 않은 채 수세기를 넘어서 존재해왔기에, 현 시점에서 여성정치사상사에 대한 논의가 필요한 이유가 있다. 여성 문제를 정치적인 것으로 제대로 인식하여 정치사상사적 차원에서 다루어 정리해나갈 때, 불완전한 근대가 보다 완전해질 것이고 보다 미래 지향적이고도 진정한 정치사상 연구를 수행해나갈 수 있을 것이다. 여성 이슈가 정치적인 것임을 인식하는 데 그토록 오랜 세월이 걸린 점을 생각해보면, 정치사상에 필수적인 상상력과 비전이 매우 취약했음을 추론할 수 있다. 여성정치사상은 정치사상을 더욱 풍부하게 해줄 뿐만 아니라 정치적 주체로서 여성이 정치사상사에 등장함으로써 상상력과 비전을 배가시킬 수 있는 중요한 계기가 될 것이다.

이 책은 근대에서의 개인의 발견은 남성만의 발견으로 규정된 듯이 보이지만, 실제로는 여성의 발견을 초래했다는 전제로부터 출발한다. 따라서 근대정치사상은 여성정치사상을 포함하여 그 범위가 확대됨으로써 인류 전체를 포괄하게 될 것이다. 정치사상이 상상력과 비전을 통해 미래를 위한 밑그림을 제시한다고 할 때, 밑그림의 바탕이 되는 현재와 과거의 행적 또한 연구해야 한다. 과거와 현재를 거쳐 미래로 이어지는 정치사상사의 궤적 속에서 여성의 존재에 대한 논의는 반드시 필요한 작업이라고 할 수 있다. 과거는 그 이전에, 현재는 과거에 그 존재 근거를 두고 있으므로 정치사상적 토대를 찾아내는 작업은 미래 비전을 제시해야 할 정치사상의 입장에서는 꼭 필요하다.

이러한 시각에서 필자는 여성정치사상의 근대적 토대를 찾아내어 여성정치사상을 제대로 된 모습으로 만드는 데 이 책의 목표를 두고 있다. 이를 위해 제2부에서는 근대정치사상의 성맹목성과 젠더화된 모습을 지적하고, 그 잘못된 모습을 어떻게 고칠 수 있는지 이상과 현실, 사상과 구체적 역사를 오가면서 기술하고자 한다. 중세에서 그대로 이행해오면서 미로에 빠져 근대에 미처 도달하지 못한 여성의 존재를 인식하고, 여성의 귀환이 정치사상에 줄 수 있는 사상적 풍부함에 대해 전망한다. 필자는 여성정치사상의 근대적 토대를 제공한 사상가로서 18세기의 메리 울스턴크래프트와 19세기의 존 스튜어트 밀을 살펴봄으로써 여성의 존재가 배제된 근대정치사상의 부족함을 채워가고자 한다. 이러한 의미에서 제3부에서는 울스턴크래프트의 사상을, 제4부에서는 밀의 사상을 여성정치사상적 관점에서 살펴보고, 제5부에서는 결론적으로 탈젠더화의 당위성과 가능성을 통해 열린사회를 향한 미래 전략을 제시하고자 한다.

울스턴크래프트는 남녀차별이 엄존하던 사회에서 여성에 대한 형평성 있는 원리를 자유주의 사상을 동원해서 설명했고, 밀은 보편적 자유의 문제를 제기하면서 여성이 여기서 배제되어서는 자유주의 사회라는 전제 자체가 불가능함을 제시했다. 울스턴크래프트의 불합리한 현실에 대한 울분과 호소, 밀의 합리적 설명은 모두 근대 여성정치사상의 토대를 형성했고,

온전한 모습의 정치사상이 미래사회로 이행할 수 있는 바탕을 형성했다고 하겠다.

여성정치사상의 근대적 토대를 찾아내어 근대정치사상의 제대로 된 모습을 그리는 근본 목적은 실상 현재와 미래를 위한 기획이다. 이는 여성을 정치적 주체로 인정하기를 주저하면서 왜곡되어버린 근대기획을 바로잡아 온전하게 미래로 진행시켜보겠다는 열린 미래 프로젝트이다. 동시에 탈젠더화된 정치사상을 통해 근대 바로 세우기가 가능해질 것이라는 신념이 그 저변에 흐르고 있다. 탈젠더화된 정치사상이라야 미래사회를 위한 온전한 비전을 제시할 수 있기 때문이다. 여기서 필자가 추구하는 것은 궁극적으로 미래의 열린사회를 위한 인간에 의한, 인간을 위한, 인간의 정치사상이다.

제2부

/

젠더화된 정치사상

제1장
그들만의 정치사상

1. 정치사상에서의 인간의 의미

정치사상은 진리에 대한 끊임없는 탐구를 현실에 적용시켜가는 과정이다. 고대 그리스의 소크라테스와 플라톤이 제시한 정의의 근본 개념은 지금까지도 현실의 저변을 구성하면서 제도적 차원에서 적용과 실패를 거듭하고 있다. 정치사상적 진리가 이루어지면 이를 기반으로 정치 제도가 성립되고 법제가 만들어져서 구체적인 삶의 현장에 적용되게 된다. 따라서 정치사적 변화에서 정치사상은 그 변화를 주도하는 매우 중요한 역할을 하며, 과거의 힘과 미래의 동력을 가지고 현실 제도를 지탱해주는 역동성을 지니기도 한다(박의경 2008b, 401쪽).

정치사상은 또한 법과 제도를 통해 세상의 질서를 잡아가는 정치 과정의 출발점으로서 보이지 않는 현실의 근간을 이룬다. 정치사상은 과거와 현실을 이어주면서 질서에 가장 중요한 요소인 정치적 정당성의 확보에 기여하고, 이는 인간의 신념 체계로 자리 잡게 되어 미래로 연결되는 가교 역할도 담당한다. 따라서 정치사상가는 그 어떤 정치인보다도 큰 영향력을 지닌 정치인이라고 할 수 있다. 정치인으로서의 정치사상가는 과거에서 현실을 거쳐 미래로까지 인류 역사의 중요한 축을 담당해왔다. 《정치와 비전 *Politics and Vision*》이라는 저술에서 셸던 월린Sheldon Wolin은 이를 정치사상이 가지는 상상력과 비전이라고 지칭한다. 과거로부터 현실의 이미지를 찾아내고, 현실에서 보이지 않는 미래를 구체적으로 구상하여 그려내기도 한다. 정치사상가가 제시하는 유토피아는 비현실적인 측면도 지니게 마련이지만, 또한 그렇기에 현실에 미래를 향해 움직일 수 있는 추동력을 제공하기도 한다. 현실에서 미래를 볼 수 있는 것은 전적으로 정치사상가들이 공헌한 덕분일 것이다.

정치사상가들은 미래학자이며, 어떤 의미에서는 공상과학 소설가이기도 하다. 그러나 망상에 불과해 보였던 공상과학이 1, 2세기 후에는 현실로 이루어지는 것처럼, 정치사상도 유사한 경로를 거쳐 현실과 미래의 법과 제도를 규정하면서 삶에 직접적으로 관계한다. 그러므로 어떤 의미에서는 정치사상이 세상에서 가장 강력한 미래 지향적 힘을 가진다고 볼 수 있다. 따라서 어떠한 정치사상이 어떠한 사람들에 의해서 어떻게 사회에 전파되고 침투하여 질서의 근간에 자리 잡게 되는지 알아둘 필요가 있다.

서론에서 언급한 바와 같이, 정치사상은 사람들의 생각을 지배하고 신념 체계에 영향을 주어 시간과 공간을 넘어 오랫동안 제도와 질서를 형성하는 데 직접적으로 관여한다. 고대 그리스의 소크라테스는 절대적 진리와 정의에 대한 논쟁을 통해 육체적 죽음을 넘어 2,500년의 서양정치사상사를 정신적으로 지배하고 있다. 플라톤이 제시한 이상국가는 소크라테스의 정의 개념이 체화된 정치 체제의 상징으로서 21세기까지도 정치의 모델로 제시되고 있다. 이들 정치사상의 근저에는, 인간이 생각할 수 있고 말할 수 있다는 전제가 놓여 있다. 정치란 합의가 없는 곳에서 질서를 도출해가는 과정이라고 생각할 때, 이성을 가진 인간이 모인 곳에 필요한 것은 바로 정치적 정당성이다. 이러한 정당성의 확보를 통해 국가가 성립되고 권력자가 형성되는바, 권력자의 권력의 기원과 시민의 의무에 대한 논의로 이어지는 것이 고대정치사상의 흐름이었다.

정치사상은 또한 정치적인 것을 다루므로, 현실에 드러난 것을 중심으로 논의가 전개되게 마련이고, 보이지 않는 것에는 아무래도 관심이 덜 가게 되는 것은 자연스러운 이치일 것이다. 따라서 고대의 정치사상은 권력의 정당성이 어떻게 확보되어야 하는지를 권력자의 시각에서 정립하는 데 초점을 맞춘다. 정의라는 기본 원칙 위에서 권력자는 국가 권력과 재원을 어떻게 분배하는가 하는 것이 고대정치사상의 주요 의제라고 할 수 있다.

고대인들은 현재 우리가 이해하고 있는 것과 같은 인간의 권리에 대한 개념을 가지고 있지 않았다. 전자유주의 시대에 개인은 자동적으로 다른 사람과 평등하다고 여겨지지 않았다. 불평등은 사람들 간의 관계를 규정했고, 의무의 근거가 되었다. 권위는 타고난 것으로 일부에게 속한 것이었다. 정치사상의 목적은 권위가 누구에게 있는지, 누가 통치권을 가지는지 찾아내는 것이었다. 그러한[통치권을 가진] 개인이나 집단의 발견은 평등한 사람들의 동의로부터 이루어지지 않았다. 일부 특별한 자들——철학자, 종교인, 부자, 자유인——의 판단은 다른 사람들의 판단보다 더 높은 가치를 부여받았다. (Saxonhouse 1985, 7~8쪽)

정치사상의 주체이자 대상으로서의 자율적 개인이 등장하기까지는 근대정치사상가 토머스 홉스Thomas Hobbes(1588~1679)를 기다려야 했다. 고대에 사람들은 공동체에, 중세에는 신이 지배하는 우주의 질서라는 보다 큰 전체에 속해 있었다. 전체의 부분으로 존재하는 인간으로서 그들에게 필요한 것은 남성이든 여성이든 자신이 속한 공동체와의 관계였다. 따라서 고대의 인간은 공동체와의 관계망 속에서 자신이 차지하는 공간에 의해 규정되었고, 지위도 출생과 함께 반영구적으로 고정되었다. 정치질서의 균형과 안정을 위해 개인보다 공동체를 우선적으로 보았고, 그 공동체 안에서 인간이 할 일이 규정되었다. 공동체의 목적은 그 구성원의 이익이나 요구에 봉사하는 것이 아니라 공동체 자체의 영광에 있었다. 영광스러운 공동체가 형성되어야 그 구성원이 행복해질 수 있다는 생각이 지배적이었기 때문이다.

고대의 공동체에서 인간의 지위는 출생과 태생으로부터 자유로울 수 없었다. 여성으로 태어난 자들은 우선적으로 재생산을 위한 존재로서 인식되었고, 재생산과 분리되어 생각되지 않았다. 여성의 재생산 능력은 여성으로 하여금 가정을 벗어나지 못하게 한 주요 요인이었고, 공동체는 여성에게 이를 운명으로 규정하고 바로 그것이 공동체를 위한 여성의 정치적 의무라고 보았다. 여성이 가정 안에서만 존재하면서, 정치 영역의 일은 재생산으로부터 자유로운 자들에게 맡겨지게 된다. 따라서 정치는 남성들만의 영역으로 자연스럽게 분류되었고, 특히 전쟁이 지속되는 고대사회에서 육체적으로 보다 강한 남성의 리더십을 요하는 정치의 속성 때문에 남성만의 정치 영역화는 가속되었다. 정치가 남성에게는 우호적으로, 여성에게는 매우 비우호적으로 전개되면서 남성의 정치 독점은 일상화되었다. 이렇게 여성에게 배타적인 정치가 역사에서 진행되었고, 정치적인 것을 성찰하는 정치사상은 현실에서 가려진 영역에 존재하는 여성을 그 대상에서 배제하기에 이른 것이다.

고대의 정치사상에서 그 주체는 공동체에서 정치활동을 하는 남성으로 제한된 반면, 그 영역은 매우 광범위하게 공동체 전체를 포괄한다. 공동체 전체의 질서 문제가 공동체의 대주제로 등장하면서, 정치사상은 공동체 전체에 적용되는 법과 제도 등을 논하는 보편적 원칙에 관심을 가지게 된다. 보편적 주제에 비해 사소한 일상과 연관된 특수성은 정치의 주제로서는 매우 미시적인 것으로, 우선적 연구 주제로서는 적실하지 못했다. 보편성을 가진 사안이란 공동체의 안보나 질서 유지에 관계되는 것으로, 입법이라든가 제도의 정비 등이 대부분이다. 여성이 존재했던 공간인 가정의 문제를 비롯한 일상사는 특수한 사안으로 치부되었다. 여성의 역할은 보편적 활동을 하는 남성 시민과 잠재적 시민인 자녀들을 보살피는 것으로 생산과정이나 공적 활동의 전제가 되는 부분이었음에도, 가정의 사적 영역화와 특수화는 여성성이 보편 사안으로 등장하는 것을 어렵게 했다.

아리스토텔레스의《정치학》은 남성 시민들의 좋은 삶을 지향하는 자급자족적 도시라는 비전과 함께 시작한다. 곧이어 그는 가정에 대한 논의를 시작한다. 이는 도시라는 보편적 영역에 대한 논의에 선행되어야 하는 관계의 특수성을 논하는 장이다. 도시의 남성들은 종종 추상성과 보편성에 대한 도시의 잠재성을 과대평가한다. 여성은 여성의 특별한 재생산 능력과 같은 특정 부분에 도시가 의존하고 있음을 분명히 함으로써 그러한 도시의 잠재성에 한계가 있음을 사상가들에게 인식시킨다. (Saxonhouse 1985, 10쪽)

플라톤이나 아리스토텔레스가 강조한 가정의 중요성, 가정에 존재하는 여성의 중요성은 공동체 중심으로 보편성을 지향하는 남성의 성향 때문에 이후 정치사상의 승계 과정에 포함되지 못했다. 정치사상사는 남성의 역할만을 집중적으로 과도하게 조명했고, 정치공동체의 유일한 참여자로서 남성만이 정치사상에서 살아남았다. 일반적으로 정치 제도라 지칭되는 통치구조, 의회, 군대, 사법부 등에 여성이 존재하지 않음으로써, 여성은 공동체에 존재하지만 존재하지 않는 자로 치부되었고, 이제 정치사상은 그들(남성들)만의 정치사상으로 그 명맥을 이어가게 된다. 가정 영역에서 재생산능력을 가지고 정치 영역과 연계하고 있던 탯줄과 같은 연결점은 이후 정치사상의 역사에서 고사되었으며, 이제 정치사상은 그야말로 정치 영역만을 다루고, 매우 제한적 의미의 정치적인 것들에 대한 성찰로만 좁혀지게된다.

그들만의 정치사상은 삶의 현장 전반에서 발생하는 정치적인 것을 다루는 것이 아니라, 제한적 의미의 정치적인 것에 대한 성찰로부터 권력을 중심으로 논의를 이어간다. 그들만의 정치사상은 공동체, 보편성, 정치적인 것이 모두 함께 드러나는 매우 좁은 지역에서 논의를 진행시킬 수밖에 없었다. 보편적이지 않고 정치적이지 않은 것은 삶과 공동체의 질서에 절실하게 필요한 것이라 할지라도 정치사상의 대상이 되지 못하는 반쪽만의 정치사상이 되었다. 지금은 지극히 당연하다고 생각되는 '개인적인 것은 정치적인 것'이라는 캐치프레이즈는 여성주의와 함께 근대 이후에나 등장하는 매우 혁명적 발상이었던 것이다. 사회 전반의 문제, 사회 구성원 전체모두를 포괄하지 못하는 제한적 문제의식이 공동체 전체의 행복이나 질서 형성에 과연 어떤 도움을 줄 수 있는지는 깊이 생각해볼 일이다. 하지만 그리 낙관적이지만은 않은 것은 그들만의 정치사상이 벗어날 수 없는 근원적 한계 때문이라고 할 수 있다.

그들만의 정치사상은 정치의 주체, 분야, 목적을 규제하여 정치 영역 자체를 축소시키는 결과를 초래했다. 그들만의 정치사상은 이제 남성의, 남성에 의한, 남성을 위한 저술만으로 구성되게 되었고, 이로써 소위 '인간', '인류'라는 용어는 인류의 일부, 즉 남성을 의미하는 용어로 그 의미가 축소되어버렸다.

> 루소는 《인간 불평등 기원론*Discours sur l'origine et les fondements de l'inégalité parmi les hommes*》의 서두에서 "내가 말하고자 하는 것은 인간 homme에 대해서이다"라고 말하면서 저술을 시작한다. 그것이 남성들 간의 불평등만을 의미하는 것이고, 이것이 분석 대상이라는 점은 바로 명백해진다. 성별 간의 불평등은 논의되지 않고 지나가 버린다. (Okin 1979, 5쪽)

루소의 《인간 불평등 기원론》에서 다뤄지는 주제는 남성 간의 불평등이고 어디에서도 여성에 대한 논의는 찾아볼 수 없다.

아리스토텔레스도 전체 사상을 통해서 인간을 위한 '최고의 선the highest good'을 장황하게 설명하고 최고의 선을 달성하는 것이 인간의 목표라고 하면서도, 여성은 이 논의에서 통상적으로 제외되며, 제도적으로도 적절치 않다고 규정한다. 이마누엘 칸트Immanuel Kant(1724~1804)는 자신의 저작에서 '인간'이라는 용어보다는 '합리적 존재'라는 용어를 사용하는데, 성적 도덕성에 있어서는 이중적 기준을 여성에게 부여한다. 즉, 모든 살인은 죽음으로 갚아져야 한다고 하지만, 사생아에 대한 살인은 예외라고 인정한다. 여성의 성적 부정으로 태어난 사생아는 법의 보호 밖에 있는 존재이므로 사회 도덕률의 유지를 위해, 그에 대한 살인 행위는 처벌은 받되 반드시 죽음으로 갚을 필요는 없다는 것이다(Reiss 1970, 157~159쪽). 결국 칸트가 말하는 합리적 존재에 여성은 포함되지 않는다는 결론을 내릴 수 있다.

미국의 독립 선언서나 프랑스의 〈인간과 시민의 권리선언〉에 나타난 "모든 인간은 평등하다"라는 규정에 있는 '인간'도 여성을 의미하는 것은 아니다. 이는 많은 여성들이 여기에 여성이 포함되어야 한다고 역설한 사실만으로도 쉽게 알 수 있다. 미국 독립 선언서를 기초할 때 제2대 대통령 존 애덤스John Adams(1735~1826)의 아내 애비게일 애덤스Abigail Adams(1744~1718)[12]는 영국과의 독립전쟁 시기에 미국 여성들이 공헌한 것을 잊지 말아달라고 애절하게 호소했지만 결국 반영되지 않았고, 프랑스의 경우에도 여성에게 결국 정치적·시민적 권리를 부여하지 않고 처형하거나 여성을 거리에서 가정으로 몰아넣었다. 이 사례들은 여전히 여성은 여성으로만 존재할 뿐, 인간으로는 사회에 존재하지 않았음을 잘 보여준다.

그들만의 정치사상에서 인간은 남성을 의미했고, 인간의 본성은 남성의 본성을 의미했으며, 인간의 권리는 남성의 권리를, 인간의 자유와 평등은 남성의 자유와 평등을 의미했다. 여성의 권리, 여성의 자유와 평등은 정치적인 것이 되지 못했고, 여성에 대한 억압과 강제는 정치적 담론의 대상이 되지 못했다. 계몽사상으로 촉발된 근대의 시민혁명도 이러한 역사의 방향성을 용이하게 바로잡지 못했다.

[근대혁명의 문서에서 제시된] 모든 인간all men이 자유롭고 평등하게 태어났다는 진술은 모든 인류all mankind로 이해되어야 한다. 이 말은 개인의 자유와 평등은 보편적인 것으로 가정되어야 하며, 모든 사람에게 적용되어

---

[12] 그녀는 남자들이 영국에 대항해서 노력하고 있는 만큼, 여성들에게 보다 관대해져야 한다고 제안하면서, 남편이 아내에 대해 무제한적인 권한을 가져서는 안 된다고 주장했다. 여자들이 정치적 목소리를 갖지 못하면 함께 뭉쳐 반란을 일으킬 것이라고도 경고했다(《현대 정치사상의 파노라마》 413쪽 참조).

야 한다는 뜻이다. 이런 해석에 따르면, 여성이 시민권을 갖는다는 것은 무산자 남성이나 소수 인종의 남성도 시민권을 가져야 한다는 것과 원리상 동일한 문제를 제기한다. (Shanley·Pateman 1991, 4쪽)

이렇게 볼 때 남녀평등의 원리에 대한 문제는 존재하지 않고, 유일한 문제는 이러한 원리와 이론을 실천에 옮기는 것인 것만 같다. 그러나 역사에서 실천에 많은 시간이 소요되어, 다시 그 원리로 문제의 근간이 옮겨 가기도 한다. 여성이 배제된 채 정치사상이 그들(남성들)만의 힘으로 유지되고 움직여온 역사가 2,000년을 넘어서면서, 여성의 배제는 당연하게 치부되고 여성의 진입은 예외적 현상으로 여겨지는 왜곡된 상황이 전개되어온 것이다. 사회에서 여성의 숫자는 일반적으로 세는 숫자와 다른 느낌을 준다. 여성이 없는 비정상적 상황에서 2,000년을 지내오다 보니 이제는 여성이 결핍된 상황을 정상으로 인식하게 되면서, 여성이 사회에서 둘 이상 있으면 '많다'는 생각을 하게 된 것이다. 있어야 할 곳에 있어야 할 것이 결핍된 상황은 현실을 왜곡시키고, 잘못된 미래로 역사를 이끈다. 여성 결핍의 장기화는 인식의 왜곡과 변형까지 불러온데다, 여성이 사회에 필요한가, 적절한가 등 정상적인 정치담론에 불필요한 논쟁을 촉발시키고 시간을 낭비하면서 정치적 비효율성까지 초래한다.

이와 더불어 그들만의 정치사상, 즉 젠더화된 정치사상으로는 넘을 수 없는 한계가 바로 존재의 문제이다. 여성의 부재를 기정사실화하여 논의를 전개하지만, 여성의 부재가 사실이 아니므로 현실과 사상의 도착적 상황에 봉착하지 않을 수 없다. 존재하지 않는 자의 존재는 정치의 영역에서 매우 다루기 힘든 사안이다. 정치사상은 정치적인 것을 다루기에, 존재하지 않는 자가 정치적인 사안으로 정립될 수는 없는 일이다. 따라서 여성의 문제는 더욱더 꼬여갈 수밖에 없는바, 이 문제를 풀어가려면 그들만의 정치사상이 해체되어 여성을 포함하는 탈젠더적 정치사상으로 확대·개편되어야 한다.

2. 존재하지 않는 여성의 존재

존재하는 것을 존재하지 않는 것으로 생각하고 그 위에 지은 건물은 토대부터 잘못되었기에 근본적인 문제를 내포하고 있다. 존재가 드러나면 그 존재를 근거로 건물을 다시 지어야 하는 것이다. 존재하는 여성을 존재하지 않는 것으로 전제하고 형성된 그들만의 정치사상은 남성 중심적으로 젠더화되어 있어서 신뢰할 수 있는 사회적 기준으로 설정되기에는 무리가 있다. 젠더화된 정치사상이 제시하는 정의, 자유, 평등, 권리 등의 제 개념을 모두 현실사회에 적용하기 위해서는 일정 기준이 설정되어야 하는 것으로, 그 기준점에 대한 합의에 문제가 제기되는 시점부터 그 기준은 기준으로서의 기능을 상실한다.

정치사상사를 살펴볼 때 시대의 흐름에 따른 변화 과정에서 정의를 비롯한 자유, 평등, 권리 등의 제반 개념에 대한 일치된 합의가 형성되었다는 전제에서 현재의 민주주의 체제는 그 기반을 찾을 수 있다. 고대와 중세를 거쳐 근대로 넘어오는 과정에서 정치사상은 근본 전제로부터 커다란 변혁을 겪었지만, 여성의 존재 문제에 있어서만은 일관되게 부존재를 근거로 근대기획을 시도한다.

고대와 중세 정치사상이 여성의 부존재를 근거로 하기는 하지만, 고대의 경우 가정 영역에 존재하는 여성을 인정하고 제한적으로나마 정치 영역에 참여시켰던 것을 생각해보면, 일정 부분 여성의 존재를 인정하고 있었음을 알 수 있다. 인간의 삶에서 사적 영역과 공적 영역을 엄밀하게 구분하기 어려운 상황임에도, 근대의 주류 정치사상은 사회를 공사公私의 두 가지 영역으로 나누고 공적 영역만 정치적인 것으로 간주하여 정치사상의 대상으로 삼아왔다. 물론 공사의 이분법은 고대에서부터 그 기원을 논할 수는 있으나, 실제로 플라톤이나 아리스토텔레스는 이에 대해 나름대로 타협을 시도하고 있다.

그[플라톤]는《국가·정체》제5권에서 여성도 수호자 계급이 될 수 있다고 보았다……그러나 여성이 정치적 지배에 참여할 수 있는가의 여부는 사적 가족 제도를 플라톤이 폐지할 수 있는가에 달려 있다. 플라톤은 〈법률〉에서 가부장적인 가정이라는 근거를 허물지 않을 것임을 언명한다. 따라서 플라톤은 정치적인 것과 여성이 양립할 수 없는 전통을 도입한 셈이다.

아리스토텔레스는……자연질서에 따르면 우월한 자가 열등한 자를 지배하는 것이 당연하다고 주장했다……아리스토텔레스에 따르면 자신이 몸으로 아이를 키우고 가정을 유지해야 하므로 여성에게는 정치 참여에 반드시 필요한 여가가 부족하다. (Shanley·Pateman 1991, 3~4쪽)

그러나 실제로 여성들이 중요한 정치적 역할을 수행하고 있을 때조차, 여성은 정치라는 공적 세계에는 존재할 수 없다는 배제적 관점이 고대 정치사상의 저술에 존재하는 것은 부인할 수 없는 사실이다.

존재하고 있어도 그 존재를 인정하지 못하는 이러한 불균형의 근저에는 남성과 여성의 눈에 보이는 생물학적인 차이와 기능이 있었다. 여성이 가지는 출산 기능은 여성이 정치 영역에서 배제되는 매우 중요한 근거로 제시된다. 실제로 여성의 출산 기능은 무능력의 근거라기보다는 차세대를 생산할 수 있는 재생산의 능력으로, 인류의 유지와 발전을 위해 근본적으로 필요한 힘이 되어야 한다. 그러나 남성 중심 사회에서 여성의 출산은 정치라는 공적 영역에서 여성의 존재를 배제할 수 있는 빌미가 된다. 능력이 무능력의 근거가 되는 매우 비정상적이고 특이한 상황이 전개됨으로써 여성은 이제 무능력자의 범주로 분류되기 시작한다. 이는 어쩌면 생산의 가능성을 가진 자에 대한 못 가진 자의 견제에서 그 사상적 연원을 찾아볼 수 있을지도 모른다.

인류학적으로 남성들이 여성들에 대해 가지는 혐오의 근거는 여성에 대한 공포에 있으며, 그 공포 때문에 여성을 배제하려는 집단적 시도를 하게 된다. 여성의 지배에 대한 잠재적 공포를 해결하기 위해 애초부터 자신의 영역에는 여성이 들어설 수 없는 조건을 형성하려는 남성 중심의 집단논리가 정치사상에서도 발견된다고 하겠다. 여성만이 가지는 출산능력은 또한 남성으로 하여금 자신의 자손인지 확인하기 위해서 여성을 각 개별 가정으로 분산 배치하고 격리할 필요성을 불러일으킨다. 여성은 스스로 출산하므로 자신의 자녀에 대한 배타적 권리를 자연스럽게 지닐 수 있지만, 남성이 자녀에 대한 권리를 확인하고 보유하기 위해서는 각 가정으로 여성이 분산 배치될 필요가 있는 것이다. 결국 여성의 자녀에 대한 권리는 자연적이지만, 남성의 자녀에 대한 권리는 정치적일 수밖에 없다. 자신의 자녀가 존재하는 가정의 권력을 남성이 소유하게 되면서, 출산을 하는 여성도 가정의 남성권력에 종속되는 것이다.

결국 여성에 대한 공포는 여성의 능력에 기인하는 것으로, 공포로부터의 해방은 여성의 존재를 부정하고, 여성을 배제하는 데서 얻어진다. 이러한 상황은 정치사상이 공동체와 전체, 또는 신의 의지를 강조하던 고 · 중세에서 개인의 자유를 중심으로 하는 근대로 이행하면서 보다 강력하게 나타나게 된다. 고·중세에는 공동체나 하나님을 위한 교회 조직이 여성의 능력을 제어할 수 있는 기제로 존재했지만, 르네상스와 종교개혁을 통해 모든 인간이 집단으로부터 독립적으로 존재하게 되어 동등한 가치를 가지고, 하나님 앞에서도 모두가 동등자라는 생각이 자리 잡으면서, 여성을 통제할 수 있는 기제는 더 이상 세상에 존재하지 않게 된다. 이는 근대 인간 해방의 예기치 않은 결과로서, 정치 영역을 독점해왔던 남성의 입장에서는 수용할 수 없기도 하려니와, 일단 수용할 경우 세력 판도가 역전될 것이 두려워서 공적 영역으로 진입하려는 여성의 시도를 애초부터 차단하지 않을 수 없었을 것이다.

따라서 계몽사상을 기반으로 하는 근대정치사상은 모든 면에서 이전 시대를 뛰어넘는 미래 지향적인 상상력과 비전을 보여주지만, 여성 문제에 있어서만은 중세의 사고에서 한 발짝도 움직이지 않았다. 여성이 할 일이란 가정에서 아이를 낳아 기르면서, 공적 영역에 종사하는 남성을 돕는 일이라는 전근대적 여성 담론은 개인의 자유와 평등, 모든 이성을 가진 이의 해방이라는 계몽사상과 근대시민혁명의 정신에 정면으로 배치되었다. 하지만 정치적인 것에 대한 성찰로서의 정치사상은 당시 정치현장에 존재하던 정치적 주체들의 생각만을 그대로 반영하여 체제 질서를 잡아나가게 된 것이다. 그 결과 보이는 여성을 억지로 숨기고 보이지 않게 만들고는 인위적으로 형성한 공적 영역에서 근대정치질서는 형성되어간다. 1789년 프랑스 혁명 이후 봇물처럼 터지는 참여의 요구 속에서 1793년 국민공회는 정치 영역으로부터 여성 퇴출을 강력하게 시도한다. 여성의 정치 참여를 요구하던 올랭프 드 구주는 단두대에서 처형당했고, 여성들의 정치 클럽은 해산되었으며, 여성들이 밤에 거리를 돌아다니는 일조차 전격적으로 금지되었다. 자연이 여성에게 준 임무가 아니라는, 증명되지 않은 이유를 들어 합의의 시도조차 하지 않은 채 여성은 사회에서 강제로 보이지 않게 되었다. 근대의 사회계약론 이후 사회의 모든 사안은 당사자의 동의를 필요로 했지만, 여성이 사회에서 가정으로 퇴출되는 데에는 당사자 여성의 동의는 필요하지 않았다. 남성들이 주체가 된 정치 영역에서 당사자 남성의 동의 없이는 어떤 사안도 결정될 수 없지만, 여성들에게는 자연이 준 의무라고 남성이 규정하고 결정하고 시행했다. 자유의 시대에 가해지는 이러한 폭압과 강제는 정치의 힘으로 규정되었고 역사는 이를 묵인했다.

자유의 시대에 남성은 자유롭게 자신의 운명을 결정할 수 있지만, 여성은 자신의 운명을 결정할 권리를 가지지 못하게 된 근거로 여성이 출산한다는 생물학적인 이유밖에 찾을 수 없다. 생물학적인 이유가 사회 활동을 할 가능성과 정치적 권리와 의무의 근거로서 제시되는 경우, 그 생물학적인 이유가 존재하지 않는다면 다른 설명이 부가되어야 한다. 여성에게 정치 활동을 제한하는 생물학적인 이유는 결혼과 출산이다. 여성이 성인이 되어 결혼하면, 남성에게 그 법인격이 위탁·관리되고, 출산 직후 물리적으로 움직일 수 있는 기간이 제한되며, 가사일을 전담하느라 정치적 토론과 담론에 참여할 시간이 부족해진다는 것이다. 그렇다면 결혼과 출산을 하지 않은 성인 여성의 경우에 대해서도 나름대로의 규정이 있어야 하겠지만, 그러한 규정은 보이지 않는다. 일방적으로 여성은 결혼하고 출산해야 하고, 태생적으로 복종하기 위해 태어났다는 말만 반복할 뿐, 여성의 사회 활동을 제한하는 논리적 근거를 찾아내기란 용이하지 않다. 여성들이 가사일을 전담하느라 여가가 부족하여 정치 활동을 할 수 없다면, 생계 활동으로 바쁜 남성들 또한 여가가 부족하므로 정치 활동이 제한되어야 할 것이다.

엄연히 존재하고 있는 것을 부인하는 역사와 현실에서의 억지는 결국 여성의 존재성이 다른 곳에서 절제되지 않는 방법으로 분출되는 결과를 초래한다. 루소가 《달랑베르에게 보내는 연극에 관한 편지*Lettre à d'Alembert sur les Spectacles*》(이하 《달랑베르》)에서 말하는 여성의 타락은 여성이 사회에서 자신을 드러낼 수 있는 방법이 성적인 측면 외에는 존재하지 않는 현실에서 여성이 드러나는 양상을 보여준다. 강요당한 존재의 부존재는 그 존재의 고유한 가치를 자연스럽게 드러내기보다는, 지표면의 약한 곳을 뚫고 나오는 지하의 마그마처럼, 때로는 부자연스럽고, 때로는 폭력적인 양상을 드러내면서 지극히 편향적인 모습으로 세상에 자신의 존재를 알리게 된다. 《달랑베르》에서 루소는 당시 유행하던 연극을 강력하게 비판한다.

젊은이가 무대 위의 세상만 본다면, 그에게 필요한 미덕을 얻는 첫 번째 방법은 거기서 자신을 이끄는 여성—— 그들이 콩스탕스Constance나 세니 Cénie이기를 바라면서—— 을 보는 것이다. 사상의 모델에 대한 신념으로, 인위적으로 형성된 달콤함 위에서 정숙하고 조심성 있는 태도로 이 젊은 바보는 자신이 현명해진다고 생각하면서 자신을 파괴해나가게 된다. (Rousseau 1960, 48쪽)

루소는 사회적으로 존재하지 않는 여성이 엄연히 존재하는 현실에서, 여성의 성적 절제는 사회의 질서를 위해 절대적으로 필요하다고 스파르타의 사례를 들어 강조한다. "스파르타에서 무대에 오르는 음탕한 여성들은 노예나 창녀의 역할로 한정되었고, 정숙함 자체에 대한 비판조차 허용되지 않을 정도로 스파르타의 관습은 건전하고 강인했다"는 것이 루소의 분석이다. 그러나 이와 대조적으로, 당시 프랑스의 살롱 문화는 여성을 고상한 취미의 전달자, 중재자로 인식하면서 오히려 기존 질서를 파괴하고 있다고 루소는 비판한다.

사실상 사회에서 그들이 원하는 모든 것을 판단하고는 있지만, 그들은 아무것도 알지 못한다. 그러나 연극에서는 저자들의 필치에 따라 남성과 철학자의 학문을 배운 그들은 우리의 성을 자신들의 능력으로 분쇄하고, 우둔한 관객은 이를 그대로 따라 무대의 여성이 그들에게 하고자 하는 것을 배운다. (Rousseau 1960, 49쪽)

사회적으로 존재하지 않아야 하는 여성의 무거운 존재감은 남성 중심적 질서에 충격으로 다가선다는 것이다. 여성은 남성의 지도와 계도를 받고 복종해야 하는 존재임에도 불구하고, 연극 무대에서 언제나 모든 것을 알고 모든 것을 남성에게 가르친다. 루소는 연극에서 드러나는 남성의 권위에 대한 여성의 도전은 노인에 대한 젊은이의 도전으로 이어지고, 또 다른 자연적 관계의 역전으로 귀결된다고 하면서 연극을 비판한다.

어떻게 세상의 전 질서를 뒤흔드는지 보라. 아버지의 사회가 근거하고 있는 모든 신성한 관계를 얼마나 수치스럽게 뒤엎는가. 또한 자녀에 대한 아버지의 권리, 아내에 대한 남편의 권리, 노예에 대한 주인의 권리를 얼마나 우습게 만드는가. (Rousseau 1960, 35쪽)

여기서 성적 질서를 위한 정숙함chastity은 여성에게만 관련된다고 루소는 설명한다. 그는 여성의 경우와 달리 남성에게 정숙함은 반드시 지켜야 할 가치도 아니고, 어겼다고 해서 그리 수치스러울 것도 없다고 주장한다.

왜 한 성에게는 허용된 것이 다른 성에게는 죄가 되는 것인가라는 질문에 대해 루소는 가부장권을 내세운다.

> 여성에 대한 엄격한 의무가 아이에게 아버지가 있어야 한다는 단순한 사실로부터 나오는 것이 아니란 말인가?……자연이 그것을 원한다. 자연의 요구를 막는 것은 그 자체로서 범죄이다. 남성은 과감할 수 있지만, 정숙하지 않은 여성은 여성이라는 성에 자연으로부터 주어진 감정을 짓밟은 것이다. (Rousseau 1960, 85쪽)

결국 존재하는 여성을 존재하지 않는 것으로 억압하게 된 계기는 바로 자연에 있다. 자연이 남성과 여성을 달리 취급한다는 데서 루소는 여성의 사회적 부존재에 대한 합리적 근거를 발견한다. 합리적 에밀과 비합리적 소피의 결합을 이상으로 본 루소의 불균형적 사고의 근거가 바로 여기서 발견되고, 존재하는 여성의 부존재를 사회적으로 강요하게 된 계기도 바로 여기에 있다. 자연적 존재로서의 여성이 사회에 그대로 드러나는 순간 사회의 질서는 파괴되기 시작한다. 따라서 루소는 여성이 사회에서 존재하기 위해서는 여성이 가져야 하는 수줍음, 순결함과 정숙함이라는 덕목을 체득해야 하며, 이는 바로 사회적 이익과 직결되므로 여성의 미덕에 대한 통제는 정치질서를 위해 절대적으로 필요하다고 지속적으로 역설한다.

여성이 복종하기 위해 태어난 존재로 규정되고 여성의 정치적 권리에 대한 거부가 명문으로 규정된 1804년의 나폴레옹법전은 여성의 정치적 부존재를 공식적으로 확인한 문서이다. 1776년의 독립 선언서, 1789년의 〈인간과 시민의 권리선언〉에 나타난 '모든 인간'에 여성이 포함되는가의 논쟁은 나폴레옹법전으로 승패가 결정되고 결과가 명시적으로 확인되었다. 그러나 1791년의 〈여성과 여성 시민의 권리선언〉, 1848년의 〈감정의 선언문The Declaration of Sentiments〉은 1792년 울스턴크래프트의 《여성의 권리 옹호》를 뒤이어 여성의 모습을 역사에 드러내려는 지속적인 시도를 보인다. 존재하는 여성의 모습을 없는 것으로 가리기보다 보이려는 것은 자연의 방향성을 생각할 때 당연한 귀결이라 할 수 있다. 있는 여성을 보이지 않게 하려는 시도를 끊임없이 강행해야 그 통제를 유지할 수 있으나, 있는 여성의 모습이 드러나는 것은 그 자체로 자연스럽다. 역사를 통틀어 가장 강력한 힘이 바로 자연에서 발견되기 때문이다.

고ㆍ중세의 역사에서 공동체와의 위계에서 하위에 종속적으로 존재하던 인간이 공동체로부터 독립한 개인으로 드러난 근대정치사상의 추동력이 바로 자연이었다고 생각하면, 숨겨진 존재인 여성이 드러나게 된 계기도 자연에서 찾을 수 있을 것이다. 루소는 여성 억압을 합리화하는 근거로 자연을 제시했지만, 결국 여성을 의도적으로 감추는 남성사회의 작업을 통해 여성이 오히려 드러나게 되는 역동적 사회운동의 빌미를 자연스럽게 제공하게 된다.

여성을 자연과 연계하여 묶어두려는 시도는 생물학과의 운명을 강조하게끔 했고, 생물학에 초점을 맞추면 맞출수록 여성의 존재는 부인할 수 없는 현실이자, 남성사회에 치명적인 운명으로 다가왔다. 여성은 남성의 존재 근거이고, 남성이 사회에 존재한다는 사실로부터 여성이 시초부터 존재했음을 인정하지 않을 수 없다. 대체로 각 사회의 창조설화는 모두 여성으로부터 시작한다. 그리스 신화의 가이아Gaia(대지의 여신), 조선의 웅녀는 모두 여성의 재생산성을 시작으로 역사의 시원을 그려내고 있다. 모든 존재의 근본에 여성이 있음을 부인하지 못하면서, 여성의 존재를 부인하려는 시도는 궁극적으로 성공할 수 없는 허위 담론이 되게 마련이다.

있음과 없음의 명백한 차이에도 불구하고, 남성의 있음과 여성의 없음으로 구성되는 근대역사는 여성을 인위적으로 정치 현장에서 퇴출시킨 채 그 상황을 영속시키려는 무리한 시도를 하게 된다. 이것이 근대 여성의 정치적 권리와 사회적 존재성에 대한 인정의 문제로, 시민혁명의 완결 이후 100여 년간 지속된 변혁 이후의 변혁이자, 혁명 이후의 혁명이고, 민주주의 이후의 민주주의라는 논란이 가속된 이유이다. 역사의 진행 방향은 궁극적으로 자연의 진행 방향과 일치하게 마련이다. 인간에서 여성을 배제시킨 채 남성만으로 인간을, 정치사회를, 민주주의를 구성하고 형성하려 했던 시도는 결국 권력의 불균형 상황을, 궁극적으로 근대의 모든 기초를 의심하는 탈근대적 상황까지 초래하게 된다. 존재를 존재로 인정하는 것은 근대의 위기를 해소하기 위해 절대적으로 필요한 전제 조건으로, 여성의 존재 문제를 해결하는 것이 중요한 관건임을 시사한다.

가장 무서운 적은 보이지 않는 적인 것처럼, 사회에서 가장 해결하기 어려운 문제는 드러나지 않은 문제이다. 보이는 문제의 경우에는 문제를 파악하기 용이하고 사회가 연합하여 해결하려는 의사를 모으는 것도 자연스럽지만, 보이지 않는 문제를 해결하기 위해서는 우선적으로 사안을 드러내는 작업이 필요하다. 보이는 사안보다 작업이 한 단계 더 필요한 셈이다. 근대사회에서 여성의 문제는 일단 여성을 찾아내고 드러내는 작업에서부터 시작해야 한다는 말이다. 지하경제의 문제를 해결하기 위해서는 우선적으로 양성화 작업이 필요하다고 할 수 있는데, 역사 속 여성에 대한 양성화 작업이 바로 남성 중심적 근대 기획기에 발생한 여성의 사라짐을 인식하고, 사라진 여성을 찾아내는 작업이다.

여성에게 근대는 희망의 메시지가 아니라, 가정 속에 숨어 있어야만 하는 슬픈 운명의 종소리였고, 여성의 사회적 역량에 대한 조종弔鐘이었던 것이다. 남성과 여성에게 서로 다른 방향으로 엇갈린 역사의 운동은 사회의 역동성과 발전 가능성을 저해한다. 엇갈린 방향성을 해소하기 위한 역사 바로잡기는 숨어 있는 여성을 찾아내는 데서부터 시작한다. 즉, 숨은그림 찾기가 그들만의 정치사상을 탈젠더화된 정치사상으로 발전시키는 중요한 방법으로 등장한다.

제2장
근대정치사상과 여성

    정치사상사에서 계몽사상은 근대정치사상의 핵심을 형성하면서 인간의 삶에 혁명적인 변화를 가져다주었다. 공동체와 연결된 인간만을 정치적 주체로 간주하고 그 공동체를 위한 '시민의 덕성citizen's virtue'을 중시한 정치사상에서 이제 공동체와 별도로 독자적인 '개인individual'의 존재가 드러나면서, '개인의 권리individual's right'로 정치사상의 초점이 이동한다.

    공동체를 위한 인간, 신을 위한 인간의 삶을 중요시하고 그것이 곧 인간 자신을 위하는 일이라 생각했던 고대와 중세 시대를 지나면서 인간이 집단에 희생당하는 문제점들이 드러나기 시작했다. 공동체를 대표하는 황제나 왕, 교황은 자의적 권력을 휘두르게 되었고, 사회의 모든 양상이 획일적 위계 구도로 자리 잡으면서 인간성을 논하기는 매우 어려운 일이 되었다.

    이러한 일방적 역사의 반작용으로 등장하게 된 것이 바로 문예부흥과 종교개혁이다. 지구상의 자연질서뿐만 아니라 인간 사회에도 물리학의 법칙이 적용되는바, 역사는 언제나 균형점을 찾아 이동한다. 물이 높은 곳에서 낮은 곳으로 흐르고, 삼투 현상에서 보듯이 농도가 낮은 곳에서 높은 곳으로 용매가 옮겨 가서 서로 균형을 이루는 것처럼, 정치의 역사에서도 이러한 현상이 존재한다.

공동체와 집단의 논리에 짓눌려 있던 인간성을 회복하기 위한 첫 시도가 문예부흥운동이었다. 고대 그리스에서 인간의 자유로움을 찾아내 이를 회복시키려는 시도가 문화 예술 분야에서부터 시작된다. 문학, 조각, 회화, 그리고 음악을 통해 인간의 자유로운 감정을 표현하면서 인간의 자유를 드러내고 궁극적으로 독립적 개인의 형성을 주도하게 된 것이다. 당시에도 나름대로 강력한 권력의 끈을 유지하고자 마지막 안간힘을 쓰던 교황의 세력에 중대한 타격을 가한 것이 바로 종교개혁이다. 이제 공동체의 질곡에서 벗어나기 시작한 인간은 '개인'으로서 신과 독대하여 구원의 문제도 해결할 수 있게 되면서, 인간의 자유는 날개를 달게 된다.

이제 막 걸음마를 뗀 '개인'의 자유를 완성시킨 것은 바로 인간 정신의 무한한 가능성을 열어준 계몽사상이다. 계몽사상은 인간의 이성능력에 대한 신뢰를 바탕으로 한다. 이성능력이란 모든 것을 생각하고 모든 것을 알아내고 모든 것을 만들어낼 수 있는 능력을 뜻한다. 이러한 개인의 이성능력이 인간으로 하여금 지식을 알고, 전수하게 하는 것이다. 그 대표적 사례를 바로 드니 디드로Denis Diderot(1713~1784), 장 르 롱 달랑베르Jean Le Rond d'Alembert(1717~1783) 등이 속한 '백과전서파'에서 살펴볼 수 있다. 이들은 백과전서를 편찬하여 인간이 이성능력을 통해서 할 수 없는 것이 없음을, 이 세상 모든 것을 알 수 있음을 과시하고자 했다.

계몽사상으로 확인된 인간 이성의 승리는 17, 18세기 영국 명예혁명, 프랑스 혁명, 미국 독립혁명 등의 시민혁명으로 제도적 완성을 이루게 된다. 여기서 성립된 체제가 바로 민주주의이다. 개인이 행위의 주체로서 사회의 주인이 되고, 개인의 권리를 보호하는 것이 최우선 과제이며, 권력의 남용으로 개인의 권리가 침해받지 않도록 하는 것이 국가의 가장 중요한 임무가 된 체제가 민주주의인 것이다. 종교개혁과 문예부흥으로 시작되어 계몽사상을 통해 정신사적으로 정립된 근대는 민주주의 제도를 일구어낸 시민혁명을 거쳐서 드디어 완성되었다고 볼 수 있다(박의경 2008b, 403~405쪽).

이와 같이 근대는 인간이 자신의 생각으로 모든 것을 만들어낼 수 있다는 데서 출발한다. 인간이 태어나고 성장해가는 과정에서, 자신의 주위에 존재하는 모든 것에 대해 주체적 영향력을 가진다는 것이 근대성의 본질이다. 근대성을 가능케 하는 능력이 바로 모든 인간에게 부여되어 있다는 이성능력이다. 이성은 계산능력으로부터 출발하여 사물과 사태에 대한 판단을 가능하게 하는 기본적인 능력이다. 고대부터 공동체와 집단의 지침과 주변과 환경의 지배에 적응하면서 살아온 인간에게 이성은 새로운 세계로 나아갈 수 있게 하는 신무기라고 할 수도 있을 것이다.

플라톤과 아리스토텔레스로 대표되는 고대정치사상은 인간과 공동체의 관계 설정에서 인간이 공동체에 맞추어나가는 것이 좋은good 것이라고 보았다. 인간에게 좋음이 달성되려면 공동체의 좋음은 필수적이다. 따라서 고대정치사상에서는 공동체와 연계된 인간의 도덕성을 중요하게 생각하는바, 이러한 점은 아리스토텔레스의 《니코마코스 윤리학*Ethika Nikomacheia*》에 잘 나타나 있다. 인간이 속한 공동체는 이미 존재하고 있는 것이기에, 그 기원에 대해서는 문제 삼지 않았다. 다만 어떻게 좋은 상태를 유지해나갈 것인가가 아리스토텔레스의 정치사상적 질문이었던 것이다. 고대 이후 중세까지 이러한 사고는 동일하게 이어지지만, 중세 말과 르네상스와 종교개혁을 거치면서 인간과 사회의 설정에 혁신적 변화가 발생하게 된 것이다.

인간이 생각하는 존재임을 인식하고 생각이 많은 것을 만들어낼 수 있다는 데 착안하게 되면서, 인간은 자신이 태어나기 전에 이미 존재했던 공동체와 국가의 기원에 대한 질문을 던지기 시작한다. 이를 가능케 한 것은 물론 인간의 이성능력이다. 하나님이 인간을 이성적인 존재로 창조했다는 기독교의 신앙적 차원에서도 이는 그리 문제가 되지 않았다. 신이 주신 능력으로 신이 인간에게 주신 세상을 알아가겠다는 사고에 대해 르네상스와 종교개혁은 가능성과 자신감을 불어넣었다. 그 모든 것의 열쇠는 이성이었고, 이성은 이제 만능이 되었다. 이성은 판단능력을 기초로 세상 모든 것을 형성하고 재단해나가게 된다. 세상에서 인간이 '알아간다는 것'은 곧 세상을 창조하는 것에 버금가는 일이었다.

근대는 이렇게 미래에 대한 희망을 보여주었지만, '이성을 가진 모든 이'에서 배제된 채 근대의 아포리아 속에 갇힌 여성에게는 입구도 출구도 없는 절망을 안겨주게 된다. 이성을 가진 모든 이를 대상으로 하면서도 여성에게는 세상을 알아가고 현실의 주체가 되어 정치에 참여하는 등 자유로운 인간으로 인정받은 남성에게는 가능한 그 모든 것이 하나하나 논쟁의 대상이 되었다. 결국 근대사회는 모든 인간의 자유와 권리라는 대명제를 여성의 종속과 의무가 떠받치는 형태로 귀결된다. 여기서 모든 인간과 여성의 관계는 근대 아포리아의 대표적 사안이다.

1. 근대기획의 태동과 확산

신앙이 인간의 모든 삶을 지배하고 통제하며 철학은 신학의 시녀로서만 존립하던 중세는 십자군 전쟁으로 교권의 권위가 흔들리고, 산업화의 시동과 진행 그리고 근대 국가의 등장을 통해 서서히 근대로 이행하게 된다. 중세에서 근대로 넘어오는 기점을 명확하게 지적할 수는 없으나, 인간이 자신의 이성능력을 바탕으로, 신학과 신앙의 간섭에서 벗어나 많은 활동들을 하게 되면서라고 할 수 있겠다. 여기서 중요한 것은 바로 이성능력이다.

중세 말기 십자군 전쟁을 비롯한 여러 가지 사건으로 교황의 권위가 실추되는 상황에서, 기회를 노리고 있던 유럽 각 지역의 영주와 군주들은 상업 세력과 힘을 합쳐 세속 권력을 장악해나가게 된다. 이러한 상황에서 르네상스는 인간의 이성과 자유의 이름으로 문화 예술에서부터 시작되며 이 경향은 특히 미술계에서 드러나는데, 장중하고 엄숙했던 중세의 화풍이 매우 인간적인 화풍으로 변화하게 된다. 르네상스 시기에 만들어졌기에 레오나르도 다빈치의 모나리자는 그 미소를 간직할 수 있었고, 미켈란젤로의 다비드와 아담도 육체의 모든 곳을 숨김없이 드러낼 수 있었다. 이 경향은 고대 그리스·로마의 회화나 조각 작품에서 찾아볼 수 있는데, 고대에는 인간의 모습 그 자체를 모든 예술의 궁극적 지향점으로 보아 인간의 신체를 숭배하고, 그 능력에 찬사를 보냈다. 인간 한계에 대한 도전과 무한한 경외가 그리스에서 시작된 올림피아드와 그리스·로마의 조각에서 잘 드러난다. 고대는 신조차도 인간의 모습에서 유추하는 그야말로 인간 중심적 문화의 장이었던 것이다. 이러한 고대의 이상을 근대 초기의 예술가들이 중세를 넘어서는 기제로 잡아냈다. 여기서 르네상스라는 재탄생의 의미를 찾아낼 수 있다.

르네상스와 함께 인간이 그 자체로서 역사와 문화의 전면에 등장하고, 철학과 사상 분야에서도 고대의 부활인 르네상스가 일어나면서, 인간 자신이 생각하고 판단해서 모든 것을 알아내는 능력을 가지고 있다는 계몽사상이 발현되었고 동시에 지식의 확산이라는 가능성이 열렸다. 이제 세상에서 인간에게 닫혀 있는 신비의 세계는 사라졌다. 모든 것이 인간의 지각을 통해 지식으로 얻어질 수 있다는 인식론의 확대는 경험론과 실증주의를 발전시키고, 현실에 대한 관찰과 분석을 통해 자연과학을 발전시키기도 한다. 계몽사상의 근저에는 지식의 발전 가능성과 그 지속 가능성에 대한 확신이 자리 잡고, 그 확신의 뒤에는 인간의 이성능력에 대한 신뢰가 존재하고 있었다.

인간의 이성능력에 대한 확신으로 이제 세상은 두려움의 대상이 아닌 경이로운 선물로 다가선다. "나는 생각한다, 고로 나는 존재한다"는 르네 데카르트René Descartes의 말은 세상의 모든 것이 바로 인간의 생각 속에 존재한다는—— 다시 말해서, 생각이 모든 존재의 근원이므로 존재에 앞선다는—— 사유의 전 존재성과 동시에 인간이 존재론적으로 물질에 앞선다는 것을 의미한다.

물체는 본성상 언제나 나눌 수 있는 데 비해, 정신은 전적으로 나눌 수 없다. 실제로 내가 정신을, 즉 사유하는 존재로서의 나 자신을 살펴보면, 나는 그 어떤 것도 분할하거나 구분해낼 수 없으며, 오히려 나를 완전히 하나이자 통합된 것으로 이해하기 때문이다. 정신 전체가 신체 전체와 결합되어 있는 것처럼 보이지만, 발이나 팔, 그 밖에 다른 신체 부분을 잘라냈다고 해서 정신으로부터 어떤 것이 제거되는 것은 아니다. 나아가 의지능력, 감각능력, 이해능력 등이 정신의 부분이라고 말해서도 안 된다. 하나의 동일한 정신이 의지하고 감각하고 이해하는 것이기 때문이다. (데카르트 1997, 117~118쪽)

존재론적으로 물질에 앞서 있기에, 객체의 존재를 규정할 수 있는 능력을 가진 주체로서 인간은 자리매김하게 되었다. 이리하여 인간은 근대 초입에 주체로서 여타의 객체를 지배하고 통제하게 된다. 인간의 정신은 이성능력을 통한 지식의 무한한 확장을 가능케 하면서, 인간에게 새로운 세계를 향한 가능성을 열어준다. 계몽사상이란 바로 이러한 세상에 존재하는 진실과 지식의 문제를 인간이 이성능력을 발현하여 전유할 수 있다는 신념으로부터 근거한다.

계몽사상은 이제 증명할 수 없는 사실에 대해서는 신뢰를 거두고, 존재의 근거를 제시할 수 있는 것들을 통해 진실을 확보해나가면서, 근대의 초석을 쌓아나가는 작업을 지속하게 된다. 모든 것들을 증명해내겠다는 과감한 시도를 함으로써 과학이 발전하고, 이를 통해 인간의 지식은 질적 · 양적으로 확장된다. 물리학과 천체과학의 발전과 함께, 철학과 정치학도 실증주의적 방식을 통해 모든 인간이 그 발견된 지식을 공유하는 전 지구적 지식 공유 체제로 들어서게 되는 것이다. 근대에는 정신세계뿐만 아니라 물질세계에서도 일대 전환이 이루어졌고, 이후 물질을 다루는 영역과 정신을 다루는 영역의 상호관계성이 밀접해졌다. 물리학의 발전은 현실을 살아가는 인간이 피해 갈 수 없는 삶의 조건이자 환경이며, 여기서 살아가는 인간이 행복을 추구한다는 관점에서 철학과 정치학은 물리학이나 천체과학 등의 자연과학과 만난다. 지식을 통해 세상에서의 행복을 달성하겠다는 지식의 유토피아사상이 계몽사상에 지속적으로 에너지를 불어넣었고, 결과적으로 근거 없는 신념이나 믿음은 미신이나 편견으로 치부되고 폄하되었다. 종교가 지배하는 중세에서, 이성이 지배하는 근대로 들어선 것이다. 중세의 주체가 신이었다면 근대의 주체는 인간이었고, 그중에서도 인간의 이성이었다. 이성을 가진 자, 인간의 행동을 통해 모든 것이 형성되고 규정되는 근대기획이 시작된 것이다.

칸트에 따르면, 계몽enlightenment이란 편견과 미신으로부터의 해방이자 자신을 위해 생각하는 능력이다. 계몽사상은 인간의 이성능력에 대한 신뢰를 바탕으로 하여 인간의 자유를 논한다. 칸트는 〈질문에 대한 답 : 계몽이란 무엇인가?〉란 글에서 이렇게 말한다.

계몽이란 미성숙 상태로부터 벗어나는 것이다. 미성숙 상태란 타인의 도움 없이는 자신의 오성을 사용하지 못하는 상태를 이른다. 그 원인이 오성의 부족에 있는 것이 아니라 타인의 도움 없이 오성을 사용할 수 있는 용기나 결단력의 부족이라면, 이러한 미성숙 상태의 원인은 바로 자신에게 귀착되는 것이다. 따라서 계몽의 모토는 다음과 같다. "자신의 오성을 사용할 수 있는 용기를 가져라Sapere Aude!"(Reiss 1970, 54쪽)

계몽에서 절대적으로 필요한 것이 바로 자유로서, 특히 모든 면에서 이성의 공적 사용을 가능케 하는 자유를 말한다. 인간 이성의 공적 사용은 언제나 자유로워야 하며, 그것만이 인간을 계몽시킬 수 있다(Reiss 1970, 55쪽). 따라서 자유는 르네상스, 종교개혁, 나아가 인간의 정신적 해방을 목적으로 하는 계몽에 필수적인 기제이며, 인간이 자유로울 수 있는 근거는 바로 이성능력에 기인하는 것이다.

자유란 인간의 선한 삶을 가능케 하는 기제로 널리 알려져 있다. 또한 선한 사회는 자유로운 성원이 존재하는 자유 사회라야 한다는 것도 사실이다. 도덕적 인간으로의 발전은 궁극적으로 개인의 미덕과 도덕적 반성에 달려 있으며, 도덕적 인간은 자유로운 시민이 존재하는 사회에서만 만들어진다. 한마디로 자유는 언제나 사회적 관계에서 드러나지만, 여전히 그 핵심 조건은 개인의 자율적 행동능력이다. 따라서 인간이 자유로워지려면 타인의 간섭을 받지 않고 자율적으로 판단할 수 있는 공간이 절대적으로 필요하다. 중세는 오랫동안 신의 의지와 절대적 진리 아래 인간의 자율성을 억눌러왔다.

공동체와 집단논리에 눌려 있던 인간성을 회복하기 위한 첫 시도로서 르네상스를 통해 인간은 문화 예술 분야에서 자유로운 감정 표현을 시도하게 되면서 자유와 개인의 형성에 한 발 다가서게 되었고, 종교개혁으로 신앙의 문제에서도 개인의 자격으로 신과 독대하여 구원의 문제를 해결할 수 있게 된다. 이제 그야말로 자유롭게 세상을 향해 날 수 있도록 제도적 장애물이 제거된 것이다(박의경 2008b, 204쪽). 중세 시기 동안 억눌려 있었던 인간의 자유는 계몽사상을 통해 광범위하고 직접적으로 진작된다. 계몽사상은 인간으로 하여금 목표의 선택과 실현, 그리고 자기 결정성에 존재하는 지식과 이성의 힘을 충분히 활용할 수 있도록 하면서, 자유주의의 등장에 중요한 역할을 한다(Muller 1964, 321쪽).

철학적 차원에서 드러난 개념으로서의 자유는 이제 현실에서의 실천을 통해 완성되는바, 역사의 현장에서 자유는 자율성으로 치환된다. 이에 대해 칸트는 자율적 존재로서의 인간의 이미지와 더불어 역사의 역동적 힘으로서의 이성의 중요성을 역설한다.

> 인간 자체는 존재의 현실태를 의미한다. 따라서 이성이란 인간의 존재를 드러내는 자발적 형태의 조건인 셈이다……이성은, 외부적이나 내부적인 조건에 의한 자연의 인과관계의 사슬 속에서 역동적으로 결정되지 않고 자유롭게 움직인다. 이러한 자유는 독립적인 경험적 조건으로서 부정적으로 인식될 뿐만 아니라, 일련의 사건을 자발적으로 시작하는 힘으로서 긍정적으로 규정되어야 한다……우리는 자유를 초월적 개념으로 인식해왔다. (Kant 1991, 130~136쪽)

한스 라이스Hans Reiss는 칸트에 대한 연구에서 "자유 개념은 개인의 자율성을 동반한다. 자유란 자신의 의지를 규제받지 않고 독자적으로 행사할 수 있는 개인의 힘이기 때문이다……한 개인의 정치적 자유는 모든 개인의 자유를 보장하는 법적 조건에서만 제대로 이해될 수 있다"(Reiss 1970, 25쪽)라고 주장한다. 결국 자유란 자신의 자유로운 이성의 명령에 따라서만 행동하고 다른 모든 동기를 유보하는 능력을 말한다.

르네상스 시기에 인간 중심적 고대문화의 부활을 불러오게 된 중요한 기제는 바로 인간이 신으로부터 받았다는 이성능력에 기인하는 것이었다. 이성능력이란 생각할 수 있는 능력으로, 판단능력으로부터 출발한다. 인간이 모든 것을 스스로 판단하고 결정하여 행동할 수 있다는 자유주의도 바로 여기서 출발한다.

계몽사상을 통해 확인된 인간 이성의 승리는 디드로와 달랑베르를 중심으로 하는 백과전서파의 활동에서 잘 드러난다. 그들은 이성능력을 가진 인간이 일단 알고자 한다면 알지 못하는 것이 없다고 천명했고, 세상의 모든 것에 대한 지식을 가질 수 있다고 확신했다. 이성능력과 자유는 인간을 무한한 지식의 바다로 안내하는 길잡이 역할을 한다.

여기서 확실히 지식과 활동의 주체는 '이성을 가진 자유로운 자'로 모아진다. 이성을 가진 자는 종교와 법, 제도를 비롯한 모든 것으로부터 자유로운데다 그 자유를 통해 이성능력을 무한대로 발휘할 수 있었다. 사회는 개인의 이성능력을 발휘한 자유로운 행위로 형성되고 발전되고 지속된다. "종교와 제도의 지배를 벗어난 세속성이 보편주의와 연합하여 휴머니즘에 불을 댕기고 개인의 자유를 최고의 가치로 내세우게 된 것이다."(박의경 2009, 130쪽). 확실히 근대는 개인의 세기로 시작되어 이성을 가진 모든 자의 승리로 귀결되고 있었다. "근대의 위대함과 혁명성은 개인의 발견에서 찾아볼 수 있다. 공동체에 함몰되어 있던 개인을 찾아내어 독립시킴으로써 개인은 이제 자신을 중심으로 움직이는 국가와 사회를 판단하고 평가할 수 있게 된다."(박의경 2009, 130쪽).

이성과 자유를 통해서 인간은 이제 지식에 무한하고 지속적으로 접근할 수 있게 되었다. 따라서 개인을 중심으로 한 사상의 전개는 어떻게 이러한 자유를 장애 없이 지속적으로 보장할 수 있는지 질문하게 되면서, 자유주의를 근간으로 하는 민주주의 체제가 성립되는 것이다. 이성능력과 자유를 가진 개인의 존재는 이제 정치적 질문의 변화도 유발하게 되는데, "공동체를 위해서는 인간은 무엇을 할 수 있는가?"로부터 "공동체는 어떻게 형성이 되었는가?"라는 질문으로의 변화가 바로 그것이다.

전자는 공동체의 존재가 인간에 선행하고 있음을 전제하고 있으며, 후자는 개인이 사회에 선행하고 있음을 전제하고 있다. 개인이 사회에 선행한다는 사실은, 공동체 곧 사회와 국가의 기원에 대한 질문이 존재할 수 있는 공간이 생겼음을 의미한다. 이성능력을 가지고 자유로운 개인이 공동체 설정 초기부터 개입하고 있으므로 개인의 자유는 절대적으로 포기되고 방기될 수 없는 일종의 공리axiom로서 제시된다. 사회계약론이 바로 이에 대해 설명하는 이론으로, 사회와 국가로부터 개인이 어떠한 것을 침해당해서는 안 되는지, 그 한계선을 명확히 제시해준다.

2. 개인의 발견과 여성의 문제

근대성의 주체 개인은 근대를 가능케 한 주요 개념으로, 근대는 또한 공적·사적 연대로 묶여 있던 인간을 개인으로 정치적 독립을 시키면서 개인을 개인으로 설 수 있게 한다. 근대성과 개인은 상호 연결되어 있는 개념으로, 개인을 통해 근대가 가능하고 근대를 통해 개인이 정치의 독립적 주체로 서는 게 가능해진다. 이제 개인은 공동체로부터 박탈당한 결손적 존재가 아니라, 공동체의 시작을 가능케 하는 근원적 주체로서 등장하게 된 것이다. 이성능력을 가진 자유로운 개인의 선택으로 공동체가 형성되었다는 사회계약론을 통해서 근대 국가의 권력 구조는 사상적·철학적으로 자리 잡고, 17, 18세기 시민혁명을 통해서 민주주의의 모습으로 제도화된다. 고대 그리스의 아테네 민주주의가 2,000여 년의 잠행을 거쳐 다시 지상으로 솟아오르게 된 것이다.

공동체의 기원에 대한 질문이 원천 봉쇄되어 있었던 고대와 중세를 지나 이제 개인은 공동체의 기원뿐만 아니라 성립 및 그 과정에까지도 모두 관여할 수 있는 전지적 존재로 등장하게 된다. 개인의 중요한 기능은 이성과 자유였으므로 공동체의 설립에 있어 가장 중요한 것은 그 이성과 자유가 자유롭게 발현되기 위한 전제 조건으로서 개인의 권리 문제로 귀착되게 된다. 중세를 거쳐 오랫동안 상위 권력의 존재로 인해 인간의 자유가 억압당해왔기에 근대의 개인은 공동체를 설정하는 데 가장 중요한 것이 바로 자유가 억압당하지 않도록 개인의 권리를 확보할 수 있는 시스템을 갖추는 일이라는 인식을 할 수 있었다.

개인의 자유로운 선택으로 모든 것에는 정당성이 부여되었고, 정통성이 확보되었으며, 개인의 권리에 대한 부정과 폄하는 체제를 존속시킬 수 없는 중대 사유로 치부되었다. 근대의 개인이 정치적으로 고대의 철학자, 중세의 신의 반열에까지 이르면서, 여기에 근대의 아포리아가 존재하게 되었다. 이는 정치활동의 근본 목적이 행복이라고 할 때, 모든 개인의 자유가 행복을 보장해주지 못할 경우 제기되는 문제에 답하는 과정에서 필연적으로 발생하는 문제이기도 하다. 각 개인의 자유가 사회에서 충돌할 때 사회는 어떻게 반응해야 하는지, 이성을 가진 모든 자가 근대의 주인이 되었지만 모든 이의 자유가 반드시 사회의 행복과 질서를 지탱해주지 못할 때 개인의 자유를 제한해야 하는지, 제한한다면 어느 정도까지 해야 하는지 등의 난제가 속출하게 된다.

사회계약론자들은 이 문제에 대해 다양한 해결책을 제시하지만, 그 어느 것도 제기된 질문에 대한 적확한 답변을 내놓지는 못했다. 홉스는 개인의 자유로 인해 생명이 위협받는 상황을 설정하면서, 자유로 자유를 전면 부정하는 상황을 《리바이어던Leviathan》을 통해 설명했고, 존 로크John Locke(1632~1704)는 자유에 대한 타협을 통해 자유에 대한 제한의 문제를 해결해나가고자 했다. 루소는 "자유를 위한 강제forced to be free"라는 역설과 일반의지를 통해 개인의 자유와 그 한계에 대한 문제를 타개하고자 했다. 그러나 실제로 홉스의 《리바이어던》과 루소의 일반의지는 어떤 의미에서는 자유에 대한 전면부정으로 갈 수 있는 매우 수위 높은 위험성을 가진 개념이다. 로크가 제시한 자유의 일부 양도는 자유 개념의 분할 가능성을 염두에 두고 있어, 여기에 자의성이 들어갈 경우 어떤 방식의 분할도 반대 개념으로부터 자유롭지 못하다.

개인을 강조하고 포기하지 않는 상태에서, 근대는 해결할 수 없는 난제를 그대로 안고 가야 하는 부담을 떨칠 수 없다. 치자와 피치자의 자기 동일성이라든가, 자신의 뜻에 복종하는 것이 자유라는 루소의 역설적 언변의 존재 근거는 바로 이러한 아포리아로부터 연원한다. 루소는 이러한 근대 자유주의의 모순을 일반의지를 통해서 풀어내려 했지만, 이는 지난 300년간 많은 논란의 중심에 서는 개념이 되었다. 자신의 의지가 아닌 것은 일반의지가 아니고, 개인은 일반의지가 아닌 그 어떤 것에도 복종할 필요가 없다는 의미에서, 일반의지는 개인의 자유의 정점에 존재하는 것임은 틀림없다. 그러나 또한 일반의지는 절대 선이기에 이에 대한 불복종의 가능성은 존재조차 하지 않는다는 점에서 자유의 대척점에 존재할 수도 있다. 루소가 과연 자유주의자인지 전체주의자인지에 대한 논쟁이 계속되는 이유가 바로 여기에 있다.[13]

개인의 자유를 전제로 한 사회 시스템의 정립 과정을 체계적으로 다루고 있는 루소의《사회계약론》3권은 모든 개인의 우위에 서서 사회의 근간을 형성하는 입법자의 존재를 다루고 있다. 이 입법자는 사회의 체제가 완성되면 사회의 전면에서 퇴장해야 하는 존재로 설정되어 있다. 엄밀한 의미에서 전제로서의 개인의 자유와 입법자의 권력은 충돌할 수밖에 없으며, 입법자의 작업을 통한 사회 시스템의 정립 없이는 개인의 자유가 불가능하고, 개인의 자유 없이는 또한 입법자의 존재를 상정할 수 없다는 의미에서 이는 난제 중의 난제일 수밖에 없다(Rousseau 1978, 78~107쪽).

여기에 개인이 과연 누구인가, 개인에 포함되지 않는 자가 있는가, 있다면 그 기준은 어떠한가 등의 질문에 봉착하게 되면 그 아포리아의 강도는 더욱 심해진다.[14] 이성을 가진 모든 개인이 승자로 등장한 듯한 근대가 체제를 정비해가면서 점점 해결하기 어려운 문제들에 봉착하게 된다. 자유와 평등의 상호 충돌 가능성부터, 개인의 자유와 입법자의 권력 문제, 개인에 포함되는 자와 배제되는 자의 존재, 과연 강제가 자유인지 자유가 아닌지에 대한 역설적 사고에다, 자유주의자가 자유가 아닌 것을 선택할 수 있는

---

13 루소의《사회계약론》과 일반의지에 대한 글에서 루소가 자유주의자인가, 전체주의자인가에 대한 논쟁이 잘 드러난다. 존 채프먼John Chapman의《루소는 전체주의자인가, 자유주의자인가?Rousseau-totalitarian or liberal?》를 참조하라.
14 개인에 여성이 포함되는지에 대한 문제가 전형적인 근대의 아포리아라고 할 수 있다.

지[15]에 대한 문제까지 근대의 아포리아는 여전히 해결되지 않고 있다.

정치적 의무에서 권리로의 중심 이동은 자유주의의 필연적 결과라고 할수 있다. 자유가 있는 자는 이성이 있는 자이고, 이성능력은 판단능력이기에, 자신의 이성능력으로 판단하여 결정한다는 자율성은 일방적으로 부과되는 정치적 의무라는 개념과 대치되게 마련이다. 기존의 정치적 구도에서 인민의 복종의 의무를 주장한다면, 개인이 자유를 확보하고 지켜내기 위해서는 기존 체제로부터 자신의 권리를 확보해내야 한다는 결론이 나온다. 따라서 개인의 권리 여부는 자유주의라는 철학적 사조가 현실에 뿌리내리고 있는지 검증을 할 수 있는 사안에 해당한다.

자유주의의 등장과 함께 중요하게 논의되어야 하는 것이 바로 인간의 자연권에 대한 문제이다. 자유주의와 자연권은 궁극적으로 개인의 권리를 의미하는 두 가지 다른 이름이라고 할 수 있다. 개인의 자유와 개인에게 부과되는 국가로부터의 의무는 상충하는 반면, 개인의 자유의 근거는 자연권 사상에서 발견된다. 그리스의 비극 〈안티고네Antigone〉에서 소포클레스Sophocles는 국가에 대한 의무와 자연에서 연원하는 인간으로서의 의무를 대립시킨다. 〈안티고네〉에서 안티고네는 국가의 반역자로 죽음을 당한 오빠 폴리네이케스의 시신을 매장해서는 안 된다는 왕 크레온의 명령(국법)을 어기고, 오빠의 시신을 매장한다. 이 대목에서 안티고네는 형제로서 해야 하는 자연적 의무를 주장하면서 국가에 대한 의무와 전면적으로 충돌한다(Sophocles 1956, 1~39쪽). 인간 권리의 근간이 과연 어디에 있는지에 대한 난제를 통해 이 비극에서는 인간에게는 물리적인 법의 영역을 넘어

---

15 홉스의 《리바이어던》은 개인의 자유가 전체주의적 체제에의 복종을 통해 강제로 변하는 모습을 자유를 중심으로 설명하고 있다.

서는 의무와 권리가 있다는 생각이 드러난다.

　정치적 의무와 자연적 의무가 대립할 때 자유로운 개인은 과연 어떠한 선택을 해야 하는가? 정치적 권력을 장악하고 있는 국가가 개인에게 자연적 의무에 배치되는 의무를 강제할 때 개인의 자유는 어디에 있는가? 자신이 의무라고 생각하는 것을 할 수 없다면 인간은 자유롭지 않은 것이다. 현대사회는 개인의 자유를 근간으로 하는 근대의 연장임에도 개인적 차원의 의무와 사회적 차원의 의무가 언제나 동일하지는 않다. 따라서 현대의 민주주의 사회에서도 이러한 문제는 끊임없이 발생하고 있다. 이 갈등의 해소가 그리 쉬울 것 같지는 않다.

　자유를 가진 개인에게 부과되는 국가로부터의 의무라는 말 자체는 모순적이고, 이미 그 자체로 아포리아임을 드러낸다. 자유를 가진 개인이 국가로부터 의무를 부담하게 되는 근거와 연원을 행복한 삶을 위한 공동 비용이라고 할 때, 의무에 해당하는 정당한 권리와 자유라는 반대급부도 반드시 따라와야 한다. 그러나 인류의 정치사를 살펴보면 권리와 의무가 언제나 모두에게 균형을 이루었던 것은 아니다. 오히려 어느 시대, 어느 집단에게는 권리와 의무가 매우 불균형적으로 부과되었던 경우가 많다. 특히 여성이라는 집단을 놓고 보면, 장구한 세월 동안 부담하는 의무에 비해 얻어지는 권리와 자유는 매우 적었음을 알 수 있다.

　보호되지 않았던 소수의 권리에 대한 다수의 답변은 권력에 근거하는 것이었다. 그러나 이성을 가진 모든 자의 승리로 귀결된 근대는 정치사상적으로 다수의 힘에 천착하여 권력을 정리하면서, 여전히 보호받지 못한 소수의 자유와 권리가 정치 체제의 뒤편으로 물러나게 된다. 특히 근대기획에서 매우 중요한 역할을 한 프랑스 혁명은 특권층의 특권을 타파하고 자유와 권리의 보편성을 확대시키는 데 주요한 역할을 하면서도, 동시에 일부 계층에 의한 권력의 독점으로 소수자의 소외 현상을 종식시키지는 못했다. "특권 계층의 제도적 근간은 사라졌으나, 지배 계층이 이를 대체하기에 이른 것이다. 지배 계층이 다수로 등장하여 거기서 배제된 소수자는 정치적 권리에 대한 주장으로부터도 소외되는 역사적 불협화음이 드러나게 되는 현장이 또한 프랑스 혁명 시대이기도 하다. 위대한 사상 혁명의 시대에 동시적으로 존재하는 어두운 그림자라고 할 수 있겠다."(박의경 2012a, 26쪽).

인간성의 억압이라는 1,000년의 역사를 넘어서, 르네상스와 계몽사상으로 시작된 근대는 개인을 통해 새로운 시대의 창을 열었다. 근대는 이성을 가진 모든 개인의 자유와 권리라는 개념을 기반으로 법과 제도를 형성해 나간다. 그러나 해결되지 못한 근대의 어두운 그림자는 아포리아로 그대로 남아 있게 된다. 인간이지만 개인과 시민의 반열에 들지 못하고, 인간이기에 의무를 부담해야 하지만 개인과 시민으로 인정받지 못해서 자유와 권리를 누리지 못하는 여성 집단의 존재는 근대의 난제 중의 난제로서, 근대가 제대로 이어져가려면 반드시 풀어내야 할 문제이기도 했다.

인간은 자신의 몸과 마음의 주인으로서, 생각을 자유롭게 표현하고 제시할 자유를 갖는다는 것이 자유주의의 근본적 개념이다. 존 스튜어트 밀은 자유의 중요성에 대해 이렇게 말한다. "오직 한 사람 말고는 인류 모두가 똑같은 의견을 갖고 있다고 할 때 그 한 사람이 인류를 침묵하게 만들 권력을 갖고 있다고 해도 그렇게 하는 것이 정당화될 수 없는 만큼이나 인류가 그 한 사람을 침묵하게 만드는 것도 정당화될 수 없을 것이다."(Mill 2005, 42쪽). 당시 로크, 페인, 밀 등 자유주의자들의 견해를 종합한 이사야 벌린 Isaiah Berlin은 자유에 대해 다음과 같이 설명한다. "내가 누리는 것과 같은 타인의 권리를 침해하지 않는 한, 또는 이런 종류의 사회생활을 가능하게 만드는 기본 질서를 무너뜨리지 않는 한, 나 좋은 대로 살고 내 기분대로 원하는 대로 믿을 수 있다는 추정 위에서 우리는 움직인다."(하디 2006, 530쪽). 타인의 자유와의 경계선상에서만 자유의 한계가 드러나게 된다는 것이다.

그런데 "자유는 지구 어디서나 박해를 받아왔고, 이성은 반역으로 간주되었으며, 공포의 노예가 된 인간들은 생각하기를 두려워했다"(페인 2004, 230쪽). 오랫동안의 자유주의의 노력이 제도화되는 것이 바로 17, 18세기 시민혁명을 통해서였다. 1776년 미국의 독립은 자유주의 사상의 지상으로의 안착을 의미했다. 미국은 영국 왕의 지배로부터의 독립을 선언하면서, 헌법에 근거한 통치 원리를 확정했다. 국가 성립의 근원을 통치자와 피치자 간의 계약이라고 보는 사회계약론이 이러한 자유의 원리를 확립하는 데 크게 공헌했다. 이에 대해 페인은 말한다. "자유로운 나라에서는 국가가 사람이 아닌 법에 근거한다. 법을 제정하는 데는 많은 비용이 필요하지 않다. 그리고 그 법이 시행될 때 시민국가의 모든 일이 수행된다."(페인 2004, 268쪽).

자유가 법에 실려 있다면, 그 법에 따른 인간의 권리가 논의되어야 한다. 페인은 인간의 권리에 대해 다음과 같이 설명한다. "자연권은 인간이 존재하는 데 따르는 권리다. 이러한 권리에는 모든 지적 권리와 정신적 권리, 그리고 타인의 자연권을 침해하지 않는 한 자신의 안락과 행복을 위해 개인적으로 행동할 수 있는 권리가 모두 포함된다. 시민권은 인간이 사회 구성원이라는 데 따르는 권리다. 모든 시민권은 개인에게 이미 존재하는 자연권을 기반으로 한 것이지만, 모든 개인이 그것을 실제로 누릴 처지에 있지는 않다. 시민권에는 안전과 보호에 대한 모든 권리가 포함된다."(페인 2004, 138~139쪽). 이는 사회계약론의 논리를 그대로 제시하고 있는 내용으로, 이제 제도 속의 권리를 통해 실제로 그 사회에서 인간들이 자유를 향유하고 있는지 구체적으로 검증할 수 있어야 한다는 방향으로 논의가 움직이게 된다.

이와 같이 근대정치사상에서 '인간의 해방과 인간의 권리 확보'는 절대로 포기할 수 없는 핵심적 주장이지만, 여기에 여성이 과연 포함되어 있는지에 대해서 프랑스의 인권선언이나 미국의 독립 선언서는 침묵하고 있다. 이후 제정된 미국 헌법에도 프랑스 국민의회나 국민공회 헌법에도 여성의 권리에 대한 언급은 존재하지 않는다. 선언서와 헌법에 명시된 '인간'이나 '시민'에 여성이 과연 포함되는 것인지에 대한 논쟁을 해볼 여지도 없이, 프랑스 혁명 당시에 거리에서 인간의 권리를 외쳤던 여성들은, 미국의 경우와 마찬가지로 혁명 이후 모두 가정으로 돌아가야 했다. 사회에서는 여성이 사라졌고, 근대기획은 마무리되었다. 역사가 끝난 다음에야 비상하는 헤겔Georg Wihelm Friedrich Hegel(1770~1831)의 '미네르바의 올빼미'는 여성의 권리 부재가 사회 전반에서 인식되고 심각한 사회 문제로 대두될 때까지 비상할 수도 없었던 셈이다.

부분과 전체의 문제에서, 부분에 문제가 있다면 전체에 문제가 없다고 볼 수 없듯이, 인간 사회에서 여성의 인권에 결함이 있다면 전체 인권에 결함이 없다고 할 수 없는 것이다. 인간 해방을 기치로 내세운 근대기획의 결과 여성이 사회에서 사라졌다. 여성의 존재가 고려되지 않는 인간 해방이나 인권이 과연 제대로 된 개념일 수 있는지는 생각해볼 일이다. 근대기획의 완성을 위해 절대적으로 요청되는 것이 있다면 바로 여성이다.

3. 근대기획에서 사라진 여성

근대는 새로운 기획을 필요로 했다. 이전에 사회를 규율하고 통제했던 모든 제도와 규칙이 재조명되어야 했다. 완전한 발상 전환이 바로 이 시대의 요구였던 것이다. 사회의 기원에 대한 사회계약론은 발상 전환의 대표적 사례라고 하겠다. 공동체에 연결된 인간으로부터 독립적인 존재인 개인을 발견함으로써 개인은 모든 근대기획의 주체로 등장한다. 개인의 자유와 평등을 바탕으로 권리를 확보해가는 과정을 거쳐서 민주주의가 자리 잡아 현재에 이르고 있다.[16]

근대기획은 개인이 주체가 되어 사회의 모든 절차와 규칙, 제도를 구성해나갔다는 점에서 중요하다. 그러나 젠더 문제를 적용하면 바로 이 시점부터 문제가 시작된다. 개인이 주체가 된 근대사회에서 여성은 어디에 있는가 하는 문제가 바로 그것이다. 근대기획의 기본 정신인 인간 해방과 개인의 권리 확보가 시민혁명을 통해 많이 달성되었지만 거기에 과연 여성도 포함되어 있는가?

프랑스 혁명의 기본 문서인 〈인간과 시민의 권리선언〉에서도 여성에 대한 언급은 발견되지 않는다. 언급 없음이 여성을 포함한 것인지, 배제한 것인지에 대해 문서는 침묵을 지킨다. 프랑스 혁명 당시의 상황을 묘사한 들라크루아Eugène Delacroix의 그림 〈민중을 이끄는 자유의 여신〉에 등장하는, 혁명 시작 당시 성난 민중을 앞서서 이끌던 자유의 여신을 혁명이 정리되

---

16 현재 민주주의 정치 체제는 세계의 보편적 현상이다. 심지어 지금 세계에서 몇 안 되는 사회주의 체제를 유지하고 있는 북한의 공식 국호 '조선민주주의인민공화국'에도 민주주의는 명시적으로 드러나 있다.

는 시점에서는 찾아보기 어렵다는 것이 일반적 관측이다. 이제 여신이 사라지면서, 여성의 투표권과 대표권을 외치던 올랭프 드 구주도 단두대의 이슬로 사라졌다. 거리로 나왔던 여성들이 가야 할 자리는 이제 회복된 가정이었다. 혁명의 결과, 가부장의 상징인 왕이 사라지고 각 가정의 가부장이 그 자리를 대신하게 되었다. 프랑스 혁명으로 올린 인간 해방의 기치 속에서 여성이 사라져버린 것이다.

미국의 독립혁명에 많은 도움을 준 애비게일 애덤스는 독립전쟁 당시에 여성들이 헌신한 것을 잊지 말아달라고 남편을 비롯한 혁명 지도부에 부탁했지만 이는 공허한 메아리에 불과했다. 독립 선언서와 이를 뒤이은 미국의 연방헌법에도 여성에 대한 언급은 없이 보편적 인간의 권리만 추상적으로 나열되어 있으며, 여성의 영역은 사회가 아닌 가정으로 제한되었다.

인간 해방을 기치로 내세우며 시작된 근대기획의 결과, 여성은 사회의 어느 곳에서도 보이지 않게 되어버렸다. 인구의 절반을 차지하는 여성의 존재가 고려되지 않은 인간 해방이 과연 제대로 된 인간 해방이었는지는 깊이 생각해보지 않아도 자명한 일이다. 구성원의 절반만이 만족한다면 전체가 만족한다고 말할 수 없듯이, 보편적 인간 해방을 위한 근대기획은 결국 실패한 셈이다. 여성이 포함되지 않았다는 것이 그 이유이다. 지금 이 시점에서 근대기획을 완성하는 데 필요한 한 가지가 있다면 그것은 바로 여성이다. 여기에 젠더 문제의 중요성이 있다. 어떤 것이든지 그 사상적 완성을 위해서 여성에 대한 고려와 여성주의적 시각이 필수적으로 포함되어야 한다.

계몽사상과 근대혁명을 통해 모든 이에게 허용된 자유와 권리가 여성에게는 허용되지 않았다. 단지 여성이라는 이유로. 르네상스 이후 지속적으로 논의되어온 자연권의 대상에서 여성은 인간이 아니라 여성이기에 배제되기에 이른 것이다. 인간은 자유와 권리를 얻기 위해 투쟁할 수 있지만, 여성이 자유와 권리를 얻기 위해 할 수 있는 일은 아무것도 없었다. 보편적 인간이나 시민이 되기 위해서는 사회로 진입하고 사회에 통합되어야 하는데, 여성에게는 입구도 출구도 허용되지 않았다. 진입과 출입이 봉쇄된 상황에서 여성은 인간으로서의 권리에서는 제외된 채, 인간으로서의 의무는 이행해야 했다. 사회에서는 보이지 않는 여성이 사회의 존재 근거를 지속적으로 유지시키기 위해 근대의 저변에 강제로 숨겨져 있어야 했다. 여성이 사회로 나오면 마녀요 창기였고, 여성의 속성은 인간의 속성과 분리된 채 겉돌았다. '여성이 인간인가?'에 대한 중세의 종교 의제[17]가 명확히 해결되지 않은 채 근대로 이첩된 상황에서, '권리에 있어서 여성은 인간이라 하기 어렵고, 의무에 있어서 여성은 인간이다'라는 매우 모순적인 결론을 근대는 잠정적으로 내리고 있었던 것이다. 이 결론을 근거로 근대의 모든 정치와 사회질서는 형성되어간다. 인간의 범주에 포함되는 남성은 독립변수로, 여성은 종속변수로 놓고 상황에 따라 불공평하게 취급하는 것이 법으로 설정되어 합법화되어온 것이 근대에도 전통으로 면면히 이어져왔다. 이것이 근대 아포리아의 전형적 사례이다. 이러한 문제에 대한 질문을 정리하면 다음과 같은 것들이 있다. "모든 개인과 인간은 누구를 지칭하는가? 여성은 여기에 포함되는 존재인가? 그렇다면 왜 정치적 권리와 사회적 권리의 차별화가 발생하고, 아니라면 여성은 어떠한 존재라는 말인가? 가부

---

17 기원후 300년에서 400년에 이르는 동안 기독교가 공식 종교로 인정받으면서, 교리와 경전의 결정 등 여러 가지 의제를 다루는 종교회의가 100여 차례 이상 지속적으로 열린다. 당시 모든 종교회의의 의제로 끊임없이 제기된 것이 바로 '여성이 인간인가?' 하는 문제였다. 이에 확실한 답변을 내리지 못한 채 지속적 의제로만 제기되어오던 중, 이 문제는 400년 이후부터는 의제에서도 사라진다. '여성이 인간인가?'라는 문제는 영원한 아포리아로 남게 된 것이다.

장제의 성립 이후 지속적으로 제기되어왔던 '여성'의 존재성에 대한 질문이 여전히 남는다. 모든 개인과 인간이 남성만을 지칭한다면, 시민은 또한 어떠한가? 이 또한 남성을 지칭한다면, 여성은 무엇이라 칭할 수 있는가? 인간이 아니라기에는 너무나 인간이고, 인간이라 하기에는 인간으로서 가져야 할 당연한 권리가 부인되고 있는 모순적 현실"(박의경 2012a, 28쪽)을 어떻게 타개할 수 있는가? 린 헌트Lynn Hunt는 〈여성과 혁명적인 시민권〉이란 글에서 이렇게 밝힌다.

> 1789년 〈인간과 시민의 권리선언〉 제1조는 다음과 같이 언명한다. "인간은 자유롭게 태어났으며, 평등한 권리를 가진다." 1789년부터 1794년까지, 혁명지도부는 이 말의 의미를 분석한다. 그들은 주의 깊게 다수의 시대임을 규정하고, 재산 제한 규정을 철폐하고, 개신교도의 정치적 권리를 즉각적으로 수용했으며, 유대인과 해방된 노예에게도 정치적 권리를 승인했다. 이와 대조적으로 여성의 정치적 권리 문제에 대해 그들은 거의 관심을 가지지 않았다. 1791년 루이 마리 프뤼돔Louis-Marie Prudhomme이 설명한 것처럼, "여성은 처음부터 죽을 때까지 영원한 의존 상태로 태어난 존재이므로, 여성의 시민적·정치적 자유는 논할 필요조차 없다"는 생각이 지배적이었다.[18] 여성의 정치적 권리에 대한 무시는 미국 혁명과 1790년 메리 울스턴크래프트를 제외한 영국 급진파들의 논의에서도 드러난다. (Knott · Taylor 2007, 565쪽)

계몽사상으로 이성을 가진 모든 인간에게 열린 미래가 여성 바로 앞에서

---

18 결국 이 내용은 1804년 편찬된 나폴레옹법전에 명문으로 드러난다. "여성은 복종하도록 태어난 존재이므로 정치적 권리를 인정할 필요가 없다. 아내는 남편에게 절대적으로 복종해야 한다."

닫히고, 여성은 중세에서 근대로 이어지는 중간지대를 **빠져나오지 못한 채** 근대의 미로 속에 갇혀버린 셈이다. 이성을 가진 채 자유와 권리를 완전히 얻지 못한 근대의 여성은 인간도 아니고 노예도 아닌, 뭐라 규정할 수 없는 존재로 근대의 뒤안길에 남게 된다.

근대기획이 지향하는 진보와 변혁을 향해 역사가 방향을 틀어가고 있을 때 여성의 이미지는 진보적인 근대의 특성과 걸맞지 않은 가부장적 시선 안에서 풍자와 차별의 대상으로 남겨졌다. 풍자라고 하면 주로 기득권 집단의 정치적, 사회적 행태에 대한 내용이 많았던 데 비해, 여성에 대한 풍자는 여성의 가정 내에서의 지위, 사회적 역할 그리고 여성에게 기대하는 역할에 초점을 맞추며 사회 전반적인 사안에 가부장적 젠더화를 반영하는 내용을 담았다. 특히 여성이 근대적 특징을 적극적으로 수용하여 여성 권리의 확장을 요구할 때 자연적 사회질서를 교란시키는 것으로 비난받았다……한편, 국가가 필요로 할 때는 평화와 자비의 상징으로 앞세우며 전혀 다른 감격과 연대의 상징으로 취급했다……여성의 이미지는 근대성의 불완전한 모습의 반영이며 근대정치사상의 역사 속에서 제외된 약자의 진실을 대변하는 것으로 이해할 수 있다. 근대는 한편으로는 여러 봉건적 요소들을 배격하고 붕괴시키는 것으로 시작했지만, 남성 엘리트 중심주의적 시선을 특히 사회적 약자에게는 그대로 유지했다. (전경옥 2011, 166쪽)

결국 근대는 사회 전반의 변화가 아니라, 사회 일부의 변화만을 요구했다. 사회가 전반적으로 변화하여, 여성이 사회의 전면에 등장하는 데 대한 거부감이 남성 중심적인 근대의 형성 과정 전반에 흐르고 있다. 근대로 접어들면서 중세의 폐쇄성을 어느 정도 벗어난 것은 사실이지만, 여성에 대해서만은 여전히 그 폐쇄적인 속성과 고정관념을 유지한다. 당시 여성은 친절하지만 나약하고, 정의로우나 악마의 유혹에 넘어가기 쉽고, 독립적이지 못하고 남성에게 의존적이며, 따라서 공적인 영역에 적합한 자질이 매우 부족하다고 인식되었다. 여성은 사적 영역에 남아 있는 것이 사회 전체를 위해서나, 남성 또는 여성 자신을 위해서도 좋은 일이라는 결론이 도출되는 것이다. 여성이 계몽이나 근대의 공간에 적합하지 않기에, 여성이 여기에 들어서는 것은 그 자신의 행복을 위해서도 도움이 되지 않는다는 것이다. 노예의 속성을 가진 자는 자기를 위해 옳은 판단을 할 능력이 없는 자이므로, 능력 있는 주인의 판단에 복종하는 것이 좋은 것이라는 아리스토텔레스의 노예에 대한 설명과 궤를 같이하는 내용이다(Aristoteles 1958, 9~11쪽).

근대 여성은 근대의 주인으로 등장한 남성의 필요와 판단에 따라 역사에서 드러나기도 하고 숨어 있기도 한다. 여기서 여성이 과연 아리스토텔레스가 말하는 노예의 속성을 가진 자라면 문제는 간단하지만, 실상은 그렇지 않기에 문제가 되는 것이다. 근대에도 여성이 가정에서 자녀를 양육함으로써 미래 시민을 교육시킨다는 점은 자연이 여성에게 준 신성한 의무로서 추앙되었다. 실제로 프랑스 혁명 이후 길거리로 진출한 여성을 가정으로 복귀시키는 데 가장 주효한 전략이 바로 이것이었다. 사적 영역인 가정에서 여성이 어머니로서 미래 시민인 자녀를 교육한다는 구도에서, 교육자 여성의 이성능력과 공적인 속성은 매우 중요하다. 따라서 여성이 노예라면 이러한 사적 영역의 임무도 담당해서는 안 되는 것이다. 그러나 근대는 여성에게 가정과 미래 세대를 맡기고 있다. 가정이라는 사적 영역이 공적 영역과 밀접한 관계를 가지고 있다는 점을 제대로 인식하지 못하고 있었다는 점이 드러난다.

이러한 역사에 대한 왜곡은 계몽사상과 시민혁명으로 근대기획이 자리 잡아가는 과정에서 도시화, 산업화, 국가 형태의 혁명적 변화 등을 겪으면서 여성의 사회적 역할과 지위에 실제적 변화가 발생했다는 역사적 사실을 인정하지 않으려는 폐쇄적이고 고답적인 가부장성에 기인하는 것이었다. 중세로부터 혁명이라는 수로를 따라 근대로 흐르고 있는 물길의 방향을 근대기획을 통해 인위적으로 막거나 바꾸려는 시도라 하지 않을 수 없다. 결과는 자명하다. 근대기획은 완성되지 못했고, 결국 가두어진 물은 제 물길을 찾아 세차게 흘러내리게 된다. 사회가 큰 충격 없이 그 변화를 수용하기 위해서 근대의 미로 속에 갇힌 여성의 귀환이 이루어져야 했다. 이는 또한 역사의 자연스러운 흐름을 위해서 절대적으로 필요하고 반드시 거쳐야 하는 과정이었다.

정치사상적으로 근대는 이전과는 전혀 다른 사회의 짜임을 요구했다. 이전에 사회를 규율하고 통제했던 모든 제도와 규칙이 재조명되어야 했다. 완전한 발상 전환이 바로 이 시대의 요구였던 것이다. 사회의 기원에 대한 논의보다는 기왕에 존재하는 사회와 국가에서 인간의 존재 방식에 대한 담론이 이전의 과제였다면, 근대의 과제는 사회의 기원으로까지 거슬러 올라간다. 사회계약론이 새로운 담론의 대표적 사례이다. 공동체로부터 독립적인 개인을 발견하면서, 개인은 모든 근대기획의 주체로 등장한다. 개인의 자유와 평등을 바탕으로 사회로부터 권리를 확보해가는 과정을 통해 근대정치사상과 근대기획은 민주주의 제도로 완성되어나간다.

근대기획의 핵심은 인간이 주체가 되어 국가와 사회의 모든 절차와 규칙, 제도를 구성해나갔다는 것이다. 근대기획의 문제점은 여기에 젠더를 대입했을 때 드러난다. 인간 해방을 기치로 내세우면서 개인이 주체가 된 근대 사회에 과연 여성이 포함되는지가 문제의 핵심이다. 근대기획의 기본 정신인 인간 해방과 개인의 권리라는 시민혁명의 열매가 여성에게도 적용되었는지에 대해서는 긍정적일 수만은 없는 것이 사실이다.

　시민혁명으로 현실에 제도로서 안착한 자유주의적 세계관은 중세시대의 종교의 지배로부터 종교의 자유와 의사 표현의 자유를 위한 투쟁에서 시작되었고, 이후 생명권과 재산권으로까지 이어진다. 17세기부터 시작된, 개인의 권리 획득을 위한 자유주의자들의 정치적 투쟁은 아직도 계속되고 있으며, 권리의 내용은 생존권에서 생활권으로까지 확장되어왔다.

　여기서 문제가 되는 것은 보편성을 기본 원칙으로 출발한 자유주의 사상이 일부 분야에서는 보편성과 거리를 두고 있다는 데 있다. 계몽사상의 도래 이후 인간은 이성적 존재로서 종교의 배타성을 질타하고 종교의 지배를 돌파해왔지만, 여성을 비롯한 소수자 집단에 대해서는 이러한 사고방식이나 기준이 적용되지 않는 중대한 하자가 발생한 것이다. 즉, 근대의 혁명가들은 인간의 보편적 권리와 존엄성을 인정했지만, 그 구체적 적용에서 발생하는 문제들에 직면하게 되었다. 유색인종이나 여성은 왜 시민적 권리를 부여받을 수 없었는지를 자유주의 사상으로 설명할 수 없었다. 이에 대해서 캐럴 페이트먼Carole Pateman은 남성이라는 인간의 일부에게 여성이라는 인간의 일부가 복종하게 된 것이 바로 근대 시민사회의 특징이라고 규정한다.

　계약론자들에 따르면, 여성은 일반적 의미에서도 힘과 능력이 부족하지만, 특정한 정치적 능력――정치적 권리를 형성하고 유지하는 능력――에 있어서는 애초부터 결함이 있는 존재이다. 여성은 자연적으로 남성의 정치적 질서에 종속적이기 때문에 남성에게 종속되어야 한다. (Pateman 1988, 96쪽)

보편적인 인간의 권리는 남성에게서만 구체화되었고, 여성에게서는 드러날 수 없었다. 정치적 질서와 담론에서 '정치적'이란 이성적·공적·보편적이라는 의미인 데 반해, 여성은 '자연적'으로 규정되어 자연스럽게 정치의 외곽에 존재하게 되었다. 여성과 자연성의 연계는 여성의 이성적·공적 능력을 폄하하게 되면서 자연스럽게 형성되어온 사고 체계이다. 특히 여성의 출산이라는 능력을 자연과 연결시키면서, 여성은 보편성이 논의되는 공적 영역이라는 정치적 현장에서 배제되기에 이른다. 조앤 스콧Joan Scott에 따르면, 자유주의 정치사상에서 여성을 발견해내기란 쉬운 일이 아니다. 스콧은 "자유주의 정치사상의 민주주의적 약속은 아직 충족되지 않았고, 또한 그것은 지금까지 상정된 용어에 의해서는 충족이 불가능하다"(Scott 1989, 17~18쪽)고 역설한다.

근대정치사상에서 개인이 발견되었지만, 여기에 여성이나 사회의 소수 집단이 존재하는지에 대해서는 명확하지 않다. 오히려 여성의 문제가 들어서면 사회의 전통과 관습을 내세우고, 사회의 통념과 감정을 근거로 들어가며 이성 중심적 계몽사상이 일탈적으로 이론을 전개하는 역설적인 상황이 드러난다. 계몽사상을 통해서 서구를 중심으로 한 근대정치사상이 세계사적으로 역사를 주도하게 되지만, 그 자체 내에 존재한 일관성 없음과 사상적 한계로 인해 이후 미완의 혁명이자 근대기획의 실패라는 역풍을 맞게 되고 미래로부터의 도전에 직면하게 된다.

근대시민혁명과 자유주의의 등장

1. 혁명과 여성—사라진 여성 찾기

불완전한 근대성은 여성을 사적인 영역에 묶어놓은 채 공적인 존재로 인정하지 않은 데 그 궁극적인 원인이 존재한다. 미완의 근대기획이 완성되기 위해서는 여성이라는 아포리아를 넘어서야 한다는 것은 논리적으로 지극히 당연한 귀결이다. 여성을 사적 영역에 묶어두는 관행은 여성에게도 이성능력이 있다는 사실을 인정하지 않는 데서 비롯한다. 계몽사상에서 중요하게 생각한 인간의 이성능력이 남성에게만 존재한다는 생각이 굳어지고, 사회가 이성능력을 가진 자 중심으로 설정되어오면서 여성이 사회에서 배제된 것은 어쩌면 당연한 귀결이었다. 프랑스 혁명 당시 국민공회의 피에르 쇼메트Pierre Chaumette(1763~1794)와 장 바티스트 아마르Jean-Baptiste Amar(1755~1816) 같은 반여성주의자들이 여성을 사회에서 몰아내고 가정에 묶어두자고 주장한 것은 바로 이러한 생각의 반영이었다.[19]

인간 해방을 기치로 내건 계몽사상과 시민혁명으로 아버지와 남성은 해방이 되었지만, 어머니와 여성은 질곡과 억압 상태로 다시 돌아가게 되었다. 이처럼 왜곡된 근대와 계몽의 이중적인 모습에 대한 타개책으로 울스턴크래프트는 여성이 이성적 존재임을 역설한다. 여성이 인간임을 부인할 수 없다면 여성에게 이성이 없다고 말할 수 없으며, 이성적 판단이 부족한 것처럼 보이는 부분이 있을 뿐이라는 것이다. 이는 또한 교육의 부재에 기인하는 것이므로, 여성에게 이성이 있음은 부인할 수 없다고 했다.

프랑스의 외교관 탈레랑에게 보낸 편지(《여성의 권리 옹호》의 서문에 해당)에서 울스턴크래프트는 인간의 이성을 인정하면서 여성의 이성을 인정하지 않는 데 대해, 여성에게 이성이 없다는 것을 입증할 책임이 남성에게 있다고 지적한다. "여성도 남성처럼 이성을 갖고 있다면, 남성만이 판단을 내릴 수 있다는 법을 누가 정했습니까?……그러나 여성이 아무 소리 못한 채 인간의 천부적 권리를 박탈당해야 한다면, 여성에게는 이성이 없다는 것을 입증하셔야만 부당하고 일관성 없다는 비난을 면하실 수 있을 겁니다."(울스턴크래프트 2008, 30~31쪽).

작금의 타락한 사회가 여성의 이성을 억누르고 감성만을 키움으로써 그들을 노예로 만드는 데는 여러 가지 원인이 있다. 그런데 그중에서도 가장 큰 해독을 끼치는 게 바로 질서 의식의 부재일 것이다. (울스턴크래프트 2008, 60쪽)

---

19 아마르와 쇼메트는 각각 "자연 자체에 의해 여성에게 운명 지어진 사적 기능은 사회의 일반적 질서와 관련되어 있다. 이 사회적 질서는 남성과 여성 사이의 차이에 근원한다", "여성이 남성처럼 되기를 원하는 것은 모든 자연의 법칙에 위배된다"고 역설했다(헌트 1999, 168쪽 ; 박의경 2012a, 32쪽).

따라서 근대사회의 불완전성과 왜곡된 현실을 바로잡기 위해서는, 남성과 여성 모두 이성에 기초한 미덕을 갖추고 각자의 의무를 수행할 수 있어야 한다. "여성을 이성적인 존재, 자유로운 시민으로 만들면 그들은 좋은 아내, 좋은 엄마가 될 수 있지만, 여성이 종속과 억압이라는 노예 상태에 놓여 있는 한, 그들은 좋은 시민도, 좋은 아내나 엄마도 될 수 없게 된다." (박의경 2012a, 48쪽).

이제 여성의 삶에 혁명을 일으킬 때가 되었다. 그들이 잃었던 존엄성을 되찾고, 인류의 구성원으로서 자신을 개혁해 세상을 바꾸는 데 이바지할 때가 온 것이다. 이제 우리 사회의 관습과 불변의 도덕을 구별해야 한다……여성이 존경받으려면 이성을 발휘해야 하고, 이성만이 독립적인 인격 형성의 토대인 것이다. 여성은 사회적 편견에 얌전히 고개 숙이는 대신 이성의 권위에만 따라야 한다는 것을 명백히 밝혀둔다. (울스턴크래프트 2008, 93~102쪽)

최소한 여성을 어머니로 인정하는 한에서도, 여성을 사적 영역에만 가두어서는 안 된다. 오히려 여성이 국가의 시민으로 계몽되어야 국가의 어머니이자 가정의 어머니 역할을 보다 충실하게 수행할 수 있다는 것이 18세기 영국의 문필가 메리 울스턴크래프트와 사학자 캐서린 매콜리Catherine Macaulay(1731~1791)의 주장이다.

애너 클라크Anna Clark는 〈18세기 영국 정치에서의 여성〉이란 글에서 다음과 같이 말한다.

메리 울스턴크래프트와 캐서린 매콜리는 1780년 당시의 여성 논쟁을 넘어선다. 매콜리는 남성적 삶의 방식을 수용했다는 이유로 여성을 사회에서 추방해온 이중 기준을 공격하면서 여성에게도 사적 권리와 공적 권리가 모두 필요하다고 역설한다……울스턴크래프트는 여성의 종속이 개인적 비극일 뿐만 아니라 해결되어야 할 사회적 문제라고 조명한다……소설가로서 울스턴크래프트는 여성의 개인적 비탄에 집중하면서도, 그 여성들의 사적 권리 강화를 위해 시민이라는 공적 지위가 필요하다는 점을 인식하고 있었다. (Knott · Taylor 2007, 577쪽)

인간이기에 존재하는 여성의 이성능력과 더불어 공적 존재로서의 사회적 역할을 인정해야 사회가 제대로 발전해나갈 수 있다고 그들은 역설한다. "여성에게 부여된 인간의 권리를 부인하거나 여성을 사회적 역할과 권리로부터 배제해서는 안 되고, 오히려 교육을 통한 개선 작업에 힘써야 한다는 것이다. 이것이 계몽사상의 핵심이고, 근대기획의 사상적 근간으로 모두가 자유롭고 평등한 따라서 모두가 행복한 사회가 되는 필요충분조건이다."(박의경 2012a, 33~34쪽).

여성에게도 이성이 있고, 공적 영역에서 활동할 권리가 있다는 주장은 여성의 정치 참여 문제로 자연스럽게 확장된다. 앞서 언급한 바와 같이, 프랑스 혁명 정부는 개신교도, 유대인, 나아가 해방된 노예에게까지 정치적 권리를 인정했으나, 여성에게만은 그 문을 열지 않았다. 여성이 사회에서 이행해야 할 의무가 많은 데 비해 사회가 주는 권리의 인색함에서 "권리 없이는 의무 없다"는 말의 의미를 찾아보기가 불가능했다. 정치적 권리에 조응하는 의무란 세금을 낸다든가, 군대에 봉사한다든가 하는 것으로 그 범위가 매우 좁다. 가정에서의 출산, 양육, 교육은 시민의 정치적 의무라기보다는 여성이 자연으로부터 받은 의무로, 공적 영역의 권리로부터 멀어지면서 도외시된다.

실제로 계몽사상이 현실화한 것으로서 근대기획의 중요한 사건이라고 간주되는 프랑스 혁명은 처음부터 여성에 대해 분명한 입장을 취하지 못하고 있었다.

국민의회는 모든 프랑스 시민에게 자유와 평등을 약속했고, 이혼과 유산의 균등 분배 등 여러 가지 시민적 권리를 여성에게 허용했다. 여성은 모임을 조직했고, 글을 쓰고, 시위와 폭동에도 참여했다. 그러나 여성은 동등한 정치적 권리를 얻어내지 못했다. 1793년의 국민공회는 여성 집회를 금지했고, 여성 운동가들을 처형하면서 그들을 자연과 본성에 반하는 여성이자 악녀라고 비난했다. (Knott · Taylor 2007, 567~568쪽)

1793년 국민공회의 산악파 의원 피에르 기요마르Pierre Guyomar (1757~1826)는 〈개인들 간의 정치적 평등을 지지하는 자의 일 고찰, 또는 법적으로 평등하나 실제로는 불평등한 매우 중요한 문제에 대해〉라는 논문에서 여성이 가정에 필요하다는 이유로 정치에서 배제하는 일이 정당치 않다고 지적하고, 또한 이제 막 태어난 민주주의는 다수의 힘을 필요로 하므로 여성의 정치 참여도 반드시 있어야 한다고 역설한다. 나아가 민주주의가 시민의 절반에게만 적용된다면 이는 반신불수의 민주주의로서 의미를 가질 수 없다고 덧붙인다(프레스 1998, 88~89쪽).

기요마르의 국민공회 연설 이후 프랑스에 혁명적 여성 클럽이 창설되었지만 같은 해 국민공회는 이 클럽을 폐쇄했다. 국민공회는 여성의 집회를 금지하면서, 여성이 거리를 돌아다니는 권리마저 일부 제한했다. 혁명법정은 여성 운동가들을 반역자라는 죄목으로 단두대에서 처단했다. 이 중에서 올랭프 드 구주는 "여성이 단두대에 오를 수 있다면, 의정 단상에도 오를 수 있다"라는 말을 남기고 단두대에서 처형된다.[20] 남성 시민만으로 형성된 근대사회에서 여성이 시민으로 설 수 있는 자리는 단두대를 제외하고는 사회에서 사라져버린 셈이다. "여성이 정치활동에서 배제되어 있다면, 이들은 이미 시민이 아니고 남성 시민의 아내나 딸일 뿐이다"라는 기요마르의 말은 여성에 대한 이중 잣대로 인한 근대의 불완전성과 모순을 그대로 드러낸다.

여성의 정치적 권리를 주장하는 과정에서 프랑스의 구주가 온몸으로 자신의 주장을 지켜냈다면, 울스턴크래프트는 자신의 삶을 투영한 소설[21]을 통해 정치적 권리가 개인의 삶에 어떤 영향을 주는지 구체적으로 묘사하면서 사회에 저항한다. 이들이 던지는 메시지는 동일하고 단순하다. 여성은 사적 존재이자 동시에 공적 존재이며, 여성의 정치적 권리는 여성뿐만 아니라 사회 전체의 행복한 삶을 위해 절대적으로 필요하다. 여성이 시민에서 배제된 사회는 제대로 된 민주주의 사회라고 볼 수 없으며, 계몽사상으로 보아도 근대의 자유주의 사상으로 보아도 여성이 왜 거기서 배제되어야 하는지 이유를 찾을 수 없다. 따라서 당시 여성에게 가해지는 의무와 고난은 비합리적인 것이므로 잘못된 것이다. 여성이 사회에서 당하는 불행의 근본적 원인은 여성 자신에게 있는 것이 아니라 그 반려자인 남성과 사회에 있는 것이다. 나아가 여성의 불행은 단지 그 여성으로 끝나는 것이 아

---

20 구주가 단두대에서 처형당한 것은 국가에 반역했기 때문이 아니라 여성에 대해 당시의 주류와는 다른 생각을 하고 있었기 때문이다. 다른 생각을 가졌다는 이유로 처형당해야 하는 상황이라면, 이는 계몽이나 근대의 기본적 모습과는 거리가 멀다.
21 자전적 소설《메리, 하나의 픽션 *Mary, A Fiction*》(이하《메리》)과 급진적인 페미니즘 저작이라는 평을 받은 소설《마리아 또는 여성의 오류 *Maria or The Wrongs of Woman*》(이하《마리아》)를 통해 울스턴크래프트는 여성의 삶에서 정치적·사회적 권리가 주는 중요성에 대해 웅변적으로 설파한다.

니며, 남편과 자녀를 비롯한 가족의 불행으로 이어져 국가 전체로서도 결코 바람직하다 할 수 없다.

여성의 가정에서의 삶을 당연시하고 거기에 여성의 삶을 제한하려는 남성 중심적 사회는 전방위적으로 여성의 정치성과 공적 존재성을 폄하한다. 사회계약론자로서 민주주의의 초석을 사상적으로 다진 루소도 여성에 대해서만은 모순적 잣대를 적용한다.[22] 남성 중심적 정치사상[23]의 전방위적 규제를 뚫고 여성의 정치적 주체성을 확립하는 작업은 많은 시간과 희생을 필요로 했다. 구주는 단두대에서 처형당했고, 울스턴크래프트는 고난의 시기를 보내면서 자신을 투영한 미완성의 소설《마리아 또는 여성의 오류》(이하《마리아》)를 남기고 사망했다. 그러나 이들의 삶을 통해서 계몽과 근대의 틈새에 숨어 있던 여성이 발견되고, 여성의 정치적 주체성이 세상에 모습을 드러내게 된다. 비록 시작은 미미하고, 결과는 상처뿐인 영광이었지만, 근대 초기 의식 있는 여성들의 노력은 왜곡된 근대기획을 바로잡을 수 있는 계기를 제공했다는 점에서 큰 의의가 있다. 여성의 발견으로 불완전한 근대는 그 모순적 상황을 극복하고 미래로 이행할 수 있었고, 미완의 근대기획도 완성의 가능성을 보여주게 되었다.

---

22 루소는《사회계약론》에서 인간의 자유와 평등의 중요성을 논하고,《에밀》에서 시민 에밀의 교육을 절실한 필치로 설명한다. 그러나《에밀》의 제5권에서 여성 소피를 논할 때에는 논조가 완전히 달라진다. 에밀이 시민으로 성장하기 위해 필요한 덕으로서의 자유와 독립성, 자립성, 판단력 등의 가치는 소피에게는 오히려 악덕으로 치부되며, 소피에게 필요한 것은 복종으로, 그것만이 가정과 사회를 온전하게 만들 수 있다고 역설한다.

23 계몽사상가 로크는《시민정부2론 *The Two Treatises of Civil Government*》에서 남편과 아내는 부모의 권력을 공동으로 보유하고 있으며 남편과 아내의 권력관계는 기본적으로 계약에 근거하지만, 보다 능력 있고 강한 남성에게 자연스럽게 최종 결정권을 부여한다고 썼다. 로크는 여성의 투표권이나 시민권에 대해서도 명확히 언급하지 않지만, 정부 형성에 명시적으로 동의를 한 것은 남성이므로, 이들이 최종 결정권을 가지는 것은 당연하다고 생각한다.

따라서 여성주의적 시각을 사회에 도입하는 것은 사회의 완성을 위해 매우 중요한 작업이다. 이는 현실 다시 보기를 통해서 시작된다. 근대기획의 근본적 개념부터 재점검하는 것이다. 사회의 현실을 제한하기 마련인 인식의 지평을 확대하는 작업으로부터, 이 근대사회에 통용되는 모든 진리에 대한 새로운 접근을 시도할 수 있는 단초를 찾아보려는 데 필자의 우선적 목적이 있다.

근대사회의 인식론적 기반은 계몽사상에 근저를 두고 있다. 계몽사상은 주체와 객체의 이분법을 시작으로, 합리성과 비합리성, 이성과 감정, 문화와 자연의 이분법적 사고를 보인다. 이러한 것들은 궁극적으로 가부장사회의 핵심인 남성과 여성이라는 이분법의 산물이라는 것이 페미니스트 사상가들의 주장이다.[24]

근대 인식론의 기본 내용을 살펴보면 다음과 같다. 첫째, 지식은 절대적 근거를 가지고 있다. 둘째, 지식은 사회로부터의 추상의 과정——즉, 합리적이고 논리적인 추론 과정——을 거쳐 얻어진다. 셋째, 지식은 아르키메데스Archimedes 점과 같은 객관적 기준점을 가진다. 넷째, 지식이란 주체가 객체로부터 얻어내는 것이다. 다섯째, 언어란 현실세계를 표현하는 기호에 불과하다(Hekman 1987, 69~70쪽).

여성주의적 인식론은 이 모든 내용을 다시 보기 시작한다. 우선 포스트모더니즘과 반反근본주의의 입장에서 진리의 절대성을 부인하고 다원성을 인정하는 데서부터 출발한다. 객관적 지식의 가능성에 대해 의문을 제기하면서 불가피한 선입견의 가능성을 배제하지 않는다. 이유야 어찌 되었

---

24 이러한 주장에 대해서는 Susan Hekman, "The Feminization of Epistemology", *Women and Politics*(Politics and Policy, 1987), 68쪽을 참조하라.

든 선입견으로부터 출발한 지식은 객관적이지 않을 수도 있다는 것이다. 나아가 여성주의적 인식론은 인간이 주체가 되어 사고를 하는 상황에서, 완벽한 의미에서 객관적인 지식은 있을 수 없다고 생각한다. 또한 주체와 객체의 구분도, 언어와 세계의 분리도 인정하지 않는다. 지식의 주체를 설정하는 것은 사회의 기존 구도를 반영한 것일 뿐, 이에 대한 의문이 제기되면 더 이상 객관적·절대적 지식으로 존재할 수 없다는 것이다. 또한 언어는 단순한 기호가 아니라 상징이므로, 사회의 권력관계를 비롯하여 인간의 사고방식 등 많은 것을 담고 있다고 본다.

한마디로 이는 기존의 모든 것에 의문을 제기하고 모든 진리와 담론을 의심하는 '새로운 데카르트적 사고'[25]라고 하겠다. 따라서 페미니즘적 인식론에서 '원래 그렇다'라는 말은 존재할 수 없다. 현대에서의 소피스트의 부활이라고 할 수도 있겠으나, 좀 더 인간의 실생활에 가까이 가는 인식론일 수도 있다. "모든 인간은 자유롭고 평등하다"라는 말에서 '인간'이 과연 누구인지 분명치 않다. 내가 일상에서 만나는 자는 (추상적 의미의) 인간이 아니라 실명을 가진 구체적 존재들이다. 자유와 평등의 개념도 추상적으로 존재하는 것이 아니라, 나의 삶의 현장에서 구체적으로 드러나야 그것이 바로 나의 자유, 평등일 수 있다. 현실사회에서 내가 그렇다고 믿고 있었던 것이 그렇지 않은 것으로 드러날 수 있는 개연성은 얼마든지 있다는 것이 여성주의적 인식론의 설명이다.[26]

결국 근대사상의 개념들이 중립적이라는 생각에서 벗어나야 한다는 것이다. 사회과학이 객관적이기 매우 어렵듯이, 가부장사회에서 도출된 근대사상이 성-중립성gender-neutral을 가질 수 있을까? 앞서 주장한 바와 같이

---

25 데카르트는 모든 것을 의심하는 방법적 회의론을 통해서 근대사상의 철학적 기반을 마련했다.

언어도 사회의 권력관계를 반영한다고 할 때, 가부장사회에서 형성되고 유통되는 언어는 성의 렌즈를 이미 장착하고 있다. 성-중립성을 담보하기 위해서는 별도의 렌즈(여성의 렌즈)를 장착해야 한다는 말이다. 근대의 기본 사상은 근본적으로 성 중립적이 아니라 남성 중심적인 시각에서 형성되었으므로 중립성을 확보하기 위해서는 오히려 여성주의적 시각이 도입되어야 한다는 말이다(박의경 2008b, 409~410쪽).

따라서 가부장적 사회 구도에서는 진리, 주체가 모두 의문과 의심의 대상이 될 수 있다. 가부장사회라는 기본 틀이 무너지면, 그 모든 내용은 바뀔 수밖에 없다. 여기에 페미니즘적 인식론이 들어설 여지가 있다. 근대 이후의 사상에서 공통적인 '개념의 전복'이라는 양상이 페미니즘에서도 발견된다. 그러나 실제로 이는 '전복顚覆'이라기보다는 오히려 '회복回復'이라 볼 수 있다. 전복은 변화의 초기 단계이고, 회복은 있는 것을 보지 못하고 있었던 상황을 개선하려는, 보이지 않았던 것을 보이게 만드는 것이다. 이렇게 볼 때, 전복의 궁극적 목적은 '회복'에 있다고 할 수 있겠다. 보다 구체적으로 페미니즘적 전복(회복)이란 사회에서 사라진, 보이지 않는 여성을 드러나게 하고, 보이게 하는 작업이다. 페미니즘적 인식론은 새로운 인식의 지평을 열고 확대시킨다. 이를 통해서 근대시민혁명의 결실인 자유, 평등, 정의 등이 그야말로 사회의 전 구성원에게 적용될 수 있는 진정한 근대기획이 완성될 것이다.

---

26 실제로 제주도의 '도깨비 도로'에서 그 사례를 찾아볼 수 있다. 인간의 눈에 이 길은 오르막길로 보이지만, 실제로는 내리막길이다. 따라서 공이 오르막길을 따라 오르는 근대 물리학의 법칙에 역행하는 상황이 우리의 눈앞에서 펼쳐진다.

2. 자유주의와 여성—자유와 강제의 역설

프랑스 혁명을 기점으로 한 근대기획은 인류에게 많은 변화를 가져왔다. 인간의 자유와 평등이라는 보이지 않는 가치를 현재화시키려는 것이 사상의 제도화 작업이라고 할 때, 18세기는 수만 년 인류의 역사에서 가장 큰 사상적 패러다임의 변화를 겪은 시기이고, 프랑스 혁명이 그 분수령을 이룬다. 자유와 평등이라는 근대가치는 인간의 존엄성에 대한 인정부터 시작한다. 존귀한 인간이 따로 존재하는 것이 아니고, 태어나는 모든 인간이 존귀하고 존엄하기에 존중받아야 한다는 보편적 사고는 서양정치사상사를 관통하여 흐르는 특수성과 보편성의 순환 과정에서 간헐적으로 드러난다.

근대혁명의 시대 이후 자유란 인간이 모여 사는 사회의 이상이자 근본 가치로 인정받아왔다. 모든 개인이 자유롭다는 사실은 당연한 것이라고 여겨져왔다. 그러나 근대 이후의 모든 개인이 과연 진실로 자유를 느끼고 자유를 향유하며 사는지는, 그들이 진실로 가슴으로부터 자유를 즐기고 있는지를 살펴봐야 보다 분명해질 것이다. 근대혁명 이후 인간은 자유를 현실 사회에서 실현하고자 하는 대전제를 가지고 있다. 계몽사상을 통해 인간의 이성능력에 대한 신뢰와 함께 개인의 자유와 평등은 모든 이에게 당연하게 적용되는 것으로 인정받았다.

이 시점에서 필자는 자유를 다시 본다. 가슴으로, 현실의 자유를 바라보다 보면, 현실 속 자유의 일그러진 모습이 드러남을 알 수 있다. 우리가 근대 이후 사상적으로 논하는 모든 개인의 자유에서 나타나는 그러한 '자유'는 사실상 현실에서 찾아보기 어렵다. '모든 인간all human-beings'은 근대 인권 관련 문서의 서두를 장식한 문구이지만, 문서의 선포 이후에 이 말은 선언적 의미 그 이상을 가지지 못했다. 현실에서 '모든 인간'은 '적절한 인간'

으로 해석되었고, 적절함에 대한 해석은 당시 현실을 정치적으로 장악한 자에게 맡겨졌다. 따라서 자유는 구분되고, 분리되고, 차별적으로 적용되기에 이른다. 그 대표적 사례가 바로 여성에 대한 자유의 적용이다. '인간 해방'이라는 명제가 이미 근대의 활시위를 떠난 지 오래되었어도 여전히 억압받는 집단으로 존재하고 논의되는 여성의 문제는 자유와 자유주의로부터 시작되어야 한다.

근대 민주주의의 사상적 초석을 마련하고 자유로운 시민으로의 성장을 인간 교육의 최고 목표로 설정한 루소는 《에밀》에서 자유로운 인간의 성장 과정을 아주 세밀하게 보여준다. 에밀에게 '자연으로 하여금 가르치게 하라'는 자연적인 교육 방법을 적용하여 시민으로 성장시키려는 노력을 경주하면서, 에밀의 연인 소피에게는 전혀 다른 방법을 적용한다. 에밀의 교육 목표가 자유로운 인간이라면, 소피의 교육 목표는 자유로운 인간 에밀을 완성시키기 위한 보조적 인간으로 설정되어 있다. 소피는 에밀의 자유로움을 보존하고 완성시키기 위한 제한된 역할 속에서만 그 존재의 근거를 찾을 수 있게 된다. 루소의 또 다른 저작인 소설 《신엘로이즈Julie, ou La nouvelle Héloïse》의 주인공 쥘리는 진정한 사랑과 가정에 대한 의무 사이에서 진정한 사랑을 버리고 의무를 택하도록 강요당하고, 그 의무를 이행하는 과정에서 도덕성을 부여받고 만족을 얻도록 형성된 존재로 그려진다. 결국 쥘리의 희생으로 가정이 지켜지는 모습을 설정하면서, 루소는 여성의 도덕성이 가정을 지켜내는 힘이며, 이를 통해 사회에서 훌륭한 남성 시민들이 자신감 있는 행보를 보이고 질서를 지켜내는 것임을 상징적으로 드러낸다.

여기서 소피와 쥘리는 그 상대 남성에게 허용된 자유로운 선택의 가능성과 달리 자신의 결정에 의한 자유로운 선택에서 구조적으로 제한받고 있음을 알 수 있다. 실제로 잘 드러나지 않고 있지만, 이들의 선택을 제한하는 구조적 요인에는 가부장 제도가 있다. 가부장 제도는 소피와 쥘리의 선택을 자유로운 선택으로 보이게 하고 있으나, 실제로 그것은 자유가 아니라 강요된 것에 불과하다. 만약 소피와 쥘리가 기존 사회 구조가 요구하고 있는 것과 다른 방향을 선택할 경우, 사회의 여성에 대한 대응은 매우 냉정할 것이기 때문이다.[27] 가부장 제도 아래에서 여성의 행복이라고 생각되는 범주의 행복이 파괴될 것이고, 그 파괴의 주범이 바로 여성이라고 지탄받게 되는 과정에서 여성의 도덕성은 파괴되고 자존심은 설 자리를 잃게 된다. 결국 여성의 선택은 엄청난 제약에 직면하게 되는 것이다.

성에 무지한gender-blind 근대기획의 결과 인간의 자유, 평등, 권리가 지속적으로 확장되고 있었음에도 불구하고 여성은 여전히 배제되어 있었다. 시민혁명 이후 민주주의 사회의 확립을 위한 기본적 권리로서 드러난 정치적 권리인 선거권과 피선거권이 여성에게 주어지지 않은 것이다. 앞서 언급한 바 있지만, 프랑스 혁명 당시 여성의 선거권, 피선거권을 주창한 올랭프 드 구주는 단두대의 제물이 되었고, 애비게일 애덤스의 노력도 미국 독립 후에는 반영되지 않았다. 영국에서는 차티스트 운동을 통해 성인 남성 모두에게 선거권이 확대되었지만, 여전히 여성은 거기에 포함되지 않았다.

이러한 상황에서 근대 초기의 여성 지식인들은 여성의 권리에 대한 명시적 요구가 필요하다는 생각에서, 사회를 향해 적극적으로 의견을 제시하기 시작한다. 메리 애스텔, 메리 울스턴크래프트, 해리엇 테일러, 존 스튜어트

---

27 울스턴크래프트의 소설 《마리아》를 보면, 여성의 선택이 사회의 의도와 맞아떨어지지 않았을 때 여성에게 어떠한 고난(실제로는 사회적 폭력에 가까운)이 가해지는지 잘 알 수 있다. 결국 가부장사회는 여성에게 형식적으로 선택지를 주고는 있으나, 답이 거의 정해져 있는 내면적으로 강요된 선택으로, 인간의 자유에 바탕을 둔 선택이라고 볼 수 없는 것이다.

밀은 계몽사상과 자유주의의 영향으로 모든 이의 자유와 평등, 인간의 보편적 권리를 주장하면서 여성에 대해 다른 기준을 적용하고 있는 당시 지성계의 모순을 지적하고, 여성이 포함되어야만 민주주의의 제도화는 완결되고, 여성이 배제된 근대기획은 미완으로 끝날 수밖에 없다고 역설한다.

1789년 프랑스 혁명 직후《프랑스 혁명에 대한 고찰*Reflections on the French Revolution*》(1790)을 통해 보수주의의 개조로 등장한 에드먼드 버크 Edmund Burke에 맞서, 메리 울스턴크래프트는《인간의 권리 옹호*Vindication of the Rights of Man*》(1791)를 통해 자유주의의 승리와 가치에 지속적으로 신뢰를 보낸다. 그녀는 이어서《여성의 권리 옹호*Vindication of the Rights of Woman*》(1792)를 발표하여 자유주의가 여성에게 동등하게 적용되는 것의 당위성을 설파한다. 울스턴크래프트는 자유주의의 기본 개념에서 여성이 사회로부터 배제되어야 하는 이유를 "여성은 남성과 다르니까"라는 일반적인 말 이외에는 발견하지 못한다.

여성의 문제를 정치와 연관시켜 논의한 최초의 페미니스트가 일단 메리 울스턴크래프트로 알려진 것은 사실이지만, 이보다 앞선 16세기 말 17세기 초에 영국의 메리 애스텔은 현실에서 드러나는 여성의 열등성은 교육 기회의 부족에 있다고 역설하면서 여성 교육과 의식화를 위해 많은 노력을 기울였다. 애스텔의《여성들에 대한 중요한 제안*A Serious Proposal to the Ladies*》(1694)과 〈결혼에 관한 성찰Some Reflections upon Marriage〉(1700)은 울스턴크래프트의《여성의 권리 옹호》로 이어지는 지적인 가교였던 것이다(한국영미문학 페미니즘학회 2000, 401쪽).

애스텔에서 울스턴크래프트로 이어지는 페미니즘 사상의 핵심을 이어받은 사상가가 바로 존 스튜어트 밀이다. 자유주의 사상가로서 대의 민주주의론의 사상적 기반을 다지기도 한 밀은《자유론》과《여성의 종속》에서 이들의 사상을 이어나간다. 자유주의 사상을 근간으로 한 근대 영국사회에서 왜 여성들이 사라져버렸는지에 대한 해답을 발견해내지 못한 밀은 이 문제를 해결해야만 자유주의가 완성될 수 있다고 주장한다.

이들의 공통된 생각은 이성능력에서 여성이 남성과 다르지 않다는 것이다. 이들은 당시 여성이 남성보다 지적으로 열등한 듯이 보이는 것은 객관적 교육 기회의 부족과 의식의 부족 때문이라고 본다. 따라서 여성에게 남성과 동일한 기회가 주어지면 지적으로 동등해질 것이라는 결론이 도출된다. 이들은 이성능력을 근간으로 형성된 근대의 체제에서 이성을 가진 존재인 여성을 원천적으로 배제한다는 것은 논리적으로 모순이라 생각했다.[28]

이성 중심적이고 성 중립적인 근대의 법과 제도 아래에서 여성이 사회에 존재를 드러내지 못하고 억압받는 이유를 여성의 선천적인 열등성에서만 찾는 것은 어불성설이다. 18세기에 울스턴크래프트가 사회제도에 밑받침이 되는 교육에서 그 이유를 찾은 것도 이 때문이다. 인간이 교육을 받아야 민주주의 사회의 시민으로 양성된다는 것이 근대 계몽사상가들의 생각이라면, 교육의 기회는 남성과 여성 모두에게 열려 있어야 한다.

19세기에 밀은 교육의 기회뿐만 아니라 동등한 정치적 권리와 경제적 기회가 여성에게도 보장되어야 한다는 입장을 견지한다. 《여성의 종속》에서 밀은 여성들이 설사 열등하고 무능하다 할지라도 그런 이유로 여성들

---

28 자유주의 페미니즘으로 지칭되는 이들의 주장은 한마디로 여성의 정치적 · 사회적 참여가 법적 · 제도적으로 보장되어야 한다는 것이다. 따라서 이 시기의 페미니즘은 여성의 정치적 참여 요구에 집중하게 된다. 여성을 막고 있었던 법과 제도가 열리면 여성의 삶도 달라질 것이라는 희망과 함께, 각 지역에서 여성의 참정권 확보를 위한 단체가 형성되고 사회운동이 발생하게 된다. 이 결과 1893년의 뉴질랜드를 필두로 하여 1920년대까지 유럽의 많은 나라에서 여성들은 참정권을 확보하게 된다. 동일성과 평등권을 기치로 내세운 여성들은 이제 사회로 들어서게 되었다.

이 참여도 할 수 없게 만드는 것은 정당하지 못하다고 주장한다. 자유주의 사상의 근간으로 보아도, 상식적인 차원에서 보아도 이는 옳지 않다는 것이다. 원래 여성이 못하는 일이라면 제도적으로 못하게 할 필요가 없고, 할 수 있는 일인데 남성보다 열등하다면 자유 경쟁 체제에서 자연스럽게 도태될 것이기 때문이다.

프랑스 혁명이 역사 속에서 간헐적으로 드러나는 보편주의를 정착시키는 데 결정적인 역할을 한 것은 사실이나, 그 결과 보편주의가 진정으로 세상의 모든 곳에 정착되었는지에 대해서는 의문의 여지가 있다. 사상적 패러다임의 변화로 특수에서 보편으로 사고가 움직였으나, 아직 몸이 따라오지 않아 정신과 육체의 간극이 존재하는 형국이라 하겠다. 여기에 보편의 개념에 포함되지 않는 소수자의 문제가 존재한다. 프랑스 혁명의 문서인 〈인간과 시민의 권리선언〉에는 모든 인간이 포함되는 것처럼 보이나, 실제로 역사는 그렇게 이행되지 못했다. 물리적 숫자는 적지 않으나 사회적 권리의 차원에서 소수자라 할 수 있는 여성과 노동자는 자유의 기본이라 할 정치적 자기 결정권으로부터 배제되었다. 형식적 차원에서의 특권 계층은 사라졌으나, 실질적 의미에서도 과연 그러한지에 대해서는 의문의 여지가 많다. 역사가 단선적으로 움직이지 않는다는 점을 차지하고라도, 여성을 비롯한 소수자가 권리에서 배제된 현상은 자유와 평등의 시대를 연 프랑스 혁명에 드리워진 어두운 그림자였고, 미래로의 발목을 잡는 중대한 문제였다.

근대 자유주의 시대의 도래는 여성에게는 양날이 선 칼이었다. 모든 인간의 자유라는 자유주의의 목표로서 여성의 자유화가 역사의 당위로 등장한 것은 사실이지만, 가족이라는 현실은 여성을 억압과 질곡으로부터 그리 쉽게 놓아주지 않았기 때문이다. 남성에게는 도덕이나 정의의 원칙이 적용된 반면에 여성에게는 관습이 왜곡된 모습으로 적용되면서, 자유의 양날은 여성의 삶을 변형시켜놓았다. 남성과 여성에게 적용되는 원칙이 달라지는 원인을 생물학적 차이가 아닌 다른 데서는 찾을 수 없는 옹색한 상황에도 불구하고, 근대혁명이라는 소용돌이를 통과하면서 건재를 과시한 가부장 제도는 그러한 불균형적인 설명 방식에 아무런 문제의식을 가지지 않았다고 울스턴크래프트는 의문을 제기한다.《메리》나《마리아》, 그리고《여성의 권리 옹호》에 나타나는 울스턴크래프트의 주장은 현대의 눈으로 보면 절대로 과격하거나 체제 전복적이지 않지만, 울스턴크래프트가 당대에는 '페티코트를 입은 하이에나', '철학적인 탕녀', '여자 미치광이' 등으로 불렸다는 사실에서, 근대의 남성 중심적 지배 체제가 얼마나 강고했었는지 짐작할 수 있다.

자유주의의 도래와 동시에 자유를 향유하게 된 집단에서 여성은 일정 기간 배제되어 있었던 것이 사실이다. 자유주의라는 역사의 파도가 여성에게까지 도달하는 데는 아직 많은 시간이 필요했던 것이다. 자유가 먼저 도달한 곳에서도 여성에게 그 자유는 다른 의미로 전달되곤 했다. 생물학적 · 사회적 구도가 사상적 의미마저 변질시켜버렸던 것이다. 권리 없이 의무만 주어지는 당시 여성의 현실에서 1차적 탈출구는 "권리 없이 의무 없다"라는 토머스 제퍼슨Thomas Jefferson(1743~1826)의 말일 것이다. 권리와 의무는 분리되어 있는 것이 아니기에, 여성에게 천부의 권리가 인정되지 않는다면, 당연히 여성은 그 어떠한 의무도 부담할 필요가 없다. 따라서 여성이 지켜내야 하는 의무가 있다면, 이에 상응하는 권리 또한 인정해야 할 일이었다.

그러나 사회가 좀 더 평등해지고, 계급이 없어지고, 여성이 해방되어야 비로소 여성의 마음이 사랑으로 가득 차고, 무지하거나 타락한 사람은 참맛을 알 수 없는 고결한 가정적 행복의 가치를 알게 될 것이다……자유에 기초하지 않은 미덕은 건실해질 수 없다. 이성 이외의 권위에 복종하는 사람은 합리적이거나 도덕적이라 할 수 없다……여성을 사회에 정말 유용한 존재로 만들려면 그들의 오성을 적극 계발하여 지식에 바탕을 둔 애국심을 갖추게 해야 한다……이 책에서 나는 오성을 통해 선한 사람이 되어야 개인으로서의 의무를 제대로 수행할 수 있고, 사회적 미덕이란 개인적 미덕의 집합체에 지나지 않는다는 것을 보여주려고 애썼다. (울스턴크래프트 2008, 310~311쪽)

자유주의는 사회에서 자유롭지 않은 마지막 집단으로 남아 있는 여성이 자유로워질 때에야 비로소 완성되었다고 할 수 있다. 마지막 남은 '지배와 억압의 피해자' 여성이 자신이 가진 감수성과 열정으로 발현되지 못했던 이성능력을 회복하게 되면서, 18세기에 시작된 자유와 평등이라는 개인중심의 근대기획은 비로소 완성되는 것이다.

근대의 시민혁명이 계몽사상이라는 무기를 가지고 지배와 억압의 구시대와 구체제를 타파하고 자유주의를 시대정신으로 확립하는 데 획기적 성공을 거둔 것은 사실이다. 그러나 근대기획이 한 집단의 희생을 근저로 한 가부장제에 대해서는 침묵하면서(오히려 강화하는 측면도 존재한다) 근대정신은 왜곡된 길로 접어들게 된다. 인간의 자유와 평등이 사회의 구성원인 모든 개인에게 적용되지 않는 한 그 사회가 자유롭다고 말할 수 없는 것은 논리적으로 자명하다. 사회의 자유를 내세우기 위해서 구성원 모두가 일상에서부터 자유를 향유할 수 있어야 한다는 것이다.

미덕의 근원은 자유다……올바른 정치가 자유를 신장하면 여성을 포함한 모든 사람이 분명히 지금보다 더 현명하고 도덕적인 존재로 변할 거라는 명백한 결론만 내리고 넘어가겠다. (울스턴크래프트 2008, 81~82쪽)

제3부

/

메리 울스턴크래프트
― 여성에서 인간으로

제1장

프랑스 혁명과 근대기획의 왜곡

1. 프랑스 혁명과 근대 여성

17, 18세기에 일어난 영국 명예혁명(1688), 미국 독립전쟁(1776), 프랑스 혁명(1789)은 자유주의 사상을 현실에 천착시킨 중요한 사건들이었다. 이 3대 시민혁명을 통해서 나온 3대 문서인 영국의 권리장전(1689), 미국의 독립 선언서(1776), 프랑스의 〈인간과 시민의 권리선언〉(1789)은 자유주의를 제도화하고 인권의 토대를 확립하는 데 중요한 역할을 했다.

이 문서들 중에서도 특히 〈인간과 시민의 권리선언〉에서는 보편적인 법치, 개개인의 평등한 시민 자격, 집합적인 국민주권 등이 선포되고 있으며, 이에 기반을 둔 새로운 국가 원칙이 천명되기에 이른다(이샤이 2005, 142~143쪽). 모든 사람이 가지는 권리가 창조주에 의해 주어진 것이라는 다른 선언에 비해, 〈인간과 시민의 권리선언〉은 권리가 자연, 이성, 사회라는 세속적인 원천에서 근거하고 있음을 강조한다. 문서에 나타나는 인간, 모든

제3부 메리 울스턴크래프트―여성에서 인간으로 121

시민, 사회는 어떠한 개인도, 어떠한 신체도, 어떠한 인간도 배제되지 않는 보편성을 의미하는 것이다. 〈인간과 시민의 권리선언〉 전문前文은 다음과 같이 시작한다.

국민의회를 구성하는 프랑스 인민의 대표자들은 인간의 권리에 대한 무지, 소홀, 또는 멸시야말로 공공의 불행과 정부의 부패를 낳는 유일한 원인이라고 생각함에 따라, 엄중한 선언을 통해 자연적이고 양도할 수 없으며 신성한 인간의 권리를 밝히기로 결의했다. 사회의 모든 구성원이 항상 이 선언을 통해 자신들의 권리와 의무를 끊임없이 상기하도록 하고, 입법 및 사법 권력의 행위들을 매 순간 모든 정치 제도의 목적과 비교함으로써 좀 더 존중받게 하며, 앞으로 시민의 요구가 간결하고 자명한 원칙에 기초하게 함으로써 언제나 헌법의 유지와 공공의 복리를 지향하기 위해서이다. (헌트 2009, 253쪽)

〈인간과 시민의 권리선언〉은 권리가 통치자와 피치자의 계약에서 형성되는 것이 아니고, 통치자에 대한 청원(예 : 권리청원)이나 통치자가 내린 헌장(예 : 대헌장)을 통해 생기는 것도 아니며, 인간 본성 그 자체에 근거를 둔다는 점에 초점을 맞추고 있다. 그 구체적 내용은 다음과 같다.

제1조 : 인간은 자유롭게, 그리고 권리에 있어 평등하게 태어나 존재한다. 사회적 차별은 공익을 근거로 할 때만 허용할 수 있다.
제2조 : 모든 정치적 결사의 목적은 인간의 자연적이고 소멸될 수 없는 권리를 보전하는 것이다. 그 권리란 자유, 소유, 안전, 억압에 대한 저항이다. (헌트 2009, 253쪽)

'자유, 평등, 박애'를 근대사회가 추구해야 할 보편적 규범으로 선포하면서 혁명이 시작되었지만, 궁극적으로 보수주의 세력의 반동을 막아내기에는 역부족이었다. 모든 사람의 자유와 평등을 언급하면서도 투표권 부여에 있어 재산을 소유한 일부 계층에 한정하게 되고, 영국이나 미국과 마찬가지로 보수주의로 회귀하면서 부르주아지 공화국이 정착되고 만다. 사상적 차원에서의 보편적 규범과 원리가 현실에서는 특수한 계층을 위한 권리로 축소되어버리는 현상은 특히 여성에게서 최고조를 이룬다.

이런 맥락에서 볼 때, 프랑스의 〈인간과 시민의 권리선언〉에서 여성에 대한 언급이 발견되지 않는 것은 지극히 당연한 귀결일지도 모른다. 물론 여성도 인간에 포함되어 있다는 것인지, 아니면 여성 언급이 없어 배제된다는 것인지에 대해서는 명확히 알 수 없다. 프랑스 혁명을 그린 들라크루아의 그림에 등장한 성난 민중을 이끄는 자유의 여신[29]도 혁명이 정리되는 시점에서는 찾아보기 어렵다. 역사를 이끄는 상징으로서의 여신은 이제 사라졌다. 〈인간과 시민의 권리선언〉에 대항하여 〈여성과 여성 시민의 권리선언〉(1791)을 발표하면서 여성의 투표권과 대표권을 외치던 올랭프 드 구주도 자신의 성적 본분을 망각한 여성이라는 비난을 받으며 혁명 이후 질서 복귀의 제물이 된다.

왕정을 넘어서 공화국이 자리 잡게 만든 프랑스 혁명은 가부장의 권리를 통한 가정의 회복으로 당시의 혼란한 사회의 질서 잡기를 시도했다. 모든 이의 자유와 평등이라는 외침과 함께 사회의 주체로 등장하려는 프랑스 여

---

29 헌트는 "자유가 여성으로 그려진 것은 여성이 정치적 행위자라고 생각되지 않았기 때문"이라고 설명한다. 또한 헌트는, 실제로 당시 "여성에게는 투표권도 없었고, 여성들이 자유로부터 멀리 떨어져 있었기 때문에 자유의 이상을 표현하도록 선택되었다"는 마리아 워너Maria Warner의 매우 역설적인 설명을 인용한다(Hunt 2000, 121쪽).

성들의 시도는 질서 잡기라는 미명하에 가정의 가부장권이 회복되면서 무산되어버린다. 국가 최고의 가부장적 존재인 왕이 사라진 곳에서도 가부장권은 여전히 맹위를 떨치며 각 가정에서 위력을 발휘하고 있었다. 프랑스혁명으로 올려진 인간 해방의 기치 속에서 여성은 이제 무대 뒤로 퇴장하게 되어버렸다. 인간과 여성이라는 왜곡된 관계 설정이 시작된 것이다.

《프랑스 혁명의 가족 로망스 *The Family Romance of the French Revolution*》에서 린 헌트는 이렇게 말한다. "여성들은 노예가 아니기 때문에 규정상 시민이었지만, 투표를 하거나 공직에 취임하지는 못했다."(Hunt 2000, 70쪽). "여성들은 새로운 시민 질서 속으로 편입되었고, 따라서 법적으로는 시민적 개인이었다. 하지만 아무런 명확한 설명 없이 일부 정치적 권리를 박탈당했다."(Hunt 2000, 278쪽). 아무 이유 없이 정치적 권리를 박탈당한 자들에 대한 권리 회복 운동이 이후 자유주의와 민주주의의 운동에 근본적인 추동력이 된 것이다.

(1) 〈인간과 시민의 권리선언〉과 〈여성과 여성 시민의 권리선언〉

1789년 프랑스 국민의회에서 제정된 〈인간과 시민의 권리선언〉(이샤이 2005, 154~156쪽)은 18세기를 대표하는 혁명과 인권의 문서이다. 제1조에서 모든 사람은 출생과 더불어, 그리고 그 이후 계속해서 평등한 권리를 누린다고 천명하며 모든 인간의 평등한 권리를 선언한다. 제6조를 살펴보면 다음과 같다. "입법은 일반의지를 표현한다. 모든 시민은 직접 또는 그 대표를 통하여 일반의지의 형성에 기여할 자격이 있다. 입법은 사람을 보호하든 처벌하든 모든 사람에게 동등해야 한다. 모든 시민이 법 앞에 평등하므로 그들의 능력에 따라 평등하게, 또 그들의 역량과 재능 이외에는 어떠한 구분도 없이 계급, 공직, 그리고 고용의 모든 자리에 기용될 수 있다." 현대 국가의 헌법에서 흔히 보이는 평등에 대한 규정과 차별 금지에 대한 근거가 여기서 제시된다.

〈인간과 시민의 권리선언〉은 자유주의의 기본 문서로서 결코 손색이 없는 인권 문서라는 데 이견을 제시할 수는 없겠으나, 과연 이 문서의 모든 원칙과 정신이 현실에 그대로 적용되었는지에 대해서는 의견을 달리하는 사람들이 많다. 선언서의 제10조와 제11조에 규정된 사상과 의견의 자유로운 소통에 대한 내용을 통해서 사상과 표현의 자유라는 자유주의의 기본 원칙이 확립되었다는 것은 분명 프랑스 혁명의 공이라고 할 수 있지만, 앞서 언급한 제1조와 제6조에 명시된 모든 사람의 평등과 차별 금지에 대한 조항이 여성의 정치적 권리를 배제하는 방향으로 움직인 것에 대해서는 문서의 기본 정신을 가지고는 도저히 설명할 수 없다.

시에예스Emmanuel-Joseph Sieyès(1748~1836)를 위시한 당시 프랑스 입법의회 대의원들은 능동적 유권자라는 개념을 동원하여 유자격자와 무자격자를 구분하고 나선다. 시민의 범주나 개념이 아직 확실하지 않은 상황에서 프랑스 혁명으로 신분 제도가 와해되어 참여 폭발 현상이 촉발되자 프랑스 사회는 일시적인 혼란에 빠진다. 이에 따라 시민의 자격을 논하게 되는 상황에 직면하자 그는 다음과 같이 설명한다. "한 나라의 모든 거주자는 소극적 시민으로서의 권리를 향유할 수 있다……그러나 공적 제도에 기여할 수 있는 사람만이 마치 거대한 사회적 기업의 진정한 주주처럼 간주될 수 있다. 그들만이 진정한 능동적 시민, 즉 정치 결사체의 진정한 구성원인 셈이다."(Hunt 1996, 81쪽). 이렇게 하여 〈인간과 시민의 권리선언〉은 선언서에 규정된 '모든 사람'에서 능동적인 정치적 권리를 향유할 수 있는 집단을 선별적으로 구분해내는 매우 차별적인 문서가 되어버린 셈이다.[30] 막시

밀리앵 로베스피에르Maximilien Robespierre(1758~1794)를 비롯한 몇몇 사람이 반대했지만, 재산권에 근거한 선거권 제한 규정은 이후에도 지속되었다. 재산권과 투표권은 18세기 프랑스에서 남성의 특권으로 인정되고 있었다. 이를 미셸린 이샤이Micheline Ishay는 《세계인권사상사 *The History of Human Rights*》에서 "경제적 권리와 정치적 권리를 화해시키지 못함을 계몽주의의 무능"(이샤이 2005, 182쪽)으로 설명한다.[31] 1789년에 〈인간과 시민의 권리선언〉이 나왔음에도 불구하고, 불과 2년 후인 1791년 〈여성과 여성 시민의 권리선언〉이 나와야 했던 이유가 바로 여기에 있다.

〈인간과 시민의 권리선언〉은 프랑스 혁명의 문서로서 역사에 남아 있지만, 〈여성과 여성 시민의 권리선언〉(이샤이 2005, 200~203쪽)은 올랭프 드 구주라는 여성의 이름으로 작성되었다는 데 두 문서의 근본적 차이가 존재한다. 전자의 인간과 시민에서 여성과 여성의 정치 사회적 권리가 배제당하지 않았다면 후자는 나타나지 않았을 것이다.

〈여성과 여성 시민의 권리선언〉은 제1조에서 "여성은 출생과 더불어 그리고 그 이후 계속해서 평등한 권리를 누린다"고 시작하면서 〈인간과 시민의 권리선언〉과 대구對句를 이루어나간다. 제6조에서는 "입법은 일반의 지를 표현한다. 모든 여성 시민과 남성 시민은 직접 또는 그 대표를 통하여

---

30 시에예스가 정치 참여를 촉구하고자 했다고도 볼 수 있지만, 당시의 맥락을 살펴보면 오히려 시민을 분류하고 제한하려는 의도가 다분하다고 할 수 있다. 그렇다면 실제로 정치사회에 여성의 존재가 매우 희소한 당시의 상황에서 이 글의 의미를 분석해야 한다. 정치사회에 기왕에 존재하지 않았고 재산권도 가지고 있지 않은 여성은 자연스럽게 배제될 수밖에 없다. 시에예스의 분석을 빌리면, 능동적이고 적극적인 시민의 범주 안에 여성은 포함되지 않게 된다. 프랑스어에서 citoyen(남성 시민)과 citoyenne(여성 시민)은 바로 구분되지만, 한국어에서 '시민'이라는 단어로는 성별이 구분되지 않으므로 이러한 분석상의 오해를 초래할 수 있다.
31 이샤이는 이 뒤를 이어서 계몽주의의 그러한 무능으로 사회적 균열이 심화되었고, 이는 19세기 노동운동으로 이어졌다고 분석한다.

일반의지 형성에 기여할 자격이 있다. 입법은 모든 사람에게 동일해야 한다. 남성 시민과 여성 시민은 법 앞에 평등하므로 그들의 능력에 따라 평등하게 또 그들의 역량과 재능 이외에는 어떠한 구분도 없이 계급, 공직 그리고 고용의 모든 자리에 기용될 수 있다"고 하여 여성 시민의 존재를 분명히 부각시킨다.

획기적인 선언적 내용을 담은 제10조를 살펴보자. "누구도 자신의 기본적인 의사 표현 때문에 고통을 당해서는 안 된다. 여성이 교수대에 오를 권리가 있다면, 자신의 의사 표현이 법으로 정한 공공질서를 해치지 않는 한, 연단에 오를 권리도 있어야 한다." 거부당한 여성의 정치적 권리를 얻기 위한 절규이자 배신당한 인간 해방에 대한 호소가 그대로 드러난다. 이어지는 제11조의 내용은 다음과 같다. "사상과 의견의 자유로운 소통은 여성에게 가장 소중한 권리에 속한다. 그러한 자유가 있어야 아이의 아버지로부터 그 아이가 친자임을 인정받을 수 있기 때문이다. 따라서 모든 여성 시민은 야만적인 편견 때문에 진실을 숨기도록 강요당할 필요 없이, 내가 당신 아이의 어머니라고 자유롭게 말할 수 있어야 한다."

〈여성과 여성 시민의 권리선언〉은 프랑스 혁명의 공식 문서에서 사용된 '시민'에 여성이 명확히 들어 있는지 의문을 제기하면서 '여성 시민'이 포함되어야 함을 공식적으로 선언한다. 동시에 여성도 남성과 같이 자연권을 보장받아야 한다고 주장한다. 재생산 여성에게 존재하는 특수한 상황에 대한 고려를 살펴보면 구주는 매우 현대적인 인식을 가진 여성이라고 볼 수도 있다. 여성이라는 젠더 문제를 정확히 인식하여 당시 친권의 전담자인 아이 아버지로부터 자기(여성)의 친자임을 인정받을 권리와 여성 시민에 대한 국가의 보호 조항이 필요함을 제시한다.[32]

구주의 발문跋文의 일부를 살펴보면 당시 여성의 문제가 무엇이고 이에 대해 구주가 어떻게 생각했는지 보다 명확하게 드러난다.

여성이여 일어나라. 이성의 종소리가 전 우주에 울려 퍼지고 있다. 너희의
권리를 찾아라. 이제 더 이상 편견과 광기와 미혹과 거짓이 자연의 대제국을
둘러싸고 있지 않다. 진리의 불꽃은 무지와 강탈의 모든 암운을 흩어놓았다.
노예였던 남자는 역량을 키웠으나 자신의 사슬을 끊어버리기 위해 너희의
힘에 의존할 필요가 있다. 남자는 일단 자유롭게 되자 자기의 반려에게 불
공평해졌다. 오, 여자여! 도대체 언제쯤이면 눈을 뜰 것인가? 혁명으로 너희
가 무슨 이득을 얻었느냐? 더 심한 무시와 더 독한 모멸이 아니더냐?……현
명한 자연의 포고령에 입각하여 너희의 고토古土를 회복하라. 그런 과업에
서 무엇을 두려워하는가?……만일 그들이 자기들 원칙에 맞지도 않는 이따
위 당치 않은 소리를 해서 자신의 약함을 계속 드러내고, 허장성세로 무모하
게 이성의 힘을 반대한다면, 철학의 기준 아래 뭉쳐 우리 여자들의 참된 힘
을 모두 모으자……너희 앞에 어떤 장애가 있건 너희를 자유롭게 할 수 있
는 것은 오직 너희의 힘뿐이다. 단지 자유롭기만 원한다면 말이다……하지
만 우리가 은인자중하며 기다리는 동안 국민의 교육과 도덕의 회복과 결혼
의 풍습을 통해 언젠가는 해결책이 마련될 것으로 나는 믿는다. (Olympe de
Gouges 1791 ; 이샤이 2005, 202~203쪽)

구주는 이와 동시에 여성들의 협회를 최초로 조직하기도 하는데, 이러한

---

32 이 글이 나온 시기는 1791년이고, 여기에 언급된 문제들이 정치적으로 해결되기 시작한 것은
1950년이 넘어서라는 사실을 생각해보면 여성에 대한 사고와 그것의 실현 간에는 시차가 상당함
을 알 수 있다. 남성 시민의 자유가 확보되는 시간과 여성 시민의 자유가 확보되는 시간의 차이를
비교해보면, 거기에 차별의 온도차가 존재함을 알 수 있을 것이다.

시대를 앞서 가는 언행으로 당시 국민공회로부터 공화국이 여성에게 부과한 신성한 의무인 가사 돌보기를 포기했다는 비난을 받으면서 남성과 여성의 자연적 경계를 침범한 사례로 기소되어 처형당하게 된다. 구주의 처형과 함께 여성이 남성 되기를 원하는 것은 자연의 법칙에 어긋난 것이라는 논리 하에 여성이 정치적 권리를 가져야 한다는 주장은 젠더에 의한 사회적 역할 구분이 자연의 법칙이라는 주장에 묻혀버리게 된다. 공적 영역과 사적 영역의 분리가, 자유를 기치로 내건 프랑스 혁명을 통해 남성과 여성에게 고착적으로 적용되면서 이제 남성과 여성에게 사회가 부과하는 덕성도 차별적으로 진화한다. "남성에게 덕성은 정치라는 공적인 세계에 참여하는 것을 뜻했다. 그러나 여성에게 덕성은 가정이라는 사적 세계로 물러나는 것을 의미했다."(Hunt 2000, 170쪽).

이러한 순차적 차별화 과정을 통해 자유도 권리도 차별적으로 적용되고, 남성과 여성의 구도가 아니라 인간과 여성의 구도가 전개된다. 자유주의와 근대시민혁명의 역사는 여성이 인간이 되기 위해서는 보다 많은 노력을 기울여야 한다는 과제를 여성들에게 던지게 되었다. 권력은 가부장성을 그대로 지닌 채 유지되어왔고, 이제 인간으로 태어난 여성은 자신이 인간임을 스스로 증명해야 하는 불합리한 사회적 조류에 휩싸이게 된 것이다.[33]

---

33 이후 1, 2세기 동안 여성들은 자신이 인간임을 주장하고 설득하는 데 많은 노력을 경주하게 된다. 근대기획에서 이 문제가 정리되었다면 많은 에너지가 역사 발전을 위한 다른 방향으로 사용될 수 있었으리라 생각해본다. 모순적이고 불합리한 사회에서 흔히 발생하는 문제로, 자신이 하지 않은 것에 대해서 다수가 그렇게 했다고 주장하는 경우에 당사자가 하지 않은 것을 증명해야 하는 억울한 상황이 발생한다. 특히 여론이나 사회적 추세와 역행하는 행동을 할 경우에는 더욱 그러하다.

(2) 여성의 권리를 위하여

근대정치사상은 성별에 무지했고gender-blind, 그 결과 인간의 자유, 평등, 권리의 확장이 지속되고 있었음에도 불구하고 여성은 들어설 수 있는 지적·역사적 공간을 부여받지 못했다. 앞서 언급한 바 있지만, 프랑스 혁명 당시 여성의 선거권과 피선거권을 주창한 올랭프 드 구주는 단두대의 제물이 되었고, 애비게일 애덤스를 비롯하여 독립전쟁에 공헌한 미국 여성들도 그들의 주장이 미국 헌법에 반영되는 모습을 보기 위해서는 수정헌법 19조가 통과되는 1920년까지 기다려야 했다. 영국에서도 차티스트 운동을 통해 성인 남성 모두에게 선거권이 확대되었지만, 여전히 선거권자에 여성이 포함되기 위해서는 20세기를 기다려야 했다.[34]

근대는 이러한 결정적 결함을 가진 채 미완의 상태에서 그 이후로 과제의 해결을 넘기게 된다. 의미상으로 인간의 권리에 여성의 권리가 포함되는 것이 당연하지만, 정치사회는 그렇게 단순하게 가지 않았다. 인간으로 태어난 여성이, 시민에 속해 있는 여성이 인간이고 시민임을 사회에서 확인받기 위해서 스스로 나서야 했던 것이다.

근대사상의 완성을 위해 여성주의적 시각이 들어서야 하는데, 그 방법에는 세 가지가 있다. 숨은그림찾기와 끼어들기, 새판 짜기가 바로 그것이다. 숨은그림찾기는 역사 속에 존재했던 여성들의 소리와 아우성을 찾아내 전체 그림을 완성하는 일이다. 이 작업은 과거와 현재를 이어주면서 미래의 비전을 제시한다. 끼어들기는 현재의 상황에서 남성적 구도가 잔존하더라

---

34 여성에게 투표권이 부여된 시기는 각각 다음과 같다. 미국에서는 수정헌법 19조 〈남녀평등 조항〉이 통과된 1920년, 영국에서는 1918년(30세 이상의 기혼 여성에게만), 프랑스에서는 1946년에 여성 투표권이 인정되었다.

도 그 상태에 그대로 끼어들어 여성의 참여율을 높이는 일이다. 이는 미래를 위한 준비 작업이다. 새판 짜기는 여성주의적 시각으로 새로이 구성된 사회에서 여성의 속성에 대한 인위적 변화 없이 정치 사회적 권리를 자연스럽게 향유하게 되는 것으로 미래를 앞당기는 역할을 하게 된다.

미완의 혁명, 근대기획의 그림 속에서 숨은 그림을 찾아내는 일은 그리 어려운 일이 아니다. 이러한 상황에서도 근대사상의 세례를 받은 많은 지식인 여성들이 여성의 권리를 요구하기에 이른다. 이들은 계몽사상의 영향을 받은 자유주의자들이었고, 프랑스 혁명 정신을 이어받아 인간의 권리, 자유, 평등에 열광했다. 영국의 메리 울스턴크래프트, 존 스튜어트 밀은 자유주의 사상가로서 시민혁명 이후 민주주의의 제도화 과정에서, 각각《여성의 권리 옹호》(1792),《여성의 종속》(1869) 등의 저술을 통해, 여성이 배제되어 있는 현실로부터 자유주의 원칙에 위배되는 근대 제도를 질타하고 나선다. 미국에서는 엘리자베스 캐디 스탠턴Elizabeth Cady Stanton(1815~1902)을 중심으로 1848년 제1차 전국여성대회를 개최하면서 독립 선언서 형식을 빌린〈감정의 선언문〉을 발표한다.

울스턴크래프트의《여성의 권리 옹호》는 영국과 미국 역사상 최초의 본격적인 페미니즘 선언서로 공인받고 있다. 여기서 울스턴크래프트는 여성을 향락의 대상으로 양육하고 취급하는 당시의 성 이데올로기에 대해 강력히 항의하면서, 여성도 남성과 같이 지성과 육체를 개발하고 단련할 권리와 의무가 있고, 남성과 동등한 독립 인격체로 결혼생활에서 경제적 능력과 권리를 가지고 사회생활에 참여할 수 있어야 한다고 거듭 강조한다. 아울러 울스턴크래프트는 당시의 여성에 대한 잘못된 인식과 가부장제라는 억압적 사회 구조가 여성을 희생자로 만들 뿐 아니라 인격적으로 타락시키고 비인간화한다는 점을 강조한다. 당시의 법률, 사회 구조, 관습, 통념이 정의라는 측면에서 볼 때 여성들에게 불합리하고 부당한 고통을 주는 동시에 여성의 심성을 왜곡시켜 여성으로 하여금 사회를 병들게 하고 타락시키고 발전을 가로막는 존재로 만들어버린다는 것이다.

존 스튜어트 밀도《여성의 종속》에서 위와 같은 이유로 여성의 권리를 인정해야 한다고 역설하면서 대체로 울스턴크래프트의 논의를 정리하고 발전시킨다. 당시 여성에 대한 사회적 처우가 여성을 비인간화시키고 타락시킨다는 측면을 강조하는 울스턴크래프트에 비해, 자유주의자 밀은 여성에 대한 사회적 처우가 자유와 정의의 원칙에 어긋난다는 측면을 더욱 강조한다. 울스턴크래프트는 여성을 당시와 같은 제도와 풍토에 묶어두면 사회의 모순과 도덕적 타락이 가중된다는 점을 강조하고, 밀은 여성이 남성과 동등한 권리를 누릴 자격이 있는 존재임을 부각시킨다.

《여성의 권리 옹호》

1789년 프랑스 혁명이 발발하자, 영국의 버크는《프랑스 혁명에 대한 고찰》(1790)에서 모든 전통과 관습을 단번에 뒤엎는 혁명에 대해 비판의 날을 세우면서 보수주의의 개조로 등장한다. 이에 대해 울스턴크래프트는《인간의 권리 옹호》(1791)에서 자유주의의 승리와 가치에 지속적으로 신뢰를 보낸다. 이어서 발표한《여성의 권리 옹호》(1792)에서 그녀는 자유가 여성에게도 동등하게 적용되어야 자유주의가 정당성을 주장할 수 있다고 역설한다. 자유주의의 핵심 개념인 자유의 대상에서 여성이 배제될 근거가 없다는 것은 앞서 언급한 바와 같다.

《여성의 권리 옹호》는 잘못된 사회 구조와 그로 인한 인간성의 왜곡을 이론적으로 증명해 보이고 그 시정을 촉구하는 책이다. 울스턴크래프트는 이 책에서 당시 사회가 중상류 계급의 여성들을 '숙녀lady'라는 개념으로 통제하여 생명력을 인위적으로 박탈하고 그럴듯한 미사여구를 나열하여 여성을 남성의 성적 대상물로만 만들 뿐만 아니라 여성 자신이 노예 상태에 머물러 있는 현실을 자각하지 못하도록 은폐하고 위장한다는 점을 거듭 지적한다. 여성들의 의지력은 죽이고 외모와 매력만 개발하게 유도하며 순결과 무지를 강요하면서 남성들 자신은 부와 사회적 권력을 독점하고 방탕만 일삼고 있어, 여성은 궁극적으로 나약하고 유아적인 상태에 머물러 있을 수밖에 없다는 것이다. 이렇게 여성의 지성과 덕성의 개발을 억제할 뿐만 아니라 여성 스스로 결혼과 가족이 생의 전부라고 여기고 자기 가족의 이익만을 우선하는 가족 이기주의, 남성의 마음을 사로잡기 위해 구사하는 여성의 유혹을 여성에 대한 경멸과 억압의 구실로 삼는 순환적 모순 속에서 성숙한 인격체로 성장하지 못하고 심성이 왜곡된 여성이 남성의 충실한 반려자가 되지 못하고 어머니로서도 자녀를 제대로 양육하고 훈육할 수 없게 됨으로써 결국 사회가 병들고 퇴보할 수밖에 없다는 것이 울스턴크래프트가 《여성의 권리 옹호》에서 반복적으로 지적한 당대의 병적인 상황이다.

《여성의 권리 옹호》에서 울스턴크래프트는 남성과 여성에게 미덕과 조건을 차별적으로 적용하는 것은 부당하다고 지속적으로 지적한다. 미덕이나 덕성, 사회에서 살아가는 조건에 대해서 자연은 남녀 간에 차이를 만들지 않았다는 것이다.

　남녀는 서로 타락시키기도 하고 나아지게 만들기도 한다. 이건 틀림없는 사실이고, 그 범위 또한 모든 미덕에 걸쳐 있다. 순결, 정숙함, 공익 정신, 그리고 이와 연관된 모든 고귀한 미덕들은 사회적 미덕과 행복의 토대로서, 사회 구성원 모두 이를 이해하고 육성해야지 그렇지 않으면 아무 소용 없을 것이다. 그리고 이런 미덕들을 남녀 어느 한쪽의 의무라고 주장함으로써 사악하거나 게으른 자들에게 신성한 의무를 파기할 구실을 마련해주지 말고, 자연은 이 면에서 남녀를 구분하지 않았다는 걸 보여주어야 할 것이다. (울스턴크래프트 2008, 237쪽)

모든 가치는 공유되어야 하며, 여성이 남성에게 의존적으로 살아야 할 특별한 이유가 없다는 뜻이다.

남편이 문명 사회의 일원으로 어떤 직업에 종사할 때 아내 역시 활동적인 시민으로서 가정을 돌보고, 아이들을 가르치고, 이웃을 돕는 그런 사회를 상상하면서 지친 마음을 달래보려고 했을 뿐이다. (울스턴크래프트 2008, 246쪽)

따라서 여성이 시민으로서 임의적으로 통치권에 지배당하지 않도록 정치적 대표권과 사회에서의 활동 영역을 가져야 한다는 것은 지극히 당연한 귀결이다. 사회에서의 활동이 여성에게 허용될 때, 불만족스럽게 세월을 허송하며 살던 여성들은 경제적·정치적으로 독립적인 여성으로 거듭나게 될 것이다. 이것이야말로 여성들의 진정한 아름다움이라고 울스턴크래프트는 역설한다.

여성이 남성에게서 어느 정도 독립하지 않는 한 그들이 도덕적이 된다든지, 좋은 아내나 엄마가 되는 데 필요한 강한 본능적 사랑을 갖추길 기대할 수 없을 것이다……진정한 행복인 모든 기쁨과 도덕적인 만족은 잘 조절된 애정에서 나와야 하고, 애정은 의무를 수반하는 것이다. (울스턴크래프트 2008, 240~241쪽)

이를 위해서는 남성과 여성 모두를 동일하게 시민으로 교육시켜야 한다고 울스턴크래프트는 주장한다. 20세기에 들어서야 가능해지는 양성 평등 교육에 대한 사고를 여기서 살펴볼 수 있다.

> 좋은 엄마가 되려면 양식과 독립적인 정신을 갖춰야 하는데, 남편에게 완전히 의존해 살아가도록 교육받은 여성은 그런 정신을 갖기 어렵다. 순종적인 아내는 대개 어리석은 엄마가 되기 쉽다. (울스턴크래프트 2008, 255쪽)

울스턴크래프트는 당시의 여성에 대한 고정관념을 비판하고 이를 수정해야만 사회의 전반적 발전에 도움이 될 것임을 역설한다. 훌륭한 가정과 어머니의 양성을 위해서는 여성에게만 특별히 부과되는 사회적 강제는 사라져야 한다는 것이다. 울스턴크래프트는 공적 영역과 사적 영역을 거의 구분하지 않았고, 여성의 사적 영역에서의 발전이 공적 영역에서의 발전으로 이어진다고 생각했다. 결국 그녀는 중산층 가족의 이데올로기를 배격하지 않은 채, 사실상 대다수 여성의 자기 성취와 생의 완성은 훌륭한 아내, 어머니가 됨으로써 사회에 기여하는 데 있다고 설명한다.

> 여성을 이성적인 존재, 자유로운 시민으로 만들면 그들은 곧 좋은 아내, 좋은 엄마가 될 것이다. 그리고 그러기 위해서는 물론 남성이 남편과 아버지로서의 도리를 다해야 할 것이다. (울스턴크래프트 2008, 291쪽)

울스턴크래프트는 양성을 보다 완전하게 만드는 작업으로 양성 평등 교육의 필요성을 역설한다. 여성이 현재와 같은 무지와 저급한 욕망으로 열등한 상태로서는 남성과 동등함을 주장하기 어렵다는 것이다. 이어서 그녀는 여성이 자신의 의무를 수행할 수 있게 하는 유일한 방법은 여성에게 인간의 잠재적 권리를 모두 허용하고, 사회적 규제와 강제로부터 여성을 자유롭게 하는 것이라고 말한다. 그렇게 하면 여성은 현명해지고 미덕을 갖추게 된다는 것이다. 울스턴크래프트는 인류의 절반이 당하고 있는 부정의 不正義는 반드시 해소되어야 하며, 그 선택권은 가부장사회의 정치적 주체인 남성에게 있다고 하면서 여성의 자유와 권리를 인정하는 데 남성이 나서야 한다는 점을 강조한다.

〈감정의 선언문〉과《여성의 종속》

기독교의 경전, 성경을 여성의 시각으로 해석한《여성 성경 The Woman's Bible》의 저자 엘리자베스 캐디 스탠턴은 1840년대 당시 수전 앤서니Susan Anthony와 함께 노예 반대 운동과 여성의 권리 진작을 위한 문필 활동을 펼쳤다. 울스턴크래프트의 추종자로서 스탠턴은 노예와 여성의 자유를 핵심적으로 추구해야 할 가치로 역설했다. 스탠턴은 남성 중심적 성경 해석이 여성의 종속의 토대를 제공하고 있다고 믿었다. 하나님의 본래 말씀과 다른 여성 폄하적 사고와 행태는 남성의 머릿속에서 나왔다는 것이다. 스탠턴이 성경 해석을 시도한 것은 모든 정치적 권리가 종교적 권리에 근거한다고 믿었기 때문이다(Ingham 2010, 7~8쪽). 특히 스탠턴은 여성이 여성적 미덕을 쟁취하고 사회에서의 행복을 성취하기 위한 강력한 힘으로서 여성에 대한 교육을 주창했다. 스탠턴은 1848년 미국의 여성대회를 주도하고, 1868년 전국여성참정권협회National Women's Suffrage Association를 창설하여 여성 참정권 획득을 위한 운동을 시작한다.

스탠턴은 1848년 뉴욕 주의 세네카 폴즈에서 중산층 이상의 여성들을 중심으로 제1차 여성대회를 개최하여 여성과 남성이 평등하다고 선포했다. 구체적으로는 재산을 소유할 권리, 이혼 시 자녀를 양육할 권리, 자신의 수입을 소유할 권리, 계약할 수 있는 권리, 배심원으로 활동할 권리, 평등한 교육을 받을 권리 등을 명시적으로 선언했다. 미국의 독립 선언서 형식을 그대로 빌려 작성한 〈감정의 선언문〉에서 스탠턴은 앞서 언급한 제반 권리와 함께 여성의 투표권 확보에 많은 노력을 기울인다. 선언문을 살펴보면 다음과 같은 내용이 있다. "남성은 시민의 첫째 권리인 선거권을 여성에게서 박탈하여 입법의 전당에서 여성의 대표를 제외함으로써 여성을 모든 면에서 억압했다. 남성은 법적으로 기혼 여성을 시민으로서는 사망자와 마찬가지인 존재로 만들었다. 남성은 여성이 철저한 교육을 받을 수 있는 기관에 입학하지 못하게 금했으며, 여성에게는 모든 대학의 문호가 닫혀 있었다."(이샤이 2005, 281~282쪽).

선언문의 전문과 발문에는 다음과 같은 내용이 담겨 있다.

우리는 다음과 같은 사실, 즉 모든 남성과 여성은 평등하게 태어났으며, 조물주는 빼앗길 수 없는 일정한 권리를 모든 사람에게 부여했다는 사실은 자명한 진리라고 생각한다. 그러한 권리에는 생명, 자유, 행복 추구의 권리가 포함되어 있다……이와 같은 것으로 인해 대등한 지위를 요구할 필요성이 여성에게 주어졌고 여성은 그러한 자격이 있다. 인류의 역사는, 여성에게 절대 폭정을 수립할 직접적인 목적으로, 남성이 여성에게 위해와 권리 침해를 되풀이해온 역사이다……이제 이 나라 인민의 절반이 처한 완전한 권리 박탈의 상황과 그들이 처한 사회적, 종교적으로 모욕적인 상황에 비추어, 그리고 위에서 언급한 부당한 법률에 비추어, 또한 여성이 고통과 억압을 느끼고 자신의 가장 성스러운 권리를 부정하게 박탈당했다고 느끼고 있으므로, 우리는 여성이 미합중국의 시민으로서 여성에게 속한 모든 권리와 특권을

즉각 행사할 것을 주장하는 바이다. (이샤이 2005, 280~283쪽)

　전문에서는 여성이 남성과 동등한 권리를 가진다는 것을 확인하고, 발문의 마지막에서는 여성이 시민으로서 모든 권리를 회복할 것을 역설하고 있다. 이들의 노력으로 1920년에 연방헌법 수정조항 19조가 제정되면서 여성의 참정권이 헌법 차원에서 보장받게 되었다. 물론 흑인 남성에게 투표권을 부여한 1868년의 수정헌법 14조에 비하면 50여 년의 시차가 있고, 또 각 주별로 이를 주 헌법에 반영한 시기도 각기 다르지만, 여성의 권리와 평등에 대한 방향성을 역사에 제시했다는 측면에서 중요한 가치가 있다.

　세네카 폴즈 여성대회에서는 참정권을 포함하는 완전한 시민권을 주장했다. 여기서 말하는 시민권은 아이의 양육자인 어머니로서가 아니라 인간이자 시민으로서의 여성에게 해당되는 것이다. 여성도 자유와 권리를 가지는 시민이며, 여성과 국가의 관계는 남편이나 자녀를 통하는 간접적 관계가 아니라 직접적 관계임이 천명되었다. 시민으로서 여성이 가져야 할 공적 권리에 대한 주장이 제시됨으로써 근대정치사상의 반여성적 기조의 근거로서 제시되어온 남성의 공적 영역과 여성의 사적 영역이라는 영역 분리는 공식적으로 부인된다(에번스 1998, 159쪽).

　울스턴크래프트로부터 시작하는 페미니즘 사상의 핵심을 이어받은 사상가가 바로 존 스튜어트 밀이다. 자유주의 사상가로서 대의 민주주의론의 사상적 기반을 다지기도 한 밀은 《자유론》과 《여성의 종속》에서 페미니즘 사상가들의 사상을 이어나간다. 밀은 자유주의 사상을 근간으로 한 영국에서도 근대기획이 완성되려면 사회에도 여성들의 자리가 있어야 하고 여성들이 사회에서 드러나야 비로소 사회가 완전한 제 모습을 갖추게 된다고 생각했다. 이러한 생각에서 밀은 자유주의 사상을 여성에게까지 적용해야 한다고 주장했고 여성이 현실 정치에 참여할 수 있도록 여성에게 투표권이 부여되어야 한다고 역설하기도 한다.

자유주의자이자 공리주의자로서 밀은 당시 사회에서의 여성의 삶은 노예와 같은 삶이라고 규정한다. 당시 여성은 결혼을 해도 자유롭지 못했고, 결혼하지 않을 진정한 자유도 없었다. 여성은 대학 교육을 받을 수 없었고 직업을 자유롭게 선택할 수도 없었으며, 자신의 수입에 대한 소유권도 보장받지 못했다. 남편과의 부당한 성관계를 거부할 수 없었고, 극한적 학대라는 명시적 사유가 없이는 이혼할 수도 없었다. 자유주의자로서 밀이 이해할 수 없는 것은 이러한 부자유와 억압이 여성에게만 가해지고 있다는 불평등한 현실이었다. 밀은 또한 결혼 관계에도 남녀 간의 불합리한 불평등이 존재한다고 주장했다. 결혼이 동의에 의한 선택이라는 근본 전제가 여성에게는 실제적으로 적용되지 않는다고 본 것이다. 이러한 측면에서 밀은 여성의 삶이 개선되려면 참정권 획득을 통한 정치적 권리의 확보와 가족이라는 사적 공간의 개혁이 필요하다고 역설한다.

밀은 "여성들이 특정 분야에서 남성들과 경쟁하는 것이 법과 제도에 의해 평생 동안 봉쇄되고 있다"(밀 2006, 44쪽)고 하면서, 이렇게 여성이 종속되어 있다는 것은 사회적으로 가장 중요한 기본 원칙을 훼손하는 유례없는 사례이고, 다른 구시대의 관행과 생각은 다 사라져가고 있는데 유독 여성의 종속이라는 관행만 아직도 살아남아서 많은 여성의 삶을 사상적 근거 없이 불편하게 하고 있다고 주장한다. 오랫동안 여성의 사회 진출을 허용하지 않았던 이유로서 여성이라는 것 이외에는 다른 이유를 발견하기 어렵다는 것이다. 밀은 남성이 가지고 있는 권리가 왜 여성에게는 허용이 되지 않는지 강한 의문을 제기한다.

어떤 조건에서든, 그리고 그 한계가 무엇이든 간에, 남성은 투표권을 가지고 있는데 여성이라고 해서 그 권리를 부인하는 것은 정의의 원리에 어긋나는 일이다. 여성의 권익을 둘러싼 문제가 아닌 한, 여성은 같은 계급의 남성과 정치적 의견이 그다지 다르지 않다. 여성의 공정하고 평등한 권리를 보장한다는 차원에서도 그들에게 투표권이 부여되어야 한다. (밀 2006, 108쪽)

한마디로 여성의 정치적·사회적 참여가 법적·제도적으로 보장되어야 한다는 것이다. 따라서 이 시기의 페미니즘은 여성의 정치적 참여 요구에 집중하게 된다. 여성을 막고 있었던 법과 제도가 열리면 여성의 삶도 달라질 것이라는 희망을 품고, 각 지역에서 여성의 참정권 확보를 위한 단체가 형성되고 사회운동이 일어난다. 인간의 해방과 권리의 확대가 많은 곳에서 이루어졌지만, 지역과 관계 없이 여성에게만 인간과 시민의 대열에 참여하기 위한 별도의 노력이 필요했다. 왜 인간과 시민이 되는 데 여성만이 별도의 노력을 기울여야 하는지에 대한 당시의 답변은 '생물학적으로 여성'이라는 것뿐이었다. 정치적·사회적 권리의 근원에 대한 질문에 생물학적인 원인으로 답하는 왜곡된 사회를 변화시키기 위해서는 다음 세기에 보다 많은 여성들의 노력과 시간이 필요했다.

(3) 새로운 시대인가?

프랑스 혁명은 시대적 전환과 패러다임의 변화를 예고한 계몽사상으로부터 이미 시작되고 있었다. 이성을 가진 인간이 사고 작용을 통해 모든 것을 알 수 있고, 모든 일을 할 수 있다는 인간능력에 대한 신뢰는 근대라는 새로운 시대를 만들 수 있는 존재로 인간을 지목하고 정치적 주체로 등장시켰다. 과거의 제도와 권위에 대한 비판과 검토 과정을 통해 새로운 시대가 이미 들어서고 있었다. 프랑스 혁명은 이러한 시대적 변환을 역사적으로 확인하는 작업이었던 것이다.

미국과 프랑스의 권리선언은 정치적 지위의 차이는 밝히지 않은 채 '인간', '시민', '인민', 그리고 '사회'를 언급했다. 하지만 프랑스의 인권선언문이 정초되기 이전에 이미 명민한 헌법 이론가 시에예스 신부는 공민公民이 자연적이고 시민적인 권리와 정치적 권리를 구분할 것을 주장했다. 여성, 아동, 외국인, 그리고 세금을 내지 않는 자들은 그저 '수동적 시민'일 수밖에 없다. "공적 체제의 수립에 기여하는 이들만이 이를테면 큰 사회적 사업의 진정한 주주와 같다. 그들만이 진정한 능동적 시민이다." (헌트 2009, 169쪽)

기존의 법과 제도를 비롯한 모든 것에 의문부호가 가해진 상황에서, 이제 인간의 삶을 위해 정치적 주체들이 나서서 법과 제도를 새로운 시대에 맞게 개혁해야 할 필요가 생긴 것이다. 실제로 프랑스 혁명이 진행되는 과정에서 수많은 거리 시위가 벌어졌고, 여기에 여성들은 남성들과 거의 동등하게 참여했다. 1789년에서 1795년에 이르는 동안 파리에서 일어난 많은 시위와 봉기에서 여성들은 폭동을 촉발시키는 중요한 역할을 했음을 무수한 기록을 통해 알 수 있다. "1789년 10월 5일 아침에도 여성들이 맨 먼저 똘똘 뭉쳐 베르사유로 돌진했으며, 국민 방위군은 오후나 되어서 뒤따라왔다. 1795년 봄에 일어난 봉기도 부녀자들의 시위로 시작되었다…… 봉기 당시 여성들은 선동자 역할을 하고 있었다."(프레스 1998, 43쪽). 혁명기간 동안 일어난 봉기들을 살펴보면, 우선 여성들이 군중 폭동을 촉발시켜서, 봉기가 일단 시작되면 방위군을 조직하거나 대포 등 무기를 사용할 수 있는 남성들이 가세하는 것이 일반적이었다. 혁명의 와중에 폭력적 시위와 봉기가 무질서하게 반복되는 것처럼 보이기도 하지만, 나름대로 역할 분담이 이루어진 것이다.

1500년부터 1800년에 이르는 약 3세기에 걸쳐 암스테르담으로부터 나폴리에 이르는 유럽 각지에서 일어난 반란들을 보면 항상 여성들이 앞장서서 남성들을 선동했다……혁명 당시 공회로 들이닥쳐 인권선언문을 펄럭이며, 주권자들이 입법기관을 제집 드나들듯 하게 되었다고 선언했던 이들은 다름 아닌 여성들이었다. 프랑스 여성들의 이러한 행동은……이들이 혁명에 의해 새로이 열린 정치활동의 장에 능동적으로 참여했음을 웅변해준다. 그런데 불행히도 이 새로운 정치공간은 남성들을 위해 마련되었고 남성들이 주체가 되었다. 따라서 그 위에 세워진 정치 구조도 오로지 남성들만을 위한 것이었다. (프레스 1998, 44~45쪽)

시위나 봉기가 일상에서 시작될 때에는 여성의 힘이 중요하지만, 이것이 본격화되어 급기야 폭력까지 조직적으로 사용하는 혁명으로 변모되는 과정에서 여성은 남성에게 밀려나게 된다. 여성의 비조직성과 삶의 사적 현장에서의 경험이 시위를 촉발시키는 기제로서는 유용하지만, 여성의 비조직성과 사적 성격은 이를 진행시켜 상황을 뒤엎고 새로운 체제를 성립시키는 혁명의 단계로까지 가도록 작동하기 어려웠고, 조직력과 공적 성격을 무기와 함께 앞세운 남성 세력과 경쟁하기에 역부족이었다.

구체제는 무너지고 있으나 아직 새로운 체제는 도래하지 않은 혼란의 와중에 여전히 구세력에 맞서 투쟁해야 하는 상황에서, 조직력과 무기로 강력한 힘을 발휘하는 남성들은 새로운 체제를 주도하는 세력으로서 자리매김하게 된다. 프랑스 혁명 과정을 통해서 여성의 사회참여가 현저하게 드러난 것은 사실이지만, 여전히 프랑스 여성들의 사회적 지위나 권리는 공식적으로 인정되지 않았기에 정치적 활동에 있어서의 제약은 불가피했다. 혁명기를 지나면서도 여성은 결코 평등한 정치적 권리를 얻지 못했다. 〈인간과 시민의 권리선언〉에 제시된 일반 원리의 배제가 용인되지 않은데다 적정한 경제적 조건을 갖춘 성년이라면 누구나 자동적으로 정치적 권리를 누릴 자격을 얻게 된다는 해석으로 종교 교파에 따른 차별도 해소되어 개신교도와 유대인까지도 정치적 권리를 얻게 되었지만, 여성의 권리 문제는 전혀 다른 방향으로 전개되었다.

자동으로 자격을 얻는 문제에서 성별은 고려 사항이 아니었던 것이다. 1787년 '관용에 대한 칙령'은 개신교도를 겨냥한 것이었지만, 1789년 인권선언의 보편성과 맞물리면서 유대인에게까지 확대되어, 그들은 국민의회의 법령이 정한 요구 사항을 충족시키는 한 능동적 시민의 권리를 행사할 수 있게 되었다. 피부색과 종교와 관계없이 모든 사람에게 권리를 적용하는 것으로 〈인간과 시민의 권리선언〉은 확대 해석되었지만, 여성에 대한 적용에는 미치지 못하고 있었다. 혁명 이후 프랑스 사회는 여성에게 상속권과 이혼 청구권 등 이전에는 인정하지 않은 권리들을 부여하면서도, 정치적 권리는 허용하지 않았다. 여성의 정치적 권리가 명백히 제한받는 방향으로 가고 있었지만, 한편으로 여성에게 일부 권리는 부여되고 있었다. 여성은 완전한 시민도 아니지만 완전한 노예도 아니었다. 1793년 국민공회는 여성들의 정치 클럽을 법으로 금지한다고 의결하면서 그 근거로 여성의 정치활동이 여성에게 합당한 가정의 의무를 저버리게 한다는 점을 들었다. 여성은 통치 행위에 필요한 지식, 근면성, 헌신, 혹은 자기 포기의 정신을 지니지 못했기에, 그 본성상 운명 지어진 사적 기능에 머물러 있어야 한다는 것이었다(헌트 2009, 197쪽).

여성들은 혁명이 정리되어가는 과정에서 자신들을 사회에서 퇴출시키고 억압하고 종속시키는 작업이 '가정'의 복원과 강화를 강조하는 가부장 제도의 원리 위에서 강력하게 자리 잡아가고 있다는 점을 인식한다. 그래서 시민으로서의 여성과 주권자로서의 여성을 세상에 알리고 정치적 권리를 인정받으려는 시도를 하게 된다. 그럼에도 혁명의 혼란기에 안정을 희구하는 반동 세력을 막아낼 수는 없었다. 프랑스 사회는 혁명을 통해 왕이 가진 전제권을 무력화시켰지만, 왕이라는 국가의 상징성까지 파괴되는 문제에 직면하자, 가정의 복원을 통해 이 문제를 해결하려고 한다. 혁명 시기 공동의 적이었던 가부장의 상징 체계로서의 왕이 사라지자, 이제 다시 여성을 사회로부터 강제 퇴출시켜 가정을 복원시키면서 가부장권을 확립하여 공화국 프랑스의 정체성을 찾겠다는 시도라고 볼 수 있다.

공화국 프랑스의 정체성 확립 과정에 절대적으로 필요한 존재가 바로 가정에 소속되어 가정을 지키는 여성이었기에, 들라크루아의 그림에 나오는 '민중을 이끄는 자유의 여신'은 이제 거리에서, 시위에서 사라져야 할 운명에 처한다. 이 자유의 여신을 따라 나온 수많은 파리의 여성은 '모든 인간의 자유와 평등'을 내세우는 프랑스 혁명 정신 하에서 하늘이 부여한 여성의 덕성이라는 칭송과 함께 가정에 다시 갇히는 상황에 봉착한 것이다. 시대의 진보를 상징하는 프랑스 혁명의 진행 과정에서 드러난 여성의 퇴행적 행로는 가장 역설적인 장면이라 아니할 수 없다.[35]

---

35 헌트는《인권의 발명Inventing Human Rights》에서 "홉스와 로크의 영향력에도 불구하고, 18세기 전반의 자연권에 대한 영국, 미국의 논의는 보편적으로 적용할 수 있는 권리가 아닌, 자유민으로 태어난 영국 남성의 권리라는 특수한 역사적 근거에 초점을 맞추었다"(헌트 2009, 136쪽)고 말한 바 있다.

2. 혁명의 진행과 변증법적 발전

계몽사상은 인간의 해방을 기치로 내세우고, 프랑스 혁명을 통해 자유와 평등이라는 모습으로 근대를 기획하고 재단해나갔다. 근대는 인간의 해방이라는 초석 위에 모든 개인의 자유와 평등을 양대 기둥으로 삼는다. 프랑스 혁명을 통해 모든 개인의 자유와 평등, 인간의 해방은 전 세계를 휩쓸고, 보편적 개념이 보편적으로 확장되는 근대기획은 사회의 패러다임을 바꾸는 데 커다란 성공을 거둔 듯이 보인다. 그러나 그 내면을 들여다보면 외적인 성과와 다른 측면이 드러남을 어렵지 않게 찾아볼 수 있다. 모든 개인의 자유와 평등에서 '모든 개인'과 인간의 해방에서 '인간'이라는 단어가 포괄하는 범위를 생각해볼 때 '보편적 용어의 지극히 제한적 용례'와 조우하게 되는 것이다.

프랑스 혁명의 진보적 움직임과 대비되는 여성에 대한 반동과 퇴행적 반응은 혁명의 진행과 함께 가부장적 사회 구조의 재건을 통해서 이전보다 더욱 강화된 목소리를 내게 된다. 여기서 모든 문제는 발생한다. 프랑스 혁명의 대상에서 배제되어버린 여성의 존재는 초기 종교회의에서 미해결된 의제의 부활을 의미했다. 진보와 발전을 내세운 프랑스 혁명 정신은 여성에게는 과거로의 퇴행을 의미했던 것이다. 여성에게도 허용되어야 할 정치적 권리가 아직도 너무 먼 곳에 존재하고 있었던 상황에서 태어나고 자라난 근대기획이 완전할 수는 없는 일이다.

절반의 권리가 부인되는 상황 속에서 절반만의 힘으로 유지되고 운영되는 것이 근대 출생의 비밀 아닌 비밀이 되어버렸다. 우아한 백조의 호수 위의 유영이 호수 아래서 방정맞으리만큼 쉴 새 없이 휘젓는 두 발의 움직임으로 인해 가능한 것처럼, 근대의 고상한 인간의 권리는 권리를 부여받거나 인정받지 못하는 반半인간적 여성의 가정 유지를 위한 공헌으로 지탱되고 있는 것과 같다. 완전한 인간이 아닌 여성의 보조를 받아 유지되는 사회라면 그것이 과연 완전한 인간 사회라고 할 수 있을까? 프랑스 혁명 세력은 혁명으로 특권 세력으로부터 승리를 거둘 것이 확실해지자 이제 여성을 가정으로 되돌려 보내는 사회적 작업에 착수한다. 특권층을 몰아내기 위해 여성의 도움이 필요할 때에는 여성을 인간에 포함시켜 세력화를 부추겼으나, 혁명이 일단 궤도에 올라서자 사회는 가정의 중요성을 강조하면서 가정이 유지되려면 여성이 가정으로 돌아가야 한다고 역설하기 시작한다.

올랭프 드 구주가 활동했던 바로 그 시기에 역사는 소용돌이치기 시작한다. 구주가 작성한 〈여성과 여성 시민의 권리선언〉은 〈인간과 시민의 권리선언〉의 각 조문의 주어를 여성으로 대체해 여성의 권리를 주장한 소책자로서 1791년에 발간되었다. 〈여성과 여성 시민의 권리선언〉은 "모든 여성이 자신의 비참한 운명과 사회에서 잃어버린 자신의 권리를 깨달을 때에야 비로소 혁명은 완성된다"는 문장으로 시작된다. 이어서 구주는 남성이 여성을 지배하고 통치할 근거가 없다고 하면서 남성과 여성의 조화와 협동을 강조하고, 본문 제1조에서 여성도 정치적 권리를 가져야만 한다고 역설한다. "법은 일반의지의 표현이고, 모든 남녀 시민은 개인적으로나 대표자를 통해 법률 제정에 참여할 권리가 있다." 나아가 공적 · 사적 생활의 모든 영역에서 남성과 여성은 완전히 평등하다고 주장하면서, 여성의 권리는 자연의 섭리이므로 이를 되찾기 위해 여성들이 단결해야 한다고 호소한다(이샤이 2005, 200～203쪽).

혁명이 진행되고 사회를 개혁하는 과정에서 남녀평등에 대해 긍정적 견해를 보였던 집단은 온건한 혁명당 지롱드파였다. 지롱드파의 일원이자 수학자, 철학자인 콩도르세Marie Jean Antoine Nicolas de Caritat Condorcet는 남녀에게 동등한 교육을 시켜야 하고, 경쟁을 원칙으로 하면서 여성을 배제하는 것은 어리석은 일이라고 역설했다. 자녀 교육을 여성이 담당하므로 여성은 더욱더 교육을 받을 필요가 있다고도 주장했다. 콩도르세는 나아가 여성에게 정치적 권리를 부여해야 한다고 주장했다(클리프 2008, 35~36쪽).

관습은 인간을 자연권의 파괴에 익숙하게 한다. 일단 자연권을 상실한 사람이 자연권의 회복을 생각하지도 못하게 하고, 부당하게 취급받고 있다는 생각도 하지 못하게 한다는 점에서 그러하다.

철학자와 입법자들은 개인의 공통 권리를 확립하고 그러한 권리를 정치 체제의 유일한 근거로 설정하려는 열망을 가지면서도, 관습으로 인한 자연권의 파괴에는 그리 주목하지 않는다. 여성을 시민권으로부터 배제하는 것은 인류의 절반에게서 법 제도를 형성하는 데 참여할 권리를 조용히 박탈함으로써 평등의 원칙을 침해하는 것이 아닌가? 300~400명의 남성 입장에서 말도 안 되는 편견으로 1,200만 명의 여성들에게 영향을 미칠 여성의 권리를 빼앗는 법을 발효시킨 것이 권리 평등의 원칙이라고 생각하는 것보다 관습의 힘을 반증하는 더 강력한 증거가 있는가?

현재 남성의 권리는 그들이 인간이고 도덕성을 습득할 수 있으며, 그 도덕성에 대해 추론할 수 있다는 사실로부터 나오는 것이다. 여성도 동일한 특성을 가지고 있으므로, 필연적으로 동등한 권리를 가지고 있다. 어떤 인간도 특별한 권리를 가지고 있지 않거나, 모두가 동등한 권리를 가지고 있다. 다른 사람의 권리에 반대하는 사람은, 그들의 종교, 인종, 성별에 관계없이 그 순간부터 자신의 권리도 포기하는 것이다. (Hunt 1996, 119~121쪽)

프랑스 혁명 시기에는 내부적으로 두 종류의 계급투쟁이 벌어진다. 하나는 부르주아지와 귀족의 투쟁이었고, 다른 하나는 부르주아지와 빈민 계층의 투쟁이었다. 프랑스 혁명은 부르주아 혁명이었지만, 혁명의 추동 세력은 착취와 억압에서 벗어나려는 빈민 계급이었다. 그 영향으로 프랑스의 체제는 입헌군주제(1790~1791)에 이어 지롱드파가 지도하는 온건 공화정(1792~1793)을 거쳐 자코뱅파의 급진 공화정으로 이행되기에 이른다. 혁명의 이행 과정에서 온건 지롱드파가 급진 자코뱅파에 의해 패퇴하면서 여성의 권리와 사회참여를 요구하는 목소리는 급격하게 괴멸되기 시작했다. 반대파가 장악되자 자코뱅파는 더 이상 여성의 집단적 도움을 필요로 하지 않게 되었다.

자코뱅파가 정권을 장악하고 국민공회가 성립되자 여성단체에 대한 대대적 탄압이 시작되었다. 여성의 정치 참여는 여성으로 하여금 여성 본연의 의무로부터 멀어지게 할 뿐이며, 여성은 정치에 대한 자질도 정치에 필요한 특성도 지니지 못했다는 것이 그 이유였다. 콩도르세를 비롯한 진보적 지식인들의 주장에 대해 혁명 당시 프랑스의 저널리스트 프뤼돔은 다음과 같이 반박한다.

일부 사람들은 여성이 남성과 같은 시민권을 가지고 공회에 참여해서 공화국의 제도 형성에 참여해야 한다고 주장한다. 여성도 남성과 마찬가지로 말할 수 있는 권리를 가지고 있다는 것이다.

이러한 권리가 부인된 적은 없다. 다만, 사회와 분리되어 존재할 수 없는 자연은 각 성에 맞는 기능을 부여했다. 가정의 아버지는 공공의 집회에서 소유, 안보, 평등과 자유의 권리에 대한 주장을 담당하고, 가정의 어머니는 식사 준비와 세탁 등 가사일을 보살피면서 가정의 편의성과 편안함을 맡고 있다.

여성은 시민적·정치적 독립성에 대한 능력을 보여준 적이 없다……따라서 시민적 · 정치적 자유란 여성에게는 말할 필요도 없고 오히려 낯설기만 한 가치이다. 여성은 결혼 이후 가정에서 남편의 권위 아래 일생을 지내도록 운명 지어지고 태어나면서부터 영원히 복종하는 존재이기에, 그들에게는 사적인 가치만 필요하다. (Hunt 1996, 130~131쪽)

여성의 시민적 · 정치적 권리가 전면적으로 부인되면서, 모든 여성단체가 불법화되고 강제로 해산되면서, 이제 저항한 여성 지도자들은 단두대에서 처형되거나 추방당하고 만다. 다른 면에서 개혁적이었던 국민공회는 여성에 있어서만은 반동적으로 다가선다. 혁명 이후 처음으로 여성의 회의 참여가 금지되고, 지롱드파 부르주아 페미니스트였던 올랭프 드 구주가 단두대에서 처형된다. "여성이 단두대에 오를 수 있다면, 의정 단상에도 오를 수 있다"는 〈여성과 여성 시민의 권리선언〉 제10조의 구절이 무엇을 의미하는지를 구주는 2년 후 단두대에 올라 몸으로 보여주었다. 구주의 죄명은 여성의 덕목을 망각했다는 것이었다. 다시 말해서 구주가 처형된 이유는 그녀가 가지고 있었던 사상의 내용이 아니라 자신의 생각을 가지고 있었다는 사실에 있었다. 이로써 여성은 자신의 생각을 가지거나 공표할 권리도 자연으로부터 부여받지 못했다는 결론에 이른다.

1795년 5월 20일 경제의 파국으로 인해 벌어진 격렬한 거리 시위 이후, 국민공회는 다음과 같은 포고령을 발표한다. "모든 여성은 특별한 명령이 없는 한 주소지로 돌아가야 한다. 파리가 평정을 되찾을 때까지, 이 명령을 공표한 한 시간 뒤부터 다섯 명 이상 떼 지어 거리를 돌아다니는 여성들은 강제 해산되거나 체포될 것이다."(클리프 2008, 53쪽).

1793년 10월 30일 반여성주의자인 아마르는 연설에서 다음과 같이 말했다.

여성이 정치적 권리를 행사하고 정부의 일에 참여해야 하는가?……여성이 이러한 일을 할 능력이 있는가? 이에 대한 우리의 일반적 답변은 '아니다'이다.

여성들이 정치적 집회를 할 수 있는가? 아니다. 여성은 자연이 그들에게 부과한 보다 더 중요한 임무를 수행해야 하기 때문이다.

일반적으로 여성은 고귀한 개념과 고상한 생각을 도출해낼 능력이 없다. (Hunt 1996, 137쪽)

1793년 11월 17일에 쇼메트도 연설에서 이렇게 밝혔다.

남성처럼 되려고 하려는 여성은 여성에게 부과된 자연의 법칙을 어기는 것으로 이런 행동은 매우 충격적이다.

언제부터 여성이 자신의 성을 포기하는 것이 인정되었는가? 언제부터 여성이 가정과 아이를 돌보는 신성한 의무를 저버리고 공공장소에 나가 연설을 하고 듣는 일을 옳다고 했는가? 오만한 마리 롤랑Marie Roland의 어리석음은 죽음으로 돌진했고 자신의 가정 일을 저버린 후안무치 올랭프 드 구주는 칼날 아래 스러져갔음을 기억하라. (Hunt 1996, 138~139쪽)

아마르와 쇼메트의 연설 내용에서 모든 개인의 자유와 평등을 주장한 프랑스 혁명 정부의 지극히 이중적인 태도가 적나라하게 드러난다. 인간의 권리가 어째서 여성에게만 왜곡되고 굴절된 모습으로 나타나는지 의문이다. 이 장면에서 사회의 개혁이 왜 언제나 여성의 개혁과 변화를 가져오지 못했는지 생각하지 않을 수 없다. 혁명은 내용적으로 패배했고, 이는 곧 여성의 패배를 의미하게 된 것이다.

제2장

인간의 권리와 여성의 권리

1. 근대 여성의 사회적 지위

프랑스 혁명의 문서 〈인간과 시민의 권리선언〉은 근대시민혁명 문서 중 근대에 제시된 '개인'의 자유와 권리를 명시적으로 선언한 최고의 문서이 다. "인간은 자유롭게 태어났고 권리에 있어서 평등하다. 사회적 차별은 공 익적 차원에서만 가능하다"는 제1조와 "모든 정치적 결사는 자연적이고 절대적인 인간의 권리를 보호해야 한다. 그러한 권리에는 자유, 소유, 안전, 그리고 억압에 대한 저항이 있다"는 제2조에서 인간을 의존성으로부터 탈 피시켜 자유로운 시민으로 만들어야 한다는 근대적 인간 형성을 위한 사 명감을 읽어낼 수 있다. 근대인은 자유로운 인간이고, 자유롭다는 의미는 자신의 소유와 안전에 대한 배타적 권리와 억압에 저항할 권리를 가진다 는 것이라는 데 동의하는 것은 근대정치사상의 출발점을 이룬다.

특히 루소는 인간을 독립적이고 자유로운 시민으로 성장시켜야 한다는 데 사상적 역점을 두었다. 《에밀》에서 루소는 다음과 같이 말한다.

> 사물에 대한 의존은 자유에 해가 되지도 않고 어떠한 악도 발생시키지 않는다. 그러나 인간에 대한 의존은 다르다. 이는 질서가 없는 상태를 지칭하게 되면서, 모든 악의 근원이 된다. 또한 인간에 대한 의존을 통해서 주인과 노예 모두 타락하게 되는 상황이 발생한다. 이러한 사회적 질병을 치유하기 위해서는 법이 인간을 대체하게 해야 하고 개인의 사적 의지를 압도하는 강력한 힘을 가진 일반의지로 무장해야 한다……자유가 인간을 악으로부터 지켜주며, 도덕성을 가지게 하면서 덕성을 함양시켜준다. (Rousseau 1979, 85쪽)

자유를 인간의 최고의 가치로 놓고, 인간에 대한 의존은 주인과 노예를 모두 타락시킨다는 루소의 주장은 에밀에게는 그대로 적용되지만, 《에밀》의 여주인공 소피에게는 매우 다르게 적용된다. 여성은 남성에게 복종하도록 어린 시절부터 엄격한 훈육을 받으며 성장해야 한다. 자기 의지대로 무엇이든 하는 습관을 교정해야 복종하면서도 행복할 수 있기에, 여성은 성장하는 과정에서 복종이 습관화되도록 해야 한다는 것이다. 인간에 대한 의존은 주인과 노예를 모두 타락시킨다는 루소의 주장과 〈인간과 시민의 권리선언〉 제2조의 억압에 대한 저항이라는 내용을 고려한다면, 여성이 어떻게 행동해야 루소의 정신과 프랑스 혁명의 정신에 적합할지 드러날 것이다.

루소는 에밀이 훌륭한 시민으로 사회에서 제대로 활동하여 좋은 국가를 만들어나가려면, 소피는 억압을 억압이 아닌 것으로 체화시켜 좋은 사회 유지에 도움이 되어야만(에밀을 돕는 차원에서) 궁극적으로 여성과 남성 모두 좋은 국가의 일원으로 행복한 삶을 유지할 수 있다는 매우 모순적인 사상적 행로를 보인다. 그러나 이는 결국 근대정치사상에서 말하는 '인간'이 여성을 포함하지 않고 남성 편향적으로 젠더화되어 있다는 데서 그 근본적인 이유를 찾아볼 수 있다.

근대사회에서 많은 사람들이 이제 사회적 출생과 지위보다 인간이라는 보편적 용어의 적용을 받으면서 자연적 자유와 기본적 권리를 인정받게 되었지만, 여성은 인간이라는 보편적 용어의 대상에서 배제된 채, 여전히 과거의 질곡에 매인 삶을 살아갈 수밖에 없었다. 근대 이전의 남성은 보편적 인간으로서 이전에 남성으로서 얽매였던 사회적 질곡과 사슬에서 사상적으로 벗어났으나, 근대 이후에도 여성은 이전과 마찬가지로 여성(근대이전의 매우 제한적 의미)으로 규정되어 보편적 인간의 범주 밖에 존재하면서 이전의 질곡과 사슬은 여전히 여성의 몫으로 남겨진 것이다. 근대혁명이후 전체 남성의 사회적 지위가 주인으로 격상되었다고 볼 수 있는 반면, 전체 여성의 사회적 지위는 여전히 억압의 대상이자 노예로 남아 있게 된 것이다.

울스턴크래프트의 여성 교육에 대한 주장이나, 여성과 남성의 동등한 지위의 필요성에 대한 강조는 앞서 언급한 루소의 주장이나 〈인간과 시민의 권리선언〉 차원에서 볼 때, 오히려 사상적으로 당연한 문제 제기라고 할 수 있다. 그러나 인간 남성 대 여성의 구도로 설정된 초기 근대사회의 역학관계는 여성의 문제를 사회 문제로 인식하지 않았고, 단지 게으르고 사악한 여성들의 헛소리로 치부하고 있었다. 결과적으로 여성은 자유와 평등의 시대에 자신에게 권리가 있다는 사실에 접근하는 것조차 차단당한 채, 억압과 질곡 속에서 인간이 아닌 '여성'의 삶을 살아가고 있었다.

인간과 여성의 관계는 여전히 해결되지 않은 문제로 남아 있었다. 여성은 노예가 아니었기에 규정상 시민이었지만 투표를 하거나 공직에 취임할 수 없었다. 콩도르세는 여성을 배제하는 것은 권리와 평등이라는 원칙을 치명적으로 침해할 수 있다고 주장했다. 콩도르세는 〈1789년 협회보Journal de la Société de 1789〉에서 이렇게 밝혔다.

인류 전체가 진정한 권리를 갖고 있지 않든가, 만인이 평등한 권리를 갖고 있든가 둘 중에 하나다. 따라서 타인이 어떤 종교를 갖고 있든, 어떤 인종에 속하든, 그리고 성이 무엇이든 간에 타인이 이러저러한 권리를 요구할 때 반대하는 편에 선다면 이는 결국 자신의 권리를 포기하는 것이다. (콩도르세 1790 ; 프레스 1998, 80쪽에서 재인용)

앞서 여성의 사회적 지위에 대한 애매함을 언급한 바와 같이, 1795년 국민공회의 여성단체 해산과 여성에 대한 각종 강제 조치 때문에 여성은 혁명정신에 언급된 인간의 해방과는 전혀 무관하게 사회적 지위를 얻지 못하고 있었다.

페미니스트들은 국가와 사회, 자연의 적으로 처단되었고, 여성은 남성을 통해서만 사회적 존재성을 드러낼 수 있게 되었다. 가족과 가정의 유지와 회복을 기치로 내건 가정으로의 복귀 명령이 전 국가적으로 여성에게 시달린 것은 혁명의 역사에서 있을 수 없는 일이었다. 정치에 참여하는 여성에 대한 우려와 공포는 성적 구분이 없어질지도 모른다는 공포로 이어져 성차별을 소멸시키는 것은 범죄라는 인식이 광범위하게 확산되었다. 이로써 해방을 맞아야 하는 인간의 범주에서 여성이 제외되기에 이른 것이다 (Hunt 1996, 161~163쪽).

인간의 권리에 기초한 새로운 사회질서를 세우면서 여성들의 요구가 묵살되고 만 것이다. 계몽의 세례를 받은 남성들이 모든 이성적 존재에게 부여된 권리를 인류의 절반인 여성에게서 박탈해버리는 잘못을 저지른 것이다. 콩도르세는 이를 역사의 흐름과 불철저한 남성들 탓으로 돌렸다. 콩도르세는 정치에서 여성이 배제되는 남녀 불평등 문제를 권리의 평등이라는 문제의 한 차원으로 이해했을 뿐 성차별의 구조에 대한 깊은 이해는 결여하고 있었다. 여기에 여성에 대한 남성의 억압이 모든 불평등의 근원이라는 구주의 분석이 들어설 여지가 생긴다. 전제적 통치를 분쇄한 혁명 세력은 자신들이 부수려 했던 그 전제 세력을 이용해서 여성을 비롯한 저항 세력을 분쇄하려는 반동적 작업을 수행했던 것이다. 남성 중심의 혁명 세력은 전제정치로부터 해방되자마자 여성에 대한 전제를 행한 셈이다.

논리적으로 보아, 남성들이 누리는 권리를 여성들이 누려서는 안 될 이유를 찾을 수는 없다. 여성과 남성의 차이와 차별은 자연에 근거해서 당연하다고 주장하는 국민공회의 아마르나 쇼메트와 같은 반여성주의자들의 자연 중심적, 역사 중심적 주장에 동조한다면 혁명이 설 자리는 존재하지 않는다. 혁명의 가능성은 기존의 것에 저항하고 반대하는 것으로부터 배태되므로 모든 개인의 자유와 평등, 그중에서도 사상과 표현의 자유가 절대적으로 전제되어야 한다. 이들의 주장을 보아도 혁명의 문서에 나타나는 '개인'에서 왜 '여성'이 배제되어야 하는지에 대한 답은 여전히 구하기 어렵다. 다만 보편적 사상과 이론의 주관적 왜곡이며, 결과적으로 자가당착에 불과하다는 것을 알 수 있을 뿐이다.

《인간의 권리 옹호》(1791)와 《프랑스 혁명사 An Historical and Moral View of the French Revolution》(1794)를 집필할 만큼 프랑스 혁명 정신의 열정과 위대함에 열광했던 울스턴크래프트는 여성 해방에 필요한, 삶의 전반적 영역으로 관심을 확대했다. 울스턴크래프트는 프랑스 혁명이 인간의 해방이라는 정신과 걸맞지 않게 여성의 정치적 권리를 제헌의회에서부터 배제한 것을 두고, 일관성이 없고 납득할 수 없는 일이라고 주장하고 탈레랑에게 해명을 요구하기도 했다. 1792년에 저술한《여성의 권리 옹호》는 탈레랑이 주도하여 입법한 '남성 아동에 대한 보통교육법'에 여성 아동이 포함되어야 한다는 의미에서 탈레랑에게 헌정한 글이었다.

프랑스 혁명으로 쟁취한 권리를 남성에게만 적용한 처사는 남성만을 인류의 대표로 삼고 여성을 인간이 아니라 여자로 분류하는 사회적 풍조에서 볼 때 어쩌면 당연한 귀결이라고 울스턴크래프트는 생각했다. 따라서 남성과 여성이 동등한 존재라고 인식하지 않으므로 계몽사상에서 중요하게 생각한 인간의 이성능력이 남성에게만 존재한다는 생각이 굳어지고, 사회는 이성능력을 가졌다고 여겨지는 남성을 중심으로 설정되어온 것이다. 이렇게 보면 여성이 사회에서 배제되는 것은 지극히 마땅하고 당연한 일이기도 했다. 쇼메트와 아마르의 자가당착적 주장이 설득력을 얻게 된 것은 이러한 상황에서 가능했다. 프랑스 혁명을 전환점으로 하는 근대기획에서는 해방된 아버지와 남성을 중심으로 그 주변에서 어머니와 여성은 여전히 질곡과 억압에 갇힌 상태였는데, 이것이 바로 근대의 왜곡된 현실이고 계몽의 이중적 모습이었다.

따라서 울스턴크래프트는 보다 깊은 곳에서부터의 차별을 천착한다. 제대로 된 근대와 계몽이 사회에 뿌리내리기 위해서는 억압받는 어머니와 아내가 아버지와 남편처럼 시민으로 설 수 있어야 한다는 점에 울스턴크래프트는 집중한다.《여성의 권리 옹호》를 집필한 목적은 남성과 동등한 여성의 정치 참여가 아니라, 새로운 시민사회에서 여성의 사회적 책임에 대한 인식을 제고하는 데 있었다. 자아 정체성을 가진 존재인 여성이 공화국의 시민으로 자리 잡아야 새로이 들어서는 공동체에 기여할 수 있으며, 이것이 또한 자연의 이치에도 부합하는 것임을 울스턴크래프트는 주장한다. 진정한 여성 해방은 여성이 자신의 고유한 본성, 즉 이성을 지닌 존재이자 동시에 남성과는 구별되는 독자적인 주체라는 사실을 인정해야 비로소 가능하다는 것을 주장했다는 데 울스턴크래프트의 사상적 공헌이 있다(프레스 1998, 87쪽).

남성이 자유를 요구하고 자신의 행복에 대한 판단을 스스로 내릴 수 있다면, 여성을 종속하는 것은 일관성도 없고 부당한 처사 아닐까요? 여성도 남성처럼 이성을 갖고 있다면, 남성만이 판단을 내릴 수 있다는 법을 누가 정했습니까?……여성의 오성이 강해질수록 자신의 의무를 이해하고 수행할 의욕도 커질 것입니다……여성이 노예로서는 편리할지 모르지만, 노예 제도하에서는 언제나 주인과 노예 모두 타락하게 되어 있습니다……그러나 여성이 아무 소리 못한 채 인간의 천부적 권리를 박탈당해야 한다면, 여성에게는 이성이 없다는 것을 입증하셔야만 부당하고 일관성 없다는 비난을 면하실 수 있을 겁니다. (울스턴크래프트 2008, 30~31쪽)

공화국의 시민으로 계몽된 여성은 공화국의 어머니이자 가정의 어머니 역할을 보다 충실하게 수행할 수 있으리라는 것이 울스턴크래프트가 주장하는 핵심적 내용이었다. 한마디로 여성을 능력이 부족하고 자연적으로 결함을 지녀 가정 내에 있어야 하는 존재로 생각한다면, 이러한 여성에게 차세대 공화국 시민의 양육과 훈육을 맡길 수는 없는 일이다. 공화국의 미래를 진정으로 생각한다면 여성의 권리를 부인하고 여성을 사회적·정치적 역할로부터 배제하는 소극적 작업보다는 오히려 여성을 교육시켜 사회에 필요한 능력을 가지게끔 만드는 적극적 작업을 벌여서 사회 발전에 도움이 될 수 있도록 해야 할 것이다. 계몽사상의 핵심도, 근대기획의 사상적 근간도 바로 여기에 있고, 이를 통해 비로소 어느 누구도 배제되지 않은 '사회에 존재하는 모든 사람'이 행복한 사회가 형성될 수 있는 것이다. 이것이 바로 정치사상의 궁극적 목적이기도 하다.

2. 여성의 억압과 종속의 사회적 의미

역사의 발전은 언제나 낙관적이지만은 않다. 희망과 절망은 언제나 교차하면서 사회를 변증법적으로 움직이게 한다. 현재가 과거의 에너지로 형성된 것이라면, 미래를 향한 추동력은 현재에서 발견된다. 아무리 암울한 역사의 현장에서도 찬물 속의 한 줄기 햇빛과 같은 희망이 드러나는 것은 이 때문이다. 희망이 있는 곳에 절망이 스며들고, 절망이 깊어 더 이상 갈 곳이 없을 때 역사는 반전하면서, 절망의 나락 속에서도 희망을 발견한다. 외부로부터의 도움이나 지원에 대한 희망이 절대적으로 상실되고 소멸되는 순간, 내부에 숨어 있던 열망이 발산되어 역동성으로 분출되는 상황은 인간의 삶의 현장이나 역사에서 간혹 발견되기도 한다. 근대의 희망이 여성에게는 오히려 절망으로, 또 다른 억압의 기제로 작동하고 있었지만, 자유와 권리라는 근대의 숨결은 이미 여성들에게도 스며들어 있었다. 이제 종속되어 억압받으며 살아가는 여성들에게도 근대의 정신이 작동하여, 이미 그들의 정신과 육체를 바꿔가고 있었던 것이다. 울스턴크래프트는 여성의 고된 현실에서도 희망의 메시지를 발견하고 변화의 가능성을 찾아낸다.

신분이 높은 여성은 적극적으로 미덕을 쌓기에는 너무 나태하고, 문화의 혜택 또한 그들을 세련되기보다는 나약하게 만든다. 아무런 교육도 받지 못했지만 건강한 상식을 지닌 하류층 여성은 하찮은 일들이 여성을 하찮은 존재로 만들었다는 내 의견을 그야말로 강력하게 입증해준다. 여성의 육체는 남자에게 내맡겨지고 정신은 쇠퇴하도록 방치된다. 그래서 남자들이 즐기는 취미생활인 육체적 사랑이 그들을 나약하게 만드는 반면, 남성은 또 그 상대인 여성을 억압하려고 애쓴다. (울스턴크래프트 2008, 140쪽)

현실에 존재하는 여성에 대한 억압과 종속적 상태 자체로부터 희망의 메시지를 발견하는 것이 바로 울스턴크래프트의 혁명성이다. 그녀는 "가난한 여성은 직접 일을 해 아이들을 먹여 살리고 형편없는 남편에게 맡겨 놓으면 풍비박산 났을 가정을 지켜나간다"(울스턴크래프트 2008, 140쪽)고 하여, 하층민 여성에게서 일반적 의미의 미덕을 보다 많이 찾을 수 있다고 역설한다. 그리고 자신의 소설 《마리아》의 여주인공인 마리아와 저마이마Jemima로부터 이러한 사실을 확인한다. 예속 상태는 인간을 타락시키고, 미덕의 근원은 자유이고 진지한 미덕은 이성으로부터 나오는 것이기에, 여성은 우선적으로 자유로움 속에서 지혜를 찾아야 한다.

지혜가 그 자체로 소중하고, 참다운 미덕이 지식의 토대 위에 세워지는 것이라면, 이제 성찰을 통해 우리의 정신을 강화하고, 감정과 이성이 균형을 이루게 해보자. 일상의 사소한 일들에 온 정신을 쏟거나 우리의 지적인 능력을 연인이나 남편의 마음을 읽는 데만 집중하지 말고, 우리의 정신을 계발하고 더 드높은 내세에서의 삶을 준비하기 위해 마음을 가다듬는다는 웅대한 원칙 아래 모든 의무를 수행해가자! (울스턴크래프트 2008, 165쪽)

자신의 삶을 토대로 여성이 노예 상태에 있다는 점을 성찰한 울스턴크래프트는 노예가 존재하는 곳에는 권리의 정당성이 담보되지 않기에 타락하지 않은 제대로 된 자유인은 존재하지 않는다고 역설한다. 이어서 그녀는 박탈된 여성의 권리가 여성에게는 그 자체로서 부당하고, 박탈자 남성의 권리 또한 부당하기에 정당한 사회의 발전이 근본적으로 불가능하다고 말한다. 그녀는 계속하여, 여성이 억압받고 종속되어 있는 잘못된 사회 현실의 가장 큰 원인은 잘못된 여성 교육이라고 주장하면서, 여성을 사회와 남성에 묶어두는 관행은 여성이 미덕과 독자적 이성능력을 가지고 있다는 것을 인정하지 않는 데서 출발한다고 분석한다. 즉, 여성은 이성능력이 개발되지 않아서 독립적으로 판단할 수 없고, 따라서 시민으로서의 근본적 역량이 부족하다는 것이다.

모든 걸 질서 있게 한다는 건 중요한 덕목인데, 여자들은 무질서한 교육밖에 받지 못했기 때문에 아주 어려서부터 그 방법을 배워온 남자들이 지닌 질서 의식과 전혀 다른 방법으로 일을 처리한다. (울스턴크래프트 2008, 60쪽)

결국 울스턴크래프트에 따르면, 일반 원리나 철학에 대한 교육을 받지 못하는 여성은 도덕관념을 얻기 전에 풍습을 익히고, 인간 본성에 대한 이성적 관념을 획득하기 전에 삶에 대해 알아버림으로써 일상에 익숙해져 편견의 노예가 되고, 권위에 무비판적으로 복종하게 된다는 것이다. 이렇게 해서 인류의 절반을 차지하는 여성에 대한 억압이 정당화되고, 여성의 남성에 대한 종속이 자연스럽게 치부되는 논리는 오히려 남성이 지배하는 이 사회의 정당성을 훼손한다. 여성 교육이 합리적으로 실행되지 않는다면, 인류의 도덕과 지식은 그만큼 발전하지 못하고 있다는 점을 인식할 필요가 있다. 즉, 여성의 억압적 현실과 종속 현상은 사회 전반의 부자유함과 타락 상황을 그대로 보여주고 있는 셈이다. 사회의 자유와 도덕성 고양을 위해서는 여성이 억압과 종속에서 벗어나야 하며, 이를 남성도 도와야 한다는 것이다.

도덕, 특히 여성의 도덕에 대해 얘기할 때, 많은 저자들은 극히 제한된 의미의 미덕만을 고려하고, 순전히 세속적인 유용성을 바탕으로 하여 논의를 전개한다. 아니, 이 엄청난 주제는 대개 그보다 더 나약한 토대에 바탕을 두고 있고, 남자들의 변덕스러운 감정이 미덕의 기준으로 간주되어왔다. 그렇다, 종교뿐 아니라 미덕도 남자들의 구미에 따라 결정되어온 것이다. (울스턴크래프트 2008, 135쪽)

남성과 여성이 모두 이성에 기초한 미덕을 갖추고, 각자의 의무를 수행하는 사회가 바로 도덕적인 사회이다. 구성원의 일부가 예속되어 있는 사회를 이상적이고 도덕적인 사회라고 말할 수 없는 것은, 노예가 존재하는 국가를 자유국가라고 부를 수 없는 것과 같다.

여성을 자연과 의무로 돌아가게 하는 데 이성이 어떤 역할을 할 수 있는지 계몽된 국가가 먼저 보여주어야 할 것이다. 그리고 여성에게도 남성과 같은 교육과 정치 참여의 기회를 줌으로써 더 현명하고 자유로운 존재, 더 나은 인간으로 변모할 수 있는지 지켜봐야 할 것이다. 이 실험이 여성에게 해를 끼칠 위험은 전혀 없다. 여성을 지금보다 더 열등한 존재로 만들기는 어렵기 때문이다. (울스턴크래프트 2008, 276~277쪽)

여성을 이성적인 존재, 자유로운 시민으로 만들면 그들은 좋은 아내, 좋은 엄마가 될 수 있겠지만, 여성이 종속과 억압이라는 노예 상태에 놓여 있는 한, 그들은 좋은 시민도, 좋은 아내나 엄마도 될 수 없다. 여성을 억압과 종속에서 해방시키기 위해서는 남성이 남편과 아버지로서의 도리를 다하는 동시에 여성을 시민으로 대할 수 있어야 한다는 점이 중요해진다. 결국 여성의 억압과 종속이란 여성의 절망적 상태를 보여주는 장면이기도 하지만, 희망으로 돌아설 수 있는 전환점이기도 하다. 즉, 억압과 종속 상태의 여성으로부터 사회의 억압성을 인지할 수 있고, 사회가 발전해나가기 위해서 절실하게 필요한 것이 무엇인지에 대한 파악도 가능해진다.[36]

프랑스 혁명 이후 근대기획의 과정에서 인간에게 부여된 자연적 권리를 향유하지 못한 채 살아가는 여성들의 권리에 대해 논한 《여성의 권리 옹호》에서 울스턴크래프트는 당시 여성의 상황을 현실적으로 분석하고 그 근거와 대안을 나름대로 제시한다. 그 대안의 핵심은 여성 교육이다. 프랑스의 탈레랑이 남성 아동을 위한 보통교육 제도를 도입하려 하자 왜 여성 아동이 그 대상에 포함되지 않는지 장황하게 문제를 제기한 것이다. 여기에 18세기 여성의 현실을 분석한 소설 《메리》와 《마리아》에서 드러나는 여성의 노예 상태는 이제 사회가 제자리로 돌아가려면 반드시 돌아야 하는 반환점으로 제시된다. 더 이상 갈 데가 없는 상황에서 역사는 반전하기 마련이다. 이는 또한 《정의론A Theory of Justice》에서 미국의 정치철학자 존 롤스John Rawls가 주장하는 미니맥스Mini-Max 이론에서 최소 수혜자이자

---

36 "밤이 깊으면 새벽이 멀지 않다"는 말에서 그 의미를 파악할 수 있을 것이다. 억압이 극심하면 극심할수록 자유에 대한 열망이 더 극렬해지는 사례는 역사 속에서 많이 찾아볼 수 있다. 사회 현실이 주는 역설적 영향력이라는 차원에서 '없는 곳에서 있어야 할 것이 보다 더 명확히 드러나는 역설적 효과'를 생각해보라.

사회의 수준기水準器로서 작동하는 여성의 현실을 말해주는 것으로, 현실의 변화를 유인하는 견인차가 되기도 한다.

여성 시민의 등장
—루소와 울스턴크래프트의 논쟁

프랑스 혁명은 근대사회에 한 획을 그으면서 시민의 등장을 알리는 인류의 대사건이었다. 모든 사람이 시민이 되어 정치의 주체로서 활동할 수 있다는 꿈같은 생각이 현실이 되어 사람들 앞에 나타나게 된 것이다. 만인의 평등이라는 꿈과 생각, 이상이 현실의 옷을 입고 제도로서 등장하고, 거리를 활보하는 '자유로운 개인'들이 대량 배출된 사건이 바로 프랑스 혁명이었다. 혁명의 시대를 지나면서 인간의 자유와 평등, 개인의 독립성과 자율성 등이 법과 제도로 구체적 틀을 갖추며 인간 사회에 자리 잡아가는 이 시기를 우리는 근대라 부르고, 당시의 제도적 정착 과정을 근대기획이라 칭한다. 프랑스 혁명이 일어난 18세기는 인류 역사에서 역동성이 가장 두드러지는 시기이자, 삶의 패러다임이 거대한 변화를 겪었던 시기이다.

프랑스 혁명을 통해 모든 인간의 자유와 평등을 근간으로 하는 이성 중심의 계몽사상은 현실에서 개인을 정치의 주체로 등장시키면서 법과 제도로 그 구체적 모습을 드러낸다. 계몽사상은 근대기획을 거쳐 근대의 법전에 그 정신을 담고, 모든 개인이 정치 현장에 들어서도록 하는 계기가 된다. 이를 기회로 프랑스 혁명 당시 올랭프 드 구주는 여성의 정치적 권리를 주장하지만, 역사는 여성을 비켜 간다. 구주는 단두대에서 처형당했고, 들라크루아의 〈민중을 이끄는 자유의 여신〉에서 볼 수 있듯이 혁명 이후 거리로 나왔던 모든 여성은 가정으로 돌아가 남성들이 그들만의 근대기획을 추진하는 모습을 지켜보기만 해야 했다. 모든 개인에서 여성이 배제되고 역사는 퇴행했지만 당시의 정치 지도자 중 어느 누구도 이에 관심을 두지 않았다. 실로 '근대기획의 신비'[37]라 하지 않을 수 없는 상황이 18세기 여성의 삶을 지배하게 된다. 사회의 모든 곳에서 이루어진 진보가 여성에 이르러서는 퇴행하고 역전하는 현실을 이성적이고 합리적으로 설명하기란 그리 쉬운 일이 아니다.

모든 개인이 시민이 되는 상황에서 왜 여성은 시민의 반열에 들어서지 못했는지, 그렇게 형성된 시민에 '모든 개인, 국민의 시민화'라는 말이 적용될 수 있는지에 대한 질문도 당시에 사회적으로 제기되지 않았던 것은 그야말로 '역사의 신비'라고 할 수 있다. 인간과 시민이 동일 선상에 존재한다는 전제에서, 인간에서 여성이 배제되지 않으면서 시민에서 여성이 배제되어버린 이 역설적 상황을 근대의 합리적 사상으로는 설명할 수 없다. 이는 근대기획이 역사의 현장을 통과하면서 왜곡된 모습으로 변형되어버렸기에 당연한 결과인지도 모른다. 이성적 존재인 인간을 말하면서, 여성을 설명할 때 왜 다른 요소가 등장하는지에 대한 근거도 근대기획은 제시할 수 없다. 이미 시민에서 여성이 배제되면서 근대사상은 왜곡되어 그 본모

---

37 여성이 자신을 위한 일을 하면서 죄책감을 느낀다는 점을 지적한 베티 프리단Betty Friedan의 《여성의 신비 *The Feminine Mystique*》에서 원용한 말이다.

습을 상실했기에 제 기능을 기대하기란 불가능했다.

근대기획의 정상 작동을 위해서는 바로 이러한 왜곡을 바로잡아야 하며, 그 열쇠는 바로 여성의 지위에 있다. 시민 여성의 가능성에 대한 설명과 논쟁을 통해 여성을 시민에 합류시킬 때, 왜곡된 근대기획의 모습은 정상으로 돌아갈 수 있을 것이다. 계몽사상의 시기에 여성 시민에 대해 언급한 사상가로서 루소와 울스턴크래프트를 빼놓을 수는 없을 것이다. 루소는 근대기획 정신의 근저를 제시한 사상가로서 타락한 현실을 기반으로 하여 정치적 정당성을 확보하는 데 치중하면서 현실사회의 지속 가능성을 위한 여성의 기능과 역량에 집중한다. 울스턴크래프트는 프랑스 혁명정신을 전폭적으로 지지하여 루소의 현실적 구도에 맞는 여성의 역할 강조에 반대하고, 미래사회를 위한 여성 시민의 가능성에 대해 전향적으로 살펴봄으로써 여성 시민의 필요성을 적극적으로 제시한다.

1. 사회의 수호자로서의 여성

(1) 루소의 인간과 시민, 그리고 여성

계몽사상의 대표자이자 근대기획자 루소에게 가장 중요한 것은 인간의 독립성이었다. 자연상태에서는 독립적이었던 인간이 사회상태로 들어서면서 그 독립성을 상실하여 인간과 사물에 의존하게 되고, 그 의존성으로 인해 질서가 흔들리면서 인간의 도덕성과 사회질서에도 나쁜 영향을 미친다고 루소는《에밀》제2부에서 설명한다.

두 가지 종류의 의존상태가 있다. 하나는 사물에 대한 의존으로 자연적인 것이고, 다른 하나는 인간에 대한 의존으로 사회에서 발생하는 것이다. 어떤 도덕성도 없는 사물에 대한 의존은 자유에 해가 되지 않으며 악을 만들어내지도 않는다. 그러나 인간에 대한 의존은 무질서하기에 모든 악의 근원이 된다. 이로 인해 주인과 노예 모두 타락하게 된다. (Rousseau 1979, 85쪽)

따라서 루소는 인간에게 가장 중요한 것은 독립성을 회복하거나 형성하고 유지시키는 일이며, 교육도 궁극적으로 인간의 독립성을 확보하는 데 목표를 둔다고 말한다. 그리고 루소는 자연상태로의 역전이나 회복이 불가능하고 이미 역사적으로 이행되어버린 사회상태에서 합리적 정통성의 회복을 차선의 목표로 내세운다. 인간은 사회상태의 질서를 유지하기 위해 독립적이고 자존적인 시민을 형성하는 데 초점을 맞춘다는 것이다.

《에밀》에서 루소는 독립적이고 자존적인 시민을 형성하기 위한 여러 가지 조건을 인위적으로 제시하여 맞추어간다. 성장 과정에 따라 필요한 덕목들이 에밀에게 자연스럽게 채택될 수 있도록 숨어 있는 기제와 배려를 통해 그때그때 상황에 맞추어 선생(루소)이 만들어가는 구성주의적 교육 과정을 제시한다. 에밀의 성장을 위해 많은 것이 미리 준비되는 과정에서 에밀의 반려자 역할을 하는 여성 소피가 등장한다. 소피는 에밀을 위해 준비된 여성으로, 예비 시민 남성 에밀이 시민으로 드러날 수 있도록 하는 장치로 등장한다. 루소가 에밀에게 보였던 인간적인 애정이 과연 소피에게도 존재하는지에 대해서는 논란의 여지가 있으나, 소피는 에밀이 완벽한 시민이 되는 데 절대적으로 필요한 소품, 소품 중에서도 많은 노력이 들어간 매우 중요한 소품인 셈이다. 인간으로서의 절대 가치를 존중하고, 인간이 시민으로 성장하여 사회를 합리적으로 이끌어가기를 원하는 루소에게, 에밀과 소피는 근본적으로 다른 존재였다.

　루소는 현재를 그대로 정당한 방법을 이용해 유지하고자 했다. 계몽사상의 낙관적 역사관을 비판하는 루소에게 현재는 그나마 현재로 남아 있어야 차선이라도 유지되는 상황이었다. 역사가 진행되면서 이루어진 문명과 학문의 발전이 인류를 지속적으로 타락시키고 있다는 루소의 주장에 따르면 현재를 유지하는 일은 인간이 당면한 최선의 과제였다. 루소는 현재를 유지하기 위해 정치적 정통성과 정당성의 확보와 인간의 상실되어버린 독립성의 회복을 추구하면서, 더 이상 독립성을 잃지 않도록 하는 데 초점을 맞추었다.

　루소는《인간 불평등 기원론》에서 인간의 심성에 대한 심도 깊은 분석을 시도한다. 자연상태에서 사회상태로 진행하면서, 인간은 자연상태일 때 가지고 있었던 많은 것을 상실한다. 자신에 대한 당당한 애정인 자기애amour de soi와 타인에 대한 동정심과 연민pitié이 비교 의식을 통해 자기편애amour propre와 허영심vanité으로 변화해나간다. 전자가 독립적 심성이라면, 후자는 타인과의 비교에 근거한 의존적 심성이다. 독립적 판단능력을 갖추어나가려면 자연상태의 심성으로 회복해야겠지만, 이는 이미 진행되어버린 역사에서 인간은 주인이 아니기에 불가능했다. 역사의 진행과 더불어 자연인의 심성으로 회복하기가 더 어려워지게 되는데, 이는 사회로 이행함에 따라 변화된 심성으로 자연상태에서의 삶을 진정으로 회복할 수 있는지에 대한 의구심에서 그 연원을 찾아볼 수 있다.

　결국 시간의 객체인 인간은 과거가 아닌 미래로 움직일 수밖에 없으므로 여기서 불가능한 황금시대로 회귀하려 하기보다는, 미래로 이어지는 길목에 선 현재 상황에서 정통성과 합법성이라는 차선의 대책을 전향적으로 추구하게 되는 장면이 루소의《사회계약론》에서 잘 드러나 있다. 루소는

《인간 불평등 기원론》에서 《사회계약론》으로 이어지는 저작에서 행위자 인간을 천착하고, 《에밀》에서 인간으로 태어난 에밀이 시민으로 재탄생하게 되는 과정을 다룬다. 돌이킬 수 없는 사회상태에서 인간에게 중요한 것은 이제 상실된 독립성의 회복이었다. 자연상태에서는 자존적 인간성이 자연스럽게 형성되었을 것이나 태어나자마자 온갖 사슬에 묶인 사회상태에서 이러한 과정은 인위적으로 구성될 수밖에 없다는 것이다.

루소는 《에밀》에서 교사로 등장하여 전지적 작가 시점에서 에밀의 인성 형성을 적극적으로 주도해나간다. 교사 루소는 에밀을 어린 시절부터 전형적인 시민의 모델로 만들어내기 위해 '시민 양성 프로젝트'라는 거시적 계획을 세우고 실행해나간다. 여기에 루소는 시민 에밀에게 가장 적절한 배우자상으로 소피를 미리 설정한다. 시민으로서의 독립성과 자존감을 확립하기 위해 에밀에게 모든 것을 허용했던 교사 루소는 소피에게는 전혀 다른 잣대를 적용한다. 시민 에밀이 지속적으로 존재하려면 필수불가결한 존재인 여성상 소피를 만들어낸 것이다. 루소는 《에밀》에서 만들어지는 에밀과 이미 만들어진 소피를 이상적인 결합으로 제시한다.

루소에게 사회는 이성적·합리적으로 진행되어야 하는 것이었다. 감정과 이성을 가진 인간이 확고한 판단 근거 없이 이리저리 좌고우면하는 상황에서 루소는 목표를 확실하게 설정한다. '시민 남성'을 기준으로 사회를 형성하고자 하는 목표가 바로 그것이다. 이제 모든 것은 시민 남성을 중심으로 움직이게 되었고, 사회가 지속하려면 시민 남성의 독립성과 자존이 절대적으로 보장되어야 했다. 여기에 인간이 가진 성성sexuality으로 인해 불가피하게 들어서는[38] 여성의 존재에 대한 자리매김이 중요한 논제로 등장한다. 루소의 시민 양성 프로젝트에서 다른 모든 존재와 마찬가지로 여성은 시민 남성을 시민으로 지속적으로 존재하게 하기 위한 주변의 등장

인물이자 소품이 된다. 사회상태에서의 정통성 확보와 시민의 독립성 확보에 집중하게 된 루소는 기왕에 설정된 시민 남성 이외의 존재의 독립성과 자존——즉, 여성의 독립성과 자존——에 대한 1차적 관심을 유보한다.

《신엘로이즈》에서 여주인공 쥘리는 죽음이 임박한 순간에도 가족의 질서와 미래를 위해 여러 가지를 정리하는 등 가정과 사회를 모든 타락의 가능성에서 지켜내는 매우 이상적인 여성으로 그려진다. 가족들이 이상적 가정의 테두리 안에서 성장해야 시민으로 사회에 공헌할 수 있다는 단순한 논리에서, 시민을 양성하는 데 가정 내 여성 시민 양육자의 교육은 절대적으로 중요하다. 자신의 순수한 사랑의 감정에도 불구하고 가정을 충실하게 지켜내는 쥘리를 통해 루소는 사회를 타락과 왜곡으로부터 지켜내는 힘을 그려낸다. 성적 정체성에서 정치적 정통성을 확보하기 위한 근저로서 여성의 존재를 찾아내는 셈이다. 민중을 이끄는 자유의 여신이 왜 혁명 이후에 사회라는 현장에서 사라지는지에 대한 답을 여기서 찾을 수 있다. 자유의 여신은 곧 사회를 지키는 드러나지 않는 힘을 상징한 것이다.

루소는 여성에게서 발견되는 성성을 남성이 제압하거나 넘어설 수 없다는 점을 깨닫고, 이에 대한 기제로서 여성에 대한 도덕적 교육을 시도한다. 사회의 근간인 가정의 타락을 온몸으로 지켜내는 도덕적 인간이 되는 것이 여성의 성장 목표였다. 따라서 시민 남성과 인간 여성이라는 목표가 설정되고, 그 양성 과정에서 차이가 드러나는 것은 지극히 당연한 귀결이었다. 시민에게 필요한 자유와 도덕성의 담지자에게 요구되는 덕성이 정당한

---

38 루소는 인간의 성적 본능을 자연스럽게 인정하고 특히 남성과 여성의 성적 결합——즉, 이성애heterosexuality적 상황——에 대해 의문을 제기하지 않는다. 오히려 루소는 이러한 이성애에 기반한 성적 본능으로 인해 인간 남성이 시민 남성이 되는 데 인간 여성이 걸림돌이 될 수 있다는 가능성에 깊은 우려를 보인다.

사회의 지속을 위해 필수적인 조건이라는 것이 루소의 생각이었다. 루소는 시민과 합법적인 공화국을 만들어나가는 데 필요한 덕성은 무엇인지《사회계약론》뿐만 아니라,《달랑베르》,《에밀》,《신엘로이즈》에서 차근차근 개진해나가게 된다.

(2) 여성에 대한 공포와 우려[39]

루소의 여성에 대한 분석은 매우 이중적이다. 그러나 어느 쪽으로 보아도, 루소가 명시적으로 여성을 무시하거나 여성의 특징을 간과하고 있는 것 같지는 않다. 루소는 여성의 힘을 인정했고, 그 힘을 이용하여 시민을 지켜내고자 했던 것이다. 그 시민에 여성이 왜 포함되지 않느냐고 묻는다면 루소 입장에서는 이해가 되지 않을 수도 있을 것이다. 루소의 일관된 주장처럼 자연에서 만들어진 대로 살아가는 것이 최고의 이상이라고 할 때, '자연이 남성을 이렇게, 여성을 그렇게 만든 것을 어쩌란 말이냐'라는 것이 루소의 답변이자 반문일 것이다.

루소에게 자연은 모든 것의 시작이자 끝이었다. 에밀에게 루소는 끊임없이 자연의 힘을 강조한다. 따라서 자연에 있는 사물에 대한 의존은 인간에게 별문제가 아니지만, 인간에게 의존하게 되는 데에 심각한 문제가 있다고 루소는 역설한다. 인간의 인간에 대한 의존에서 특히 중요하게 드러나는 것이 바로 남성과 여성의 성적 관계이다. 이 성적 관계에서 힘을 가진

---

39 루소가 활동하던 당시 프랑스 파리는 귀부인을 중심으로 지식인들의 공론장이 형성되곤 했던 살롱salon의 전성기였다. 루소 자신도 살롱과 살롱의 여주인들을 통해 자신의 학문 활동을 지속할 수 있었고, 당시 지식인들과 교류할 수 있었다. 루소의 여성의 힘에 대한 우려와 공포는 여기에서 연유하는지도 모른다.

남성은 궁극적으로 매력을 가지고 생산력까지 가진 여성의 지배를 받게 됨으로써 여성에 대한 공포와 우려를 가지게 된다는 것이다. 이에 대해 수전 몰러 오킨Susan Moller Okin은 다음과 같이 설명한다.

어떤 방식으로든 여성이 남성에게 복종하지 않게 된다면, 결국 여성이 남성 모두를 지배하게 될 것이다……여성의 힘에 대한 공포, 여성이 문명사회 주요 악의 근원이라는 믿음은 루소만 가진 것이 아니었다……아우구스티누스의 사상적 기조를 따라, 루소는 에덴동산에서의 타락 이후 성적 감정과 행위가 출산을 위한 단순한 성관계로부터 공포, 죄의식 등의 감정과 연계되는 격렬한 열정으로 변형되었다고 전제한다……당시 프랑스에서 루소는 관능적인 여성이 지배하는 것은 예술과 지성의 천박성에 책임이 있을 뿐만 아니라, 모든 사회악의 근원이라고 주장했다. (Okin 1979, 148~151쪽)

남성과 여성의 성적 관계에서 루소는 지배/피지배 관계와 함께 권력의 속성을 발견하고, 남성은 여성에게 궁극적으로 의존하게 된다고 역설한다. 이로써 시민이 되려면 절대적으로 벗어나야 할 의존상태가 발생하게 되고, 그 원인으로 여성의 성이 존재하는 것은 분명하다. 조엘 슈바르츠Joel Schwartz는 "여성이 남성을 사회화시키기 때문에, 남성은 여성의 영향을 유익이 아니라 위협으로 인식"(Schwartz 1984, 98쪽)하게 된다고 설명한다.

루소 자신은 성에 집착하지 않는 무정부주의자로 살고 싶어 했을 것이다. 그는 진정으로 독립적이고 싶어 했다. 지배하려고도, 지배받으려고도 하지 않았다……루소의 목표는 따라서 제국을 통한 평등이 아니라 제국의 회피를 통한 고독이다……그러나 여성은 이러한 루소의 고독 추구에 매우 위협적인 존재였다. 에밀과 마찬가지로 루소 자신도 여성에게 의존하고, 또 그 의존을 즐기는 경향이 있었다. 루소는 자신의 성적 경험으로부터 성을 여성의 지배와 연계시켰다……성적 관계는 두 당사자 간의 지배와 피지배 관계를 발생시키기 때문에 매우 정치적 관계이다. (Schwartz 1984, 99쪽)

성적 관계에서 남성이 여성의 지배를 받게 되는 일은 루소의 공화국에서 절대적으로 피해야 할 일이었다. 시민이 되기 위한 절대적 조건이 바로 독립성과 자존이므로 시민 남성은 여성의 지배에서 벗어나야 하지만, 자연이 여성과 남성을 그렇게 만들었기에 현실에서 남성이 여성의 지배를 벗어나기는 어렵다. 루소의 역설은 여기서 또다시 위력을 발휘한다. 여성이 성적으로 남성을 지배하게 되면, 남성뿐만 아니라 그 권력관계 내에 존재하는 여성도 지배/피지배 관계 속에 빠지게 되어, 사회는 타락하고 부패하게 된다는 것이다. 이 시점에서 루소는 사회의 타락을 역전시킬 방법으로 타락의 원인 제공자이자 지배의 원인인 여성에 대한 도덕과 절제 교육으로 초점을 돌린다. 사회질서의 부패와 타락의 진앙에 위치하는 여성을 통제하고 규제하여 사회질서를 잡아나가고, 시민 남성을 제자리에 다시 돌려놓는 작업이 바로 그것이다. 이러한 각 성의 자리 잡기 작업을 통해서, 남성이나 여성 모두 타락과 부패에서 벗어날 수 있고 도덕적 삶을 영위해나갈 수 있다는 것이 루소의 차선책이다. 이러한 루소의 생각이 《에밀》의 다음 대목에서 잘 드러난다.

소녀들을 언제나 순종하도록 가르쳐라. 그러나 어머니가 언제나 냉혹해서는 안 된다. 젊은 사람을 유순하게 만들기 위해서, 어머니가 불행해서는 안 되기 때문이다. 여성을 얌전하게 만들려면 여성을 혹독하게 다루어서는 안 된다. 오히려 여성이 자신의 교활함을 약간 발휘하도록 해도, 그렇게 나쁜 일은 아니다. 불순종에 대한 징벌을 회피하지 않도록 하여 순종하지 않게 되는 경우를 제외하고는……여성의 순종이 여성을 고통스럽도록 하는 것이 아니라, 자신의 의존성을 자신이 인식하도록 하는 정도로 충분하다. (Rousseau 1979, 370쪽)

루소에게 사회를 지속적으로 위협하는 요인은 무질서한 성성이고, 이는 여성들이 가지고 있는 매력을 통해 남성들에게 거부할 수 없는 위협으로 다가선다. "공화국에는 남성이 필요하다"(Rousseau 1960, 101쪽)고 역설하는 루소에게 시민 남성의 정립과 지속은 중요한 과제였다. 여기서 루소의 여성에 대한 관념을 재확인하게 된다. "가정을 벗어난 여성은 자신의 가장 위대한 빛을 상실하고, 진정한 훈장을 더럽히는 셈이다."(Rousseau 1960, 88쪽). "자녀들에게 둘러싸인 어머니, 가사일을 수행하는 여성, 남편을 위해 살아가면서 가정을 지혜롭게 통제하는 아내의 모습보다 더 감동적 장면이 세상에 어디 있는가?"(Rousseau 1960, 87~88쪽)라는 질문으로부터 루소의 도덕적 인간 만들기 프로젝트가 시작된다.

자연이 남성과 여성에게 요구하는 것을 거부하면, 부패하고 타락하게 되어 사회는 무질서로 이행하고, 모든 인간은 불행해진다. 따라서 남성과 여성은 각자 자연에서 요구하는 대로 시민과 인간의 길로 들어서야 한다. 이를 위해서 남성과 여성을 각각 달리 교육하는 것은 당연하며, 이는 여성을 차별하는 것이 아니라 오히려 여성을 위하는 것이라는 게 루소를 여성주의자들의 공격으로부터 옹호하는 주장의 핵심이다.[40]

순종적이면서 의지가 확고하고, 아름답지만 뛰어나지는 않고, 정숙하지만 관능적이기도 하다고 소피를 묘사하는 루소는 인간 여성을 여성도 남성도 아닌 괴물로 만들고 있다는 비판을 면하기 어렵다. 남성에게 요구하는 것은 명확한데, 여성에게 요구하는 것이 과연 무엇인지 불분명하다. 남성의 평등은 보편적으로 설명되는 데 반해, 여성은 가족 관계에서는 평등하고 정치경제 영역에서는 그렇지 않다. 루소에게 여성은 아내와 어머니로서는 남편과 아버지와 평등하지만, 시민이라는 차원에서는 절대 남성과 평등하지 않다. 남성은 자체의 가치로서 규정되지만, 여성은 그 성적 재생산 기능으로 평가되는 등 여성에 대한 숨어 있는 이중 잣대가 삶의 현실에서 작동하게 된 것이다. 남성에게서 원칙을 발견한 루소는, 여성에게서 편견에 가득 차고 불공정한 현실을 찾아낸다. 이상과 현실의 괴리 속에서 이상적 사회의 모습을 찾아가려는 정치적 노력은 여성의 정치적 희생을 담보로 한 시민 남성의 정립으로 드러난 셈이다. 이러한 상황에서 자연의 지시와 의무를 저버린 여성은 사실상 공포의 대상이자 사회질서 형성에 대한 위협적 요인으로 작동할 수밖에 없다. 이 공포와 위협 요인을 원천적으로 배제하면서 사회질서를 잡으려는 작업이 바로 소피와 쥘리를 통한 사회 유지 기능의 회복이다. 이는 루소에게 부패한 사회에서 새로운 시대를 열기 위한 희망이자 미래로의 출구였던 셈이다.

(3) 루소의 소피와 쥘리—도덕적 훈련을 통한 두려움의 극복

여성에 대한 공포와 여성으로부터의 위협은 여성을 통해 제거되어야 한

---

40 이러한 관점에서 루소를 역설적으로 여성주의자라고 보는 경우도 있다. 그러나 왜 여성에게는 도덕이, 남성에게는 시민성이 구별되어 적용되는지에 대한 근거로서 자연의 요구만 가지고는 충분하지 않다는 것이 현대 여성주의자들의 주장이다.

다고 루소는 생각했다. 자연이 여성에게 준 여성의 역량을 자연의 방법으로 제어한다는 것이 그 핵심에 존재한다. "남성과 여성은 서로를 위해 형성되었다. 신은 그들이 각자에게 주어진 의무를 수행해나가기를 원하는 바, 그중에서 가장 거룩한 것이 바로 결혼이다."(Rousseau 1960, 128쪽). 공화국에 남성이 필요한(Rousseau 1960, 101쪽) 것처럼, 가정에도 주인으로서의 남성이 필요하다. 결혼으로 형성된 가정에서 남성은 주인으로서 여성을 지배하고, 이 지배를 통해 자연이 여성에게 준 남성에 대한 지배력을 조절한다. 이것이 가정 공동체의 평화와 지속 가능성을 위한 최선의 방법이다. "사람들을 망하게 하는 것은 과도한 음주가 아니라, 여성의 무질서이다"(Rousseau 1960, 109쪽)라는 루소의 말처럼, 여성이 가진 매력과 힘은 공동체에 파괴적이므로 남성을 통해 제어되어야 한다는 것이다.

소피와 쥘리는 루소의 공화국을 지켜내고 지속시키기 위한 가장 극적인 장치라고 할 수 있다. 소피와 쥘리는 루소의 사상이 투영된 이상적인 공화국의 아내이자 어머니이다. 미래에 대한 불안은 소피와 쥘리의 도덕성 덕분에 사라져서 사회는 안정을 찾게 되고, 시민 남성은 그 기반 위에서 자유롭게 행동하게 되는 것이다.

의존적 남성이 독립적 여성을 통해 의존에서 벗어나 시민으로 독립하게 된다는 역설 속에서, 독립적 여성은 현실의 의존 속에 있어야만 그 독립성을 유지할 수 있다는[41] 또 다른 역설이 동시에 존재하게 된다. 독립적 여성이 자신의 독립성을 사회와 가정에서 과시하고 실행하는 순간, 물리적 힘에서 유리한 남성이 여성을 힘으로 지배하려 함으로써 여성은 독립성을 상실하고, 결국 남성과 여성 모두 의존적이 되어버리는 비극적 현실에 봉착하게 된다고 루소는 설명한다. 따라서 그는 여성이 진정으로 자신의 독립성을 지키고자 한다면 사회와 가정에서 남성의 정치적 지배에 자율적으로 순응해야 한다고 주장한다. 남성과 여성의 의존과 독립은 서로 주고받으면서 일종의 교환 체제를 유지한다. 그 전제는 바로 여성이 출산하는 것이고, 또한 여성은 자신의 자녀에게 아버지를 찾아주어야 하는 의무를 지게 된다는 것이다. 이러한 과정에서 남성과 달리 여성에게만 부과되는 성에 대한 정숙성chastity이라는 도덕적 윤리는 자연의 요구라고 간주된다.

여성에게 적절한 수줍음, 순결함과 정숙함이 사회적으로 형성된 덕목이라면, 여성이 이러한 덕목을 체득하는 것은 사회의 이익과 직결된다. 이 덕목들은 여성 안에 자리 잡아야 하며, 이를 경멸하는 여성은 좋은 도덕이나 태도를 위반하는 것이다……어디에서나 여성은 자신의 정숙성의 정도에 따라 존중받는다. 어디에서나 자신의 성에 합당한 길을 게을리할 때, 그들은 그 의무도 게을리하게 된다는 확신이 있다. 어디에서나 여성이 남성적 확신에 가득 차 뻔뻔스럽게 행동할 때, 여성들은 그 어설픈 남성 흉내로 인해 오히려 자신을 비하하게 되고 남성과 여성 모두를 불명예스럽게 한다. (Rousseau 1960, 87~88쪽)

여성은 여성에게 요구되는 덕목을 체득하기 위해 자유나 평등이라는 정신적 가치보다 현실의 삶에서 인내하며 살아가는 방법을 알아야 한다. 여성은 절제와 순종을 통한 인내 훈련을 해야 하고 여론과 평판에 예민해야 하며, 여성들이 타고난 1차적 취향이라고 할 수 있는 주의산만, 경박함, 변덕을 이겨낼 수 있는 훈련을 지속적으로 받아야 한다. 구속과 속박에 익숙

---

41 자유를 꺾어야 자유로울 수 있다는 내용으로《사회계약론》의 "자유를 위한 강제" 못지않게 매우 역설적이다. 과연 이것이 자유인지 의존인지에 대해서는 많은 논란이 있다.

해지도록 하고, 자신의 변덕을 극복하고 타인의 뜻에 따르도록 하는 것이 필요하다. 이 모든 것들은 사회를 위해서, 남성을 위해서, 궁극적으로는 여성 자신의 더 큰 불행을 막기 위해서 절대적으로 필요하다. 성적 파괴력을 가진 여성이 절제의 미덕을 지니지 못하면 사회와 남성뿐만 아니라 여성에게도 재앙으로 다가서기에, 여성의 속성은 철저한 통제 속에서 교육되어야 한다고 루소는 주장한다.

소녀들은……일찍부터 구속을 참아야 한다. 이것이 그녀들에게는 불행일지 모르지만 여성에게서 분리될 수 없는 것이어서, 만약 이 불행에서 그녀들이 풀려난다면 결단코 더 모진 불행을 겪게 될 뿐이다……우리의 어리석은 사회 제도 안에서는 올바른 여성의 일생이란 자기 자신과의 끝없는 투쟁의 연속이다. 여성이 우리 남성에게 가져온 해악의 고통을 여성이 함께 겪는 것은 당연하다. (Rousseau 1979, 369쪽)

에밀이 사상과 원칙으로 교육받은 데 비해, 소피는 엄격하게 현실의 기준에 맞추어 교육된다. 에밀이 자유와 평등의 가치를 가지고 독립적으로 성장하여 루소의 공화국에 필요한 시민이 되는 과정에서, 소피는 실천적인 이성을 가지고 현실에서 일상의 지속적 반복을 통해 세상 평판에 맞추어 살아가는 법을 배우면서 덕 있는 여성이 되어 에밀의 현실을 받쳐주는 매우 중요한 역할을 한다. 남성을 다스리는 것도, 남성이 타락시키지만 않으면 남성을 명예롭게 해주는 것도 여성이라고 루소는 설명한다. 여성이 남성에게 위협적으로 다가서는 것도 사실이지만, 여성을 통해서만 남성은 가정의 지배자로, 아이의 아버지로 자리매김이 가능해지면서, 궁극적으로 공화국의 시민으로서 권력의 중심에 서게 된다.

시민 남성을 지켜주는 여성의 힘이 사라진 상황은 《에밀》의 속편 〈에밀과 소피Émile et Sophie〉[42]에서 잘 드러난다. 결혼 이후 대도시로 이주한 에밀과 소피에게 닥친 환경 변화는 도덕적인 여성 소피를 타락시키는 기제가 된다. 소피의 외도로 결혼은 파국을 맞이하고 에밀은 소피를 떠나게 된다. 전작인 《에밀》에서 소피를 만난 에밀이 교사의 뜻에 따라 소피를 잠시 떠난 것과 달리, 속편 〈에밀과 소피〉에서 에밀은 소피를 떠나는 결정을 자신의 의사에 따라 독립적으로 내리게 된다. 독립성이라는 차원에서 피상적으로는 소피가 실패하고 에밀이 성공한 것처럼 보이지만, 내면적으로는 에밀도 결국 남편으로서 실패하게 되는 결과를 낳는다. 에밀이 실패한 이유에 대해 〈에밀과 소피〉에는 이런 구절이 나온다.

일반적으로 여성의 방종을 남편의 탓으로 돌리는 데에는 이유가 있다. 여성 자체가 잘못되었을 경우도 있지만, 여성이 잘못 관리되었을 경우도 있기 때문이다……나 자신은 이러한 비난의 정당성을 보여주는 사례이기도 하다……에밀이 언제나 현명했더라면, 소피는 실패하지 않았을 것이다. (Rousseau 1969, vol. IV, 901쪽)

《신엘로이즈》에서 생 프뢰가 사랑의 열병으로 온 세계를 여행하는 데 비해, 쥘리는 현실의 미덕을 발휘해 사랑을 내면에 숨기고 의무를 수행하기 위해 행복을 버릴 수도 있다는 것을 온몸으로 보여준다(Rousseau 1968, 230쪽). 쥘리는 남편 볼마르와 결혼생활을 하며 결혼에 필요한 것은 사랑 못지

---

42 〈에밀과 소피〉는 당시에 공식적으로 출판되지는 않았지만, 갈리마르Gallimard 출판사에서 나온 루소 전집 제4권에 전문이 수록되어 있다.

않게 달콤하고 오래가는 부드러운 애정이라고 말한다(Rousseau 1968, 372쪽). 쥘리는 볼마르에게 생기를 불어넣고 그를 사회화한다. 쥘리와 볼마르는 남성과 여성의 관계에 대해 루소가 《에밀》에서 역설한 내용을 그대로 시연한다. 여성은 남성보다 더 사회적이며, 남성의 사회성의 근원이기도 하다는 내용으로, 이는 에밀과 소피, 볼마르와 쥘리의 관계에서 잘 드러난다.

> 쥘리는 볼마르를 사회적으로 만들어간다. 쥘리의 도움으로 볼마르는 그 가정의 훌륭한 주인이 되어간다. 타인들을 관장하는 볼마르의 성공은 쥘리와 볼마르의 업무 분담에 기인한다. 쥘리는 자신의 죽음을 통해 볼마르에게 신앙을 가지게 함으로써 볼마르의 사회화를 완성시킨다. (Schwartz 1984, 121쪽)

쥘리는 살아 있는 동안에는 자신의 사랑을 희생하여 가정을 지키고, 죽어가면서도 가정의 미래를 위해 단속하는 것을 잊지 않는다. 쥘리의 죽음을 계기로 무신론자였던 볼마르가 신앙을 가지게 되면서, 볼마르의 가정은 쥘리가 없는 상태에서도 확고하게 유지되어나갈 수 있게 된다. 반면에, 에밀은 소피를 만나면서 자신의 가치를 더욱더 중요하게 생각하고 드러낼 수 있게 되지만, 소피가 정숙함과 순결을 상실하게 되자 상황은 역전된다. 결국 에밀은 남편으로, 아버지로 실패하게 되고, 시민으로서의 가치도 상실한다.

여성에 대한 도덕적 교육과 훈련은 사회의 유지와 지속 가능성을 위한 매우 중요한 기제로서, 여성이 시민이 되는 것보다 더 중요한 일이자 여성에 대한 두려움과 위협이 도덕적 훈련을 거쳐 오히려 사회의 안전장치로 전환되는 극적인 순간이라고 할 수 있다. 루소에게 여성과 여성의 성은 정치의 시작이자 끝이었기에, 남성이 시민으로서 공화국의 미래를 책임져야 하는 상황에서 여성은 도덕적 인간이자 공화국의 근간인 가정을 지켜내는 힘으로 건재해야 했다. 가정에서의 노동 분업이 공화국 차원에서도 그대로 적용되어, 시민 남성과 도덕적 여성이 공존하게 되면서 보편성(보편적 가치의 담지자 남성)과 개별성(개별적 미덕을 소유한 여성)이 동일한 삶의 현장에서 살아가는 사회의 모습이 펼쳐진다. 루소가 말하는 좋은 사회는 여성의 덕성으로 시민 남성과 공화국이 지켜지는 사회였다. 루소에게 여성은 근원적인 파괴력의 소유자이자, 사회를 지키는 힘의 소유자였다. 따라서 여성의 힘을 적절하게 제어하는 것이 사회를 지속 가능하게 하는 중요한 과제로서 루소의 사상 속에서 자리 잡게 되는 것이다.

(4) 좋은 사회와 시민 여성―역할과 한계

좋은 사회good society는 정치사상이 고대 그리스 때부터 추구해온 궁극적 목표이다. 이를 위해서 행위자 인간은 좋은 삶을 영위하며 좋은 인간이 되어간다. 루소는 사회계약을 통해 타락한 사회의 정통성을 확보하고자 시민의 양성으로 정치사상의 목표를 좁히고 건전한 시민 형성에 철학의 초점을 맞추어간다.《인간 불평등 기원론》에서 제기된 문제점에 대한 최선의 해결책인 자연상태로의 복귀가 불가능한 상태에서 차선의 해결책이 바로 사회에서 정통성을 확보하는 것이었다. 대책이 세워지고 난 다음의 과제는 이제 그 대책을 누가 어떻게 실행해나가는가 하는 문제로 귀착된다. 여기서 좋은 사회를 위한 시민의 필요성에 착안하게 되고, 사회상태에서 타인과의 비교로부터 시작된 자기편애amour propre와 허영심vanité이라는 타락한 속성을 가진 인간이 좋은 사회를 이끌어가는 주역이 되기 위해 필요한 덕성에 대한 탐구로 논제를 형성한다.《에밀》에서 제시되는 '시민 양성 프로젝트'가 바로 그것이다.《신엘로이즈》에서 이상적 가정인 볼마르의 집안을 소개하면서 볼마르와 생 프뢰를 통해 사회의 건전성이 어떻게 유지되어나가는지 묘사하고,《에밀》에서와 같은 과정을 거쳐 형성된 시민의 사적생활을 묘사하면서 공적 삶과의 관계를 시사한다.

루소가 시민 양성 프로젝트를 통해 에밀을 시민으로 성장시켜가는 과정에서 가장 큰 걸림돌은 여성 소피였고, 볼마르 가정의 건전성을 지켜낸 일등공신은 사적 사랑을 이기고 공적 가치에 자신을 희생한 볼마르 집안의안주인 쥘리였다. 시민이 되기 위한 조건이 사회에의 참여라고 할 때, 소피와 쥘리는 에밀과 볼마르, 생 프뢰가 시민으로 활동할 수 있는 사적 조건을형성해준 중요한 기제라고 할 수 있다. 따라서 소피와 쥘리는 시민 에밀과볼마르, 생 프뢰의 존재 근거이자 기반이다.

여성의 역할에 대한 이러한 강조는 '시민 여성'에서는 전혀 다른 논조를띤다. 루소는 여성에게 시민은 어울리지 않으며, 본성적으로도 여성은 시민으로 규정될 수 없다고 생각했다. 루소 사상의 초점은 사회 유지와 정당성 확보에 있었고, 그 사회의 모델은 귀부인들이 운영하는 살롱이 유행하던 18세기 프랑스 파리였다. 루소가 여성의 시민으로서의 가능성을 인정하지 않은 것으로 보아 여성주의자가 아닌 것은 분명하지만, 현실사회에서의 여성의 힘을 강조하고 있다는 점에서 여성주의자에게 많은 것을 시사하기도 한다.

루소는 대부분의 여성들이 대체로 자신들을 잘 관리하고 있다고 강조한다. 그는 그들의 무력함이 아니라 힘을 강조한다. 물론 그(루소)가 그들(여성들)이 정치적·경제적 영역에서가 아니라 가족관계라는 구조 내에서 힘을 지닌다고 강조하는 것은 사실이다. 루소에게 여성은 아내와 어머니로 서는 (남편과 아버지에 대해) 평등했지만, 시민으로서는 평등하지 않았다. (Schwartz 1984, 144쪽)

실제로 루소는 여성의 힘에 대해 이중적 입장을 취하기도 했다. "근대 여성은 덕스러운 공화국이 타락하는 데 원인을 제공하지만, 이미 타락한 군주정을 구원하는 데 중요한 희망이 되기도 한다."(Schwartz 1984, 125쪽). 즉, 여성을 타락의 원인이자 구원자로 보기도 했던 것이다. 여기에 루소 사상에 나타나는 여성 역할의 모호성과 한계가 드러난다. 공화국을 유지하기 위해 독립적 시민을 형성하고 유지하는 데 여성의 역할은 절대적이다. 〈에밀과 소피〉, 《신엘로이즈》에서처럼 남성 시민의 성공과 실패를 여성이 좌우하기도 한다. 루소는 사회에서 여성 역할의 한계는 여성의 힘에서 발견된다고 생각한다. 따라서 비관론자 루소는 여성의 과도하게 강력한 힘(특히 성적인 측면에서의 힘)이 적절하게 통제되어야 공화국은 차선의 상태라도 유지해나갈 수 있다고 본다. 남성과 여성이 모두 시민으로 정치사회에 나서는 상황과 모두 독립적 시민으로 서지 못하는 상황 양극단 사이에서 루소는 남성 시민을 정립시키기 위해 여성의 양보와 희생을 이론적으로 강요한다.

그 가장 큰 이유는 자연이 여성에게 부과한 출산이라는 능력이자 의무에서 출발한다. 임신과 출산이라는 과정에서 여성은 시민으로서 활동할 수 없는 기간에 맞닥뜨리게 되고, 이로써 공화국 시민이 되는 데 중대한 결격사유가 발생한다.[43] 공화국의 시계는 멈출 수 없고, 시민은 언제나 공화국에 존재해야 하므로 이는 여성에게 부과된 결정적 하자라고 하지 않을 수 없다. 시민의 본질적 속성이 자유인바, 육체에 종속되어 자유로울 수 없는 자가 시민의 속성을 가질 수 없다는 것은 자명하다. 이를 루소는 자연이 여성에게 부과한 의무라고 설명하면서, 여성이 본연의 속성과 의무에 충실할 것을 제안한다. 여성이 시민으로서 독립성을 가지기보다는, 남성을 시민으로 만드는 데 지원하는 일종의 역할 분담이라고 할 수 있다. 이러한 역할 분담으로 얻어지는 민주주의 사회의 자유, 평등이라는 열매는 남성과 여성이 공유할 수 있다는 상생의 논리를 루소는 제시한다. 따라서 루소는 '시민 여성'을 명시적으로 부인하고 있으나, 자신이 제시하는 좋은 사회에서 여성은 시민 못지않은 독립성과 자율성을 보장받게 된다는 것이다.

> 여성이 지배할 때 가정은 더 나빠지지 않는다……지구상에서 가장 편안한 제국은 여성과 특히 어머니가 지배하는 제국이다. 그들에게 덕이 있는 한, 그 제국은 가장 존중받는 제국이 될 것이다. 여성의 힘은 사회에 이득이 된다……파리는 타락한 도시이다. 여인천하에서는 성별 간 노동 분업이 존재하지 않는다. 그러한 사회는 나쁜 사회이므로 여성은 사회에 위해가 된다. (Schwartz 1984, 123쪽)

성별 분업이 적절하게 유지되는 곳에서의 여성 지배는 사회에 유익하지만, 성별 분업이 자리 잡지 못한 곳에서의 여성 지배는 사회에 해가 된다고 루소는 주장한다. 여성이 사회에서 드러나려고 하면 오히려 시민이 될 수 없지만, 드러나지 않는 상태에서는 시민이 될 가능성이 열려 있다는 역설적 설명이 가능하다. 볼마르 가정의 안주인으로 모든 것을 관장하고 통제하는

---

43 일종의 생물학적 결정론이라고 할 수 있다. "인간이라는 종의 재생산 방식은 여성이 육체에 대한 종속에서 벗어날 수 없게 만든다."(Schwartz 1984, 152쪽).

쥘리가 바로 이러한 여성의 모습을 상징적으로 보여준다. 가정에서 뛰쳐나온 소피는 결국 에밀과 자신을 모두 파멸로 이끌지만, 사적 사랑을 공적 결혼으로 숨겨온 쥘리는 죽음 이후까지 가정을 지켜내고 애인 생 프뢰와 남편 볼마르를 모두 훌륭한 공화국의 시민으로 유지시킨다. 소피와 쥘리를 통해 루소가 제시하는 여성의 역할, 시민사회에서의 한계와 함께 인간 여성과 시민 여성 사이에서 고민하고 있는 루소의 모습이 잘 드러난다.

2. 미래로 열린 창—여성의 가능성

1789년의 프랑스 혁명을 두고 울스턴크래프트는 자유와 평등이라는 근대정신이 현실에서 구현된 것이라고 찬양한다. 르네상스 이후 계몽사상기를 거치면서 주창된 모든 인간의 존엄성, 자유와 평등이라는 가치를 프랑스 혁명에서 확인한 것이다. 영국의 버크가 프랑스 혁명을 격렬하게 비난한《프랑스 혁명에 대한 고찰》에서 혁명 이후 역사의 진행에 대한 비관적 전망을 보수주의적 입장에서 개진한 데 비해, 울스턴크래프트는《인간의 권리 옹호》를 저술하여 프랑스 혁명정신을 적극적으로 옹호하고 환영했다. 그러나 이후 인간 해방이라는 프랑스 혁명 정신에 걸맞지 않게 프랑스 의회가 여성의 정치적 권리를 인정하지 않자 이에 항의하며《여성의 권리 옹호》를 집필한다.《여성의 권리 옹호》는 프랑스 혁명 당시 재상 탈레랑이 '남성 아동에 대한 보통교육법'을 입법한 데 대해 보통교육에 여성 아동이 포함되어야 한다는 근거로서 그에게 헌정한 책이었다. 당시 여성이 혁명 등 사회적 격변을 온몸으로 겪었음에도 그 이익과 열매를 남성과 공유하지 못한 데 대한 이유 있는 항변이라고 할 수 있겠다. 여성에게도 의회의 의정 단상에 오를 권리가 있다고 외치다 죽어간 올랭프 드 구주의 주장이 울스턴크래프트의 여성과 사회에 대한 주장에서 역동적으로 살아 움직인다.

　여성주의적 시각에서 본다면, 프랑스 혁명은 미래사회를 향한 움직임으로 시작되었으나 현재라는 역에서 멈추어버린 기차인 셈이다. 모든 인간의 해방, 모든 인간의 자유와 평등이, 남성만의 해방, 남성만의 자유와 평등을 인정하는 데서 멈추고 만다. 근대기획은 여성을 사회의 구성원으로 인정하는 데 매우 인색했다. 남성은 공화국의 시민으로 자리매김하는 데 성공했지만, 여성은 개인이 아니라 가족과 동일시되어 가족의 버팀목이자 지지대로서 사회에 드러나지 않는 투명인간과도 같은 존재가 되어버렸다. 공화국의 시민 남성과 가족 속에 숨어 있는 투명인간 여성의 기이한 공존이 바로 남성 중심적 근대기획의 실체라고 할 수 있는 것이다. 여성에게 근대사회의 시민으로서 필요한 이성이 없다는 것을 입증할 수 없는 상황에서, 울스턴크래프트는 이러한 현실이 사회의 타락이라는 자가당착적 결론을 가져온다고 보았다. 남성과 여성 모두의 타락을 막으려면 여성이 희생해야 남성과 여성 모두가 자유를 회복할 수 있다고 주장했던 루소를 비판한 울스턴크래프트는 여성에게 이성이 있는 한 여성의 자유와 독립, 비종속성은 어떠한 경우에도 반드시 지켜져야 한다고 역설한다. 앞서 언급한 바 있는 "노예 제도하에서는 언제나 주인과 노예 모두 타락하게 되어 있다"는 울스턴크래프트의 말로부터 우리는 사회의 구성원 모두가 자유로워야 그 사회가 자유롭다는 매우 당연한 결론을 도출해낼 수 있다.

　사회 발전을 목표로 삼고 시작된 프랑스 혁명의 발발 이후 여성은 '이성 능력이 없다'는 근거 없는 주장에 의거해 차별을 당했다. 프랑스 혁명에서 시작된 근대기획의 출발점은 모든 인간, 특히 이성을 가진 인간이었다. 여성이 이성을 갖고 있지 않다거나, 가졌다 해도 불완전한 이성을 가졌다는 차별적 사고는 여성이 사회에서 배제당하는 것이 당연해 보이게 했다. 인류는 남성과 여성이 아니라 인간과 여성으로 구성되어 있다는 왜곡된 발상으로부터, 근대는 여성이라는 인류를 질곡과 억압의 깊은 터널에 가두고 이중 잣대로 평가하게 되면서 탈선한 기차처럼 남성 일변도의 시각을 사회 구성원 모두에게 강요하기에 이른다.

이성이 부족한 여성이 도덕성을 가지기 위해서는 남성의 도움이 필요하다는 루소의 주장은 여성의 본성에 대한 일방적 사고를 보여준다는 것이 울스턴크래프트의 생각이었다.[44] 루소는 "소녀들은 인형을 참 좋아하는데, 이는 그들이 평생 하게 될 일에 대한 본능적인 호감을 보여준다. 아주 작은 소녀들도 예쁜 옷을 좋아한다……교태는 여자의 천직이다"(Rousseau 1979, 329~331쪽)라고 하면서 여성 교육이란 자연이 여성에게 준 이러한 특성과 일치하도록 하는 것이라고 주장한다. 남성과 여성을 평가하는 잣대가 이중적이라는 점이 여기서 발견된다. 루소는 남성에 대해서는 인간의 본성으로, 여성에 대해서는 현실에서 드러나는 속성으로 각 성을 평가하고 구분하고, 이에 맞는 교육이 사회의 안정적 질서 형성과 유지를 위해 절대적으로 필요하다고 주장한다. 하지만 이에 대해 울스턴크래프트는 현실에서 발견되는 여성의 특성을 기반으로 하는 여성 평가의 형평성에 문제를 제기한다. 이미 왜곡된 사회에서 잘못된 사회화 과정을 거쳐 잘못 형성된 여성의

---

44 인간의 자유와 평등을 명쾌하게 분석해낸 루소가 여성에게서 이러한 한계점에 봉착한 것을 울스턴크래프트는 경이롭게 생각한다. 여성이 인류를 타락시키는 데 무한 책임이 있다는 기독교 성서에 기원을 둔 여성에 대한 위협 의식은 여성을 사회에서 통제하는 것이 불가피하다는 생각으로 발전한다. 이러한 사고는 아우구스티누스부터 면면히 이어지는 남성 중심적 사회의 근간을 이루는데, 루소 역시 여성에 대한 문제의식에서는 이에 동의한다. 루소의 남성 시민에 대한 일반적이고 보편적인 논리가 여성에 와서 전혀 다른 방향으로 움직이고 있다는 점 때문에 현대의 여성주의자들로부터 많은 비판이 제기되는데, 울스턴크래프트는 그 시작에 서 있다.

특성을 본성으로 간주하고 이에 맞추어 여성 교육 시스템을 만드는 것은 원리와 원칙, 이성과 사상을 강조하는 근대기획 정신에 전적으로 배치된다는 것이다. 다만 사회에서 여성들을 그렇게 교육해왔고 또 여성들이 그런 측면을 보이는 것은 사실이기에, 여성들이 이에 대해 전향적으로 접근해야 한다고 울스턴크래프트는 역설한다. 그녀는 여성도 이성을 가진 존재이므로 자신의 이성과 자유의지에 따른 결단으로 살아가야 한다고 주장한다.

여성이 이성을 지닌 존재라면 우리는 그들이 자신만의 미덕을 갖추도록 이끌어야 할 것이다. 이성적인 존재는 자신의 노력으로 얻은 것을 통해서만 고귀해질 수 있기 때문이다. (울스턴크래프트 2008, 103쪽)

울스턴크래프트는 여성이 하나의 반쪽 인간[45]이 아니라 그 자체로 전인적 인간이며, 도덕적이고 이성적인 존재로서 남성과 동일하게 인간이 가져야 할 덕성과 가치를 갖추도록 교육받아야 한다고 주장한다. 결국 여성이 보다 합리적인 교육을 받지 못한다면 인류 전체의 도덕성과 지식은 향상될 수 없다는 것이다. 그녀는 이성은 타고나는 것이라 할지라도, 인간이 그 이성을 사회에서 발휘하려면 교육을 받아야 한다는 점을 강조한다. 이렇게 당시 여성들의 수동적·의존적 행태의 원인을 여성의 본성이 아니라 교육에서 찾은 울스턴크래프트는 이성으로 감성을 절제하고 질서 의식을 키울 수 있는 교육을 여성에게 시켜야 한다고 역설한다.

---

45 울스턴크래프트는 이를 두고 "루소가 말하는 기이한 환상의 하나"라고 말한다(울스턴크래프트 2008, 84~85쪽). 동일한 현장에서 살아가는 남성과 여성을 어떻게 그토록 다른 잣대로 평가할 수 있는지 기이하다는 것이다. 울스턴크래프트는 여성이 사회화 과정에서 좋아하게 된 것을 선천적인 본능이라고 분석한 것이 루소의 중대한 결함이라고 지적한다.

고대 그리스 때부터 가장 좋은 교육은 신체를 단련하고 이성을 훈련하는 것이다. 사회의 질서를 유지하고 지속시키려면 구성원들에게 이성을 훈련시켜 독립적 인간이 되도록 해야 한다. 이는 남성과 여성 모두에게 해당되는데, 그래야만 독립성과 자율성을 키워서 공화국의 시민으로 자리 잡을 수 있을 것이다. 여성을 별도로 교육시키고, 여성을 인위적이고 저열한 욕망으로 살아가게 만드는 사회에서는 여성뿐만 아니라 남성도 덕성을 가진 공화국의 시민으로 제대로 설 수 없다. 덕성의 근원에는 자유가 있는데, 인류의 절반인 여성이 반쪽 인간이라는 이유로 억압과 통제 속에서 자유롭지 않게 살아가야 한다면, 인류 전체의 자유라는 근대혁명의 목표는 이미 실패한 것이라고 할 수 있다. "올바른 정치가 자유를 신장하면 여성을 포함한 모든 사람이 분명히 지금보다 더 현명하고 도덕적인 존재로 변할 것"(울스턴크래프트 2008, 82쪽)이라는 것이 울스턴크래프트의 핵심적 주장이다.

사회에서 더 나은 인간이 된다는 것과 진정한 시민이 된다는 것은, 양자 모두 자유를 필요로 한다는 점에서 동일한 것이었다. 따라서 울스턴크래프트는 인간성과 시민성이 동시에 추구해야 할 가치라고 보고 공적 정신은 개인의 미덕에 기초하고 그로부터 만들어지는 것이라고 주장하면서 공적 영역과 사적 영역의 현실에서의 상호 교환 가능성에 초점을 맞춘다. 사적 영역에서의 덕성도 자유에 기초하는 것이고 자유는 시민이 지녀야 할 공적인 가치라는 측면에서 공적 영역과 사적 영역은 인간의 삶에서 만나지 않을 수 없는 것이다.

개인의 미덕에 기초하지 않은 공익정신은 평판에만 신경 쓰는 여자들이나 체면 유지에만 급급한 남자들의 거짓된 감정과 비슷하게 될 것이다. 이런 감정은 한 가지 의무를 습관적으로 깨뜨리면 도덕률 전체를 어긴다고 생각하는 사람이 갖고 있는 저 드높은 도덕이나 미덕의 토대 위에 서 있지 않다. (울스턴크래프트 2008, 237쪽)

이에 반해서 루소를 비롯한 남성 자유주의 사상가들은 시민사회에서 여성은 남성에게 종속되어야 하고 의존해야 한다고 생각하여 시민성에 있어서 여성을 배제하고, 여성이 물리적 힘에서뿐만 아니라 법과 관습에 의해서도 남성의 통제 아래에 있어야 한다고 주장했다(Sapiro 1992, 185쪽). 이렇게 남성에게서는 동일하게 발견되는 인간성과 시민성이, 여성에게서는 분리되어 분석되는 근거로 제시되는 것이 바로 공적 영역과 사적 영역의 구분이다. 공적 영역에는 보편적 · 객관적 원칙에 투철한 시민성이, 사적 영역에는 구체적 삶의 현장으로서 개별적 · 주관적 규칙이 작동하는 인간성이 중요하게 등장한다. 전자는 남성의 영역이고, 후자는 여성의 영역이라는 이분법적 사고에서 보편적 가치를 추구해야 하는 남성에게 개별적 가치를 추구하는 여성이 의존하는 것은 사회의 존속과 유지를 위해 당연하다는 결론이 나오게 된다. 여기서 자유주의가 여성에게 반자유주의로 귀착되는 역설적 현상이 드러난다. 루소의 "자유를 위한 강제"라는 역설이 여기서도 작동하는 모습을 살펴볼 수 있다.

루소가 현재를 중심으로 미래를 구상하려 했다면, 울스턴크래프트는 현재의 구도를 변화시켜 새로운 미래로 움직이려고 시도한다. 루소가 남성 시민이라도 확보하기 위해 여성이 희생하고 양보해야 한다고 주장했다면, 여성도 시민으로 서야만 근대시민사회가 완성될 수 있다고 생각한 울스턴크래프트는 시민 여성의 가능성과 필요성을 역설한다. 울스턴크래프트가 여성의 권리를 옹호하고 주창한 이면에는 미래에 도래할 시민 사회에서 여성이 져야 할 사회적 책임이 존재한다. 이성과 자아 정체성을 가진 인간 여성이기에 공화국의 시민이 되는 것은 지극히 당연하며, 그렇게 되지 않을 때 오히려 사회는 타락하게 된다고 주장한 울스턴크래프트는 당시에 사소한 일상과 결혼, 남성과의 관계에만 매몰되어 있던 영국 여성들의 편협한 사고 체계를 그 예로 들고 있다.

도덕의 중요성을 모르거나, 자유를 통해 강화된 이성으로써 자신의 의무를 이해하고, 그 의무를 다하는 것이 자신에게 진정으로 이로운 연유를 깨닫지 못하는 여성은 남성과 협력할 수도 없을 것입니다. 엄마가 조국을 사랑해야 아이도 애국심의 진정한 원리를 배우게 될 것이고, 인류의 도덕적·사회적 이익을 이해해야만 모든 미덕의 원천인 인류애도 생길 것입니다. (울스턴크래프트 2008, 29쪽)

근대기획을 통해 남성은 공화국의 시민으로 이미 자리 잡은 상황에서, 여성의 예속상태 해소, 여성의 이성과 덕성의 확보 등이 더 나은 사회로 진전하는 것을 의미하는 것은 당연하다. 남성과 여성이 모두 이성에 기초한 미덕을 갖추고, 각자의 의무를 수행하는 사회가 도덕적인 사회임은 주지의 사실이다. 구성원의 일부가 예속되어 있는 사회를 이상적이고 도덕적인 사회라고 말할 수 없는 것은, 노예가 존재하는 국가를 자유국가라고 부를 수 없는 것과 같다. 여기에 여성의 예속상태를 해소하기 위해 사회의 주류 세력인 남성들이 노력해야 할 이유가 있다.

나는 그들의 오성에 호소하고 싶다. 그리고 여성을 대표하여, 같은 인간으로서, 그들의 정신에 관심을 가져줄 것과, 아내를 해방시켜줄 것, 그리고 그들을 반려자로 만들어달라고 부탁하는 바다!

남성이 너그러운 마음으로 우리의 쇠사슬을 끊어주고, 비굴한 순종 대신 이성적인 동지애에 만족하게 된다면, 우리 여성들은 더 효성스러운 딸, 다정한 자매, 충실한 아내, 이성적인 어머니, 한마디로, 더 나은 시민better citizen이 될 것이다. (울스턴크래프트 2008, 251~252쪽)

울스턴크래프트는 현실의 질곡에서 억압당하고 있는 여성이 시민으로 등장하게 되면 더 나은 사회가 형성될 것이라는 확신과 함께 미래에 대한 낙관적 전망을 제시하면서 여성이 가지는 가능성과 미래 지향적 가치를 시사한다. 그녀는 소설《메리》와《마리아》에서 이러한 상황과 전망을 성공적으로 묘사하고 있다.

《여성의 권리 옹호》에서 울스턴크래프트는 루소의 여성에 대한 논의를 비판하면서 시민 여성의 가능성을 적극적으로 개진해나간다. 자연이 여성에게 부과한 의무와 능력을 논하면서 여성의 시민으로서의 가능성에 부정적으로 접근하는 루소에 비해, 울스턴크래프트는 이성과 본성에 있어 여성이 남성과 다르지 않다는 점을 강조하면서 시민 남성이 가능하다면 시민 여성 또한 불가능하지 않다고 설명한다. 울스턴크래프트는 모든 인간의 해방과 자유와 평등을 기치로 내건 계몽사상과 프랑스 혁명에 공감하면서, 모든 인간의 시민적 권리를 적극적으로 옹호한다.

《프랑스 혁명에 대한 고찰》에서 기존 사회의 관습과 그로 인한 사회적 편견이 사회를 위해 필요한 덕성이 아니라고 말할 수 없으며, 덕성도 본능이자 습관이라고 주장한 버크[46]에 대해, 울스턴크래프트는《인간의 권리 옹호》에

---

46 버크는 "편견은 인간의 덕성을 습관으로 형성한 것"이라고 주장했는데, 이성에 근거하여 편견을 타도 대상으로 본 당시의 진보사상에 대해 보수주의적 주장으로 반격을 가했다.

서 덕성이 본능이라면 인간 사회에서 희망을 찾을 수 없다고 반박한다.

덕성이 본능이라면, 나는 영원한 존재의 모든 희망을 포기한다. 더불어 삶의 질곡을 완화시켜주는 고상한 몽상과 감정도 포기할 것이다. 그것은 기만이고, 터무니없는 망상이다. 그동안의 내 모든 감정은 잘못된 것이고 허위인 셈이다. 근거에 정의가 있는 것도 아니고, 보편적 사랑에 대한 고려도 없는 것이다.

나는 인간의 권리를 숭배한다. 신성한 권리, 그것을 통해서 나는 보다 깊은 존경을 가지게 되고, 나 자신을 더욱 깊이 성찰하게 된다. (Todd · Butler 1989, 33~34쪽)

이성을 가진 인간이 자유를 통해 덕성을 가지게 되는 것이지, 본능적으로 얻어지고 습관화된 편견이 덕성이 될 수 없다는 인간에 대한 자유주의적 가능성을 생각한 울스턴크래프트는 프랑스 혁명정신이 인류정신의 발전에 중요한 영향력을 끼칠 것이라고 확신했다. 인간의 자유와 평등에 위배되는 편견과 관습이 변화해야 인류가 발전할 수 있다는, 낙관적이고 진보적인 역사관을 가진 그녀는 명백히 계몽사상의 계승자이자 자유주의자였다.

계몽사상을 계승한 자유주의자 울스턴크래프트에게 프랑스 혁명 이후 여성에 대한 프랑스의 처사는 매우 부당한 것이었다. 그녀는 모든 인간의 자유와 평등, 권리를 왜 여성이 향유하지 못하는지에 대해 논리적으로 반박하고 당시 여성의 현실을 분석하여 여성이 사회에서 배제되는 이유를 교육의 부재에서 발견한다. 교육을 통해 이성능력이 증진되고 덕성을 갖추게 되면, 여성도 공화국의 시민으로 손색없이 성장할 수 있다는 것이다.

이는 여성이 남성과 본성 면에서 다르지 않다는 주장과 맥을 같이한다. 따라서 사회가 궁극적으로 발전하려면 여성을 무지의 상태에 방치해둘 것이 아니라 교육시킴으로써 사회 역량을 통합적으로 증진시켜야 한다고 역설한다. 자신의 생각을 따라오지 못하는 현실에 대한 분노와 함께, 여성 교육이 공화국에 새로운 가능성을 열어줄 것이라는 확신에 찬 울스턴크래프트의 목소리는 당시 영국 사회를 울리고 있다.

그러나 어두운 동굴과 같은 현실에서 동굴 밖의 진리의 빛을 경험한 철학자와 마찬가지로 이는 울스턴크래프트의 역사적 소명이었다. 그녀는 여성에게 이성이 없다는 당시의 통념에 격렬하게 저항하면서, 여성은 '인간의 고유한 본성인 이성을 지닌 존재인 동시에 남성과 구별되는 성을 지닌 주체'라는 주장을 지속적으로 설파한다. 그녀는 "여성도 남성처럼 이성을 갖고 있다면, 남성만이 판단을 내릴 수 있다는 법을 누가 정했습니까?"(울스턴크래프트 2008, 30쪽)라는 질문으로 《여성의 권리 옹호》를 시작한다. 이러한 근거에서 "인류의 절반이 다른 절반을 정치 참여에서 제외한 것은 도저히 설명할 수 없는 일"(울스턴크래프트 2008, 29쪽)이며 "여성에게서 정당한 권리를 박탈하면 그들은 부당한 특권을 누리기 위해 자신은 물론 남성까지 타락시킬 것"(울스턴크래프트 2008, 32쪽)임을 역설한다.

인류가 더 도덕적이고 행복해지기 위해서는 남녀가 모두 같은 원칙에 따라 행동해야 할 텐데, 한쪽만 그 원칙들이 합리적임을 이해할 수 있다면 어떻게 그런 걸 기대할 수 있겠는가? 평등한 사회를 이룩하고, 인류의 운명을 개선할 유일한 방도인 저 개화의 원칙들을 널리 퍼지게 하려면, 여성도 지식에 기초한 미덕을 갖출 수 있어야 한다. (울스턴크래프트 2008, 284~285쪽)

루소가 공화국의 안정과 지속을 위해 여성을 현실에 묶어놓고 도덕과 덕성으로 시민 남성의 가정을 지키도록 했다면, 울스턴크래프트는 공화국의 더 나은 미래를 위해 시민 여성의 가능성을 제시한 것이라고 하겠다.

국가 차원에서 좀 더 고결하고 공정한 원칙이 법을 지배한다면, 개인도 자신이 지닌 의무에 따라 행동하게 될지 모른다……그뿐 아니라 여성은 심신을 훈련해 엄마로서 반드시 갖춰야 할 정신적인 능력과 강인함을 획득하게 될 것이다. 이런 강인함은 나약한 자들의 완고함과는 달리 한결같은 처신의 바탕이 된다. (울스턴크래프트 2008, 290~291쪽)

남성 시민만으로 공화국을 유지하기 위해 루소가 자연을 빌려 여성에게 맡긴 임무를 이행함으로써 쥘리가 지켜낸 볼마르의 가정이 안전하고 지속 가능할 수는 있으나, 발전과 개선의 여지는 존재하지 않는다. 울스턴크래프트는 프랑스 혁명의 정신을 통해 여성 시민의 가능성을 적극적으로 이끌어내고, 사회의 발전 가능성에 대해 역설한다. 남성 시민만으로 힘겹게 유지되던 반쪽 공화국은 이제 여성 시민의 대두와 함께 모든 인간이 자유롭고 평등한 공화국으로 자리매김하면서, 미완의 근대기획이 비로소 완성될 수 있는 길을 열게 된다.

3. 울스턴크래프트의 소설에 나타난 여성
   —이상과 현실의 괴리

프랑스 혁명정신의 가능성에 열광하고 이성을 가진 개인의 자유와 평등,

인간의 해방이라는 계몽정신과 근대기획을 신뢰했던 울스턴크래프트는 자신의 삶과 저서를 통해 여성이 인간의 범주에 포함되기 위한 선결 조건으로 여성도 이성을 가진 존재임을 역설하고, 어머니와 아내의 해방, 그들의 자유와 평등, 그들의 사고 체계를 인정해줄 것을 호소한다. 이성과 함께 감수성과 열정도 사회를 구성해나가는 데, 특히 이성과 오성을 발현시키는 데 중요한 역할을 한다는 점을 강조한다.

《여성의 권리 옹호》에서 여성에 대한 부당한 인식을 이성적으로 풀어내며 교육을 통한 가능성을 이론적으로 제시한 울스턴크래프트는 소설 《메리》와 《마리아》에서 논리적인 글로는 풀어내기 어려운 여성의 고통과 여성이기에 겪어야 하는 고난, 수모, 그리고 인간성 타락의 과정을 상세히 묘사한다. 《메리》와 《마리아》는 잘못된 사회의 법, 제도와 관행 때문에 지적·도덕적·영적 우수성을 지닌 여성이 얼마나 고통 받으며 살아가는지를 실제적으로 보여주는 사례 연구라고 할 수 있다. 여성이기에 겪어야 하는 부당한 고난과 고통에 대해 이성적인 인간이라면 분노를 일으킬 수밖에 없으리라 생각한 울스턴크래프트는 이 두 소설을 통해 궁극적으로는 모든 인간이 행복한 사회로 이행하기 위한 동력을 불러일으키고자 했다.

(1) 메리—여성의 감수성과 사회적 삶

《메리》는 울스턴크래프트가 자신의 삶을 객관화시켜보려는 의도에서 쓴 자전적 소설이다. 그녀는 이 소설을 통해 자유와 평등이라는 계몽정신에 바탕을 둔 근대 영국에서 살아가는 여성이 이상과 현실의 괴리로 인해 고통 받는 모습을 그려냈다. 당시 여성의 사회적 삶은 근대가 해방시키려 하던 인간의 삶과 어떻게 다른지에 초점을 맞추어, 근대 초입에 시민 여성이 가능한지에 대해 질문을 던진다.

울스턴크래프트는 자신의 첫 번째 소설이기도 한 《메리》에서 감수성 sensibility의 문제에 직면한다. 여기서 감수성이란 허구와 현실을 매개하는 특별한 기술로, 필자의 영혼이 독자의 가슴속에서 반향을 일으키는 역할을 하게 된다. 계몽주의를 뒤이은 낭만주의 시대에 일어난 이성과 감정 간의 갈등은 바로 이러한 감수성의 시대로부터 시작한 것이다.[47]

《메리》의 주인공 메리는 감수성이 매우 뛰어난 여성으로, 지성과 감성이 발달하고 종교적 심성과 도덕성이 강한 여성으로 그려진다. 울스턴크래프트의 어머니를 모델 삼아 그대로 묘사한 메리의 어머니는 가부장적 이데올로기의 피해자이자 희생자이면서 가부장제를 전승시키는 주역으로 활약하는 또 다른 가해자이기도 한 악순환의 고리 속에 갇혀 있는――울스턴크래프트가 해방시키고자 노력하는――인물로 묘사된다. 당시 여성들이 현실에서의 불만과 고통을 인식하지 못했던 것은 아니지만, 탈출구 없는 삶의 쳇바퀴 속에서 또 다른 희생자를 낳고 있는 모습을 그려낸 것이다.

울스턴크래프트는 메리가 가진 감수성의 원인을 개인적·심리적 차원에서뿐만 아니라 사회적 차원에서도 찾아내고자 한다. 성격이란 타고나는 것도 있지만, 그 발현과 성장 과정에서 사회적 영향력을 간과할 수는 없기 때문이다. 메리는 자신의 영역이 가족, 친구, 배우자, 사회, 그리고 세상 등으로 점차 확대되어가는 일련의 과정을 경험한다. 메리는 이 과정 속에서

---

47 실제로 감수성에 대한 언급은 이미 루소로 거슬러 올라간다. 루소는 자신의 모든 행동과 노력에 있는 창조성과 혁명성의 원인을 감수성에서 찾고 있다. 루소는 감수성을 감정을 위한 물리적이고 격정적인 역량으로 규정하고, 인간의 본질적 특성이라고 선포한다. 루소의 삶과 작품은 감수성이 얼마나 인간을 자유롭게 만들 수 있는지를 보여주면서, 동시에 얼마나 인간을 제한할 수 있는지도 드러낸다(Wollstonecraft 1990, Introduction, ix쪽 by Gary Kelly).

어떤 사람은 아주 이기적으로 사치스럽게 살아가지만, 대다수의 사람은 비참하고 무지한 채로 삶의 진창에서 뒹굴고 있다는 사실을 알게 된다.

메리 자신의 내면에서 발생하는 감각과 감수성 간의 갈등은 점차 사회관계에서의 자기 이익과 자비심과의 갈등으로 이행된다. 개인적이자 사회적인 슬픔에 대항하여, 메리는 '자연'이라는 루소적 진통제와 자신의 합리적 종교에서 기인하는 적극적·사회적 효용성을 처방한다. 그러나 부정적인 환경과 자신의 병적인 감수성이 연합한 결과 메리는 비관적인 자기중심성에 함몰되면서 죽음을 열망하게까지 된다. (Wollstonecraft 1990, xii쪽)

매우 정감 있고 지성적인 메리는 불행한 가정환경을 잊고자 자연의 아름다움에 심취하고 종교를 통해 신과의 영적 교감을 경험하며 마을의 가난한 사람들을 돌보면서 감수성을 일부나마 만족시키며 살아간다. 친구 앤을 사귀게 되면서 또한 보살핌과 사랑을 통한 우정을 경험하기도 한다.

메리의 이러한 삶은 아버지의 명령으로 강제 결혼을 하게 되면서 급작스럽게 변화한다. 자의와는 거리가 먼 결혼이지만 부모의 유산을 포함한 메리의 모든 소유권은 법적인 남편에게 넘어가 버려서, 이를 포기하려 하나 이 또한 법적으로 허용되지 않았다. 여성이 자신을 위해 할 수 있는 선택이란 남편의 허락을 받아 여행을 하는 것으로, 이것이 메리에게 허용된 유일한 자유였다. 자유의 시대, 혁명의 시대를 맞아 이성을 가진 인간의 자유와 평등을 언급하는 시기에, 메리는 자신이 하고 싶은 일을 하려면 남편의 허락을 구해야 하는, 자유주의의 기본 논리로 보아 매우 모순적인 상태에 처해 있었던 것이다. 남편의 허락을 받고 앤의 병간호를 하기 위해 포르투갈로 간 메리는 거기서 헨리라는 남성을 만나 애정을 느끼지만, 앤도 헨리도 죽자 결국 남편에게 돌아와야 하는 상황에 봉착한다.

> 메리는 설명하지 않았다. 만약 앤이 살아 있었다면, 그녀는 헨리를 그렇게 깊이 사랑하지 못했을 것이다. 그러나 또한 그렇다 해도, 그녀는 아무에게도 자신의 열정을 말하지 못했을 것이다. 그녀는 깊이 생각했고, 드디어 가족에게 알렸다. 당분간 비밀로 해야 할 말이지만, 이제 그녀는 남편과 같이 살 수 없노라고……그들이 놀라면서 이렇게 말했다. "남편과 살지 않겠다고! 그러면 어떻게 살려고?" 그녀가 대답할 수 있는 질문이 아니었다. 당시 그녀의 수중에는 리스본으로 올 때 가져온 돈 중에서 80파운드밖에 남지 않은 상태였다. 이 돈이 다 떨어지면, 어디서 돈을 더 구할 수 있단 말인가? 그녀는 울면서 이렇게 말했다. 일할 거야, 노예로 사느니 차라리 아무 일이라도 할 거야! (Wollstonecraft 1990, 49쪽)

《메리》는 매우 급진적인 소설로서, 한 여성의 삶의 궤적과 그 원인을 뿌리까지 추적해 들어가지만, 그 어떤 해결책도 제공하지 못하고 그 어떤 비난도 하지 못한다. 여기서 메리의 몰락을 그녀의 감수성 탓으로 돌릴 수도 있으나, 그 감수성에 개인적 통제를 넘어선 사회적 원인이 있음을 지적하지 않을 수 없다. 당시 여성이 그러한 삶을 살아가게 되는 이유를 개인의 운명에서 발견하고 운명적 필연성을 강조하게 되면, 사회에는 어떠한 악도 존재할 수 없게 되며 오직 실수만이 있을 뿐이고, 개인의 도덕적 책임이 아니라 인과관계만이 남게 된다. 루소와 마찬가지로 울스턴크래프트 및 18세기 후반의 여성 소설가들이 만들어낸 여주인공들이 겪는 필연성은 너무도 자연스럽게 운명론으로 귀착되어버린다. 여성이 남편의 압제 아래 자유도 선택도 없이 살아가는 이유를 여성의 능력 부족으로만 돌리기엔 사회

의 억압 구조는 너무나 엄혹했다.[48]

> 슬픔에 젖어 있을 때, 나는 그 어떤 친절함도 경험하지 못했다. 나는 누군
> 가 나에게 온정을 베풀어주기를 기대했지만, 아무도 그렇게 해주지 않았다.
> 동정이라는 치료약은 존재하지 않았고, 나는 고독하게 버려지고 뜨거운 눈
> 물만이 내 뺨을 적셨다. (Wollstonecraft 1990, 52쪽)

《메리》는 당시 사회 구조 속에서 자신의 뜻에 따른 삶을 영위하지 못하
는 여성의 절박한 상황을 매우 애절하고 생생하게 그리고 있다. 벗어나려
고 하지만 벗어날 수 없는 삶의 질곡 속에 빠진 메리에게는 감수성만이 유
일한 구원의 통로였다. 현실의 삶이 주지 못하는 만족을 자신의 감각으로
느끼는 세상에서는 느낄 수 있었던 것이다. 현실에서는 어디서도 발견할
수 없는 종교적 구원과 도덕성의 고양을 자신의 감수성을 통해 이루어내
려 시도한 메리는 희열도 느끼지만 이를 받쳐주지 못하는 현실 때문에 고
통스러운 대가 또한 치러야만 한다. 감각과 감수성을 이해하지 못하는 건
조한 이성의 시기에 진정한 인간의 삶은 감성을 통해서만 가능하다는 것
이 메리의 고통스러운 삶에서 역설적으로 드러난다.

> 감수성은 인간의 영혼이 느낄 수 있는 가장 정교한 감정이다. 감수성이 우
> 리에게 널리 퍼질 때, 우리는 행복을 느낀다. 그것이 순수하게 남아 있을 수 있
> 다면, 순종하는 열정이 이성의 지배하에 있고 마음의 충동이 그대로 있을 때,

---

48 19세기 초기 자본주의 시기에 가난을 개인의 능력 부족 때문으로만 치부할 수 없다고 보고 자
본주의 사회의 구조적 모순에서 그 원인을 찾아내려 한 카를 마르크스Karl Marx의 분석으로부터,
남성 사회라는 구조적 모순에서 여성이 당하는 억압의 원인을 찾아낼 수 있을 것이다.

우리는 저 천국의 희열을 현세에서 느낄 수 있을지도 모른다……감수성은 실로 모든 우리 행복의 기원이지만, 이러한 황홀경은 또한 순간적인 감각에만 의존하는 타락한 관능주의자들이 파악할 수는 없는 것이다……감수성은 미덕을 날아오르게 한다. 이성으로 제어되지 않은 감수성은 선과 악의 경계선에 있으면서 동시에 미덕을 생각하는 것이다. (Wollstonecraft 1990, 53~56쪽)

《메리》에는 저자인 울스턴크래프트의 여성적 감수성이 그대로 투영되어 있는 동시에 유아론적唯我論的 상상력의 감옥에서 탈출하려는 개인의 시도도 나타나 있다. 울스턴크래프트 자신의 경험을 반영하여 《메리》에서 여성에게 부과되는 필연성은 더욱 가중되어 나타난다. 필연성과 운명의 순환적 고리에 갇혀 있는 여성의 삶에서 탈출구는 피안의 세계에 있었다. 울스턴크래프트는 여성의 욕망이 강제적인 애정 방식에 구속되지 않는 '보다 나은 또 다른 세계'를 기대하면서 소설 《메리》의 끝을 맺는다.

그녀[메리]의 건강은 지속적으로 나빠졌고, 남은 생이 그리 길지 않아 보였다. 고독한 슬픔의 순간에 기쁨의 빛이 그녀의 마음을 일순 스치고 지나갔다. 그녀는 자신이 '결혼도 없고' 결혼을 포기해야 하는 것도 아닌 세상으로 바쁘게 가고 있다고 생각했다. (Wollstonecraft 1990, 68쪽)

실제로 《메리》는 매우 독특한 소설이다. 정치도 없고, 자신의 독특한 경험을 일반화시키기 위한 시도나 바람도 없으며, 여성에게 전반적으로 적용되어야 하는 공적 세계에서 해결되어야 할 문제에 대한 접근도 없다는 점에서 더욱 그러하다. 감성적 여성의 취약성에 대한 반감을 잘 드러내면서 여성의 몸과 욕망을 극복해야 할 문제로 보았다. 《메리》는 당시의 사회 문제와 병리 현상을 구체적으로 지적하지도 않고, 이에 대해 현실적으로 어떻게 대응해야 할지 명시적으로 제시하지도 않는다.《메리》에서 울스턴크래프트는 당시 사회를 살아가는 여성의 한계를 적나라하게 드러내고 보여줄 뿐이다.

《메리》는 이성이 강조되는 계몽사상 시기에 존재했던 감수성이 풍부한 여성에 대한 암울한 보고서이자 현실에 대한 분석으로, 여성이 당면한 현실의 덫에 갇혀 사멸되어가는 상황을 잘 묘사하고 있다. 이 상황을 벗어나기 위해서 여성에게 필요한 것은 숨겨진 이성능력을 드러내는 일이었다. 앞서 루소가 언급했듯이 감성과 감수성은 여성만의 속성이 아니라 인간의 속성이기에, 이성이 여성에게 부여되어 있지 않다는 근대기획자들의 논지에 대해 울스턴크래프트는 "미덕에는 성별이 없다Virtue has no gender"(Johnson 2002, 199쪽)는 말로 대응한다.

(2) 마리아와 저마이마 — 여성의 열정과 연대, 그리고 사회적 가능성

마리아

《메리》에 나오는 여성의 몸과 욕망이 극복 대상이라면,《여성의 권리 옹호》는 여성의 몸과 욕망이 남성성 아래 포섭될 수 있다는 가정을 제시한다. 이어지는 소설《마리아》는 여성의 몸이 해결책으로 기능할 수 있는지에 대한 문제를 직접적으로 다루기 시작한다.《메리》에서 여성이 출구 없는 삶에 절망하며 단독으로 세상과 맞서고 있다면,《마리아》에서 여성은 삶에 대한 열정passion을 가지고 다른 여성과의 연대solidarity를 모색하고, 사회로 탈출하여 자신을 드러내려는 시도를 하게 된다. 제도의 덫에 걸린 채 모든 불행의 원인을 자신의 탓으로 돌리면서 함몰되어가던 여성의 감수성이 정치적 · 사회적으로 자신의 입지를 설명하고 해결하려는 열정으로 한 걸음 나아가고 있는 것이다.

여성의 정신을 대표하고 남성과 여성의 차이를 제거하려는 철학적 목적을 지닌 《마리아》에서는 어떻게 여성의 정신이 형성되고 어떻게 전승되어 가는지에 대한 현실적 분석이 잘 드러난다. 과거로부터 전승되어오는 것은 곧바로 미래로 변함없이 이행되고, 여성의 삶에는 변화가 발생하지 않는다. 변화를 일으키기 위해서는 자아의 혁명이 필요하다. 마리아에게 여성주의 의식은 곧 혁명이었다. 개인의 주체성에 대한 강조는 저자 울스턴크래프트의 사상을 그대로 반영하고 있다. 《마리아》에는 양육의 숭고함, 모유 수유의 즐거움, 성적 욕구의 변화 등 곳곳에 울스턴크래프트의 생각이 드러나 있다.

《마리아》는 여성이 법률적 제약을 벗어나 사랑하는 남성과 결합할 권리가 있음을 주장하고, 결혼한 여성에게 사랑하지 않는 남성과 관계를 맺는 것이 얼마나 굴욕스럽고 고통스러운지 묘사한다. 마리아는 남편이 숙부가 제시한 지참금을 노리고 결혼했다는 것에 분노하고 남편과의 관계를 거부한다. 방탕하고 무절제한데다 게으르고 지저분한 남편에게서 혐오감과 역겨움을 느끼는 마리아는 어린 딸에게 남긴 글에서 상류 계층의 여성이라도 자신의 경제적 · 정신적 독립을 위해 적극적으로 노력해야 한다고 강조한다.

여성이 충분한 능력만 있다면 어떠한 일도 할 수 있어야 한다. 상류층 부인gentlewomen에게 모자를 팔거나 옷을 만드는 직업은 천하다고 생각되겠지만, 이는 거짓된 자존심으로 잘못된 생각이다. 나의 아가야, 나는 네가 어떤 위치에서도 자신을 갖고 열정적으로 일해나갈 수 있기를 바란다. 그렇게 확고한 정신을 통해서 너는 자신을 위한 선택을 할 수 있게 될 것이다. 그리하여 사회의 최하층에 처해 있다 할지라도 너는 너 자신을 위한 훌륭한 사람이 될 수 있을 것이다. (Wollstonecraft 1990, 148~149쪽)

마리아는 남편이 보낸 참회의 글을 읽고 재결합을 하지만 임신한 상태에서 남편이 숙부의 재산을 노렸다는 것을 알게 된다. 이에 딸을 출산하자마자 해외로 도피하려 하지만, 오히려 남편은 딸을 빼앗고 마리아를 정신병원에 감금하여 금치산자로 만들고는 마리아가 상속받은 재산을 차지하려 한다. 정신병원에서 마리아는 여성 간수 저마이마와 존경할 수 있는 애정의 대상 댄퍼드를 만나게 된다. 저마이마의 도움으로 정신병원을 탈출한 마리아는 런던에서 댄퍼드와 동거생활을 하고, 남편에게 간통죄로 고소를 당한다.

재판 과정에서 마리아는 남편이 얼마나 부도덕하고 무절제한지 폭로하면서 공식적으로 이혼을 요구하지만, 당시의 재판정은 남편의 권리[49]만을 인정하고 여성 마리아의 이혼 요구는 묵살한다.[50] 결혼을 하면 여성의 모든 것은 대표성의 원리에 의해 남편의 것이 되고, 여성의 재산을 남편이 탕진해도 국가의 법은 여성의 재산과 권리를 인정하지 않기에 막아주지 못한다. 여성에게 국가가 있는지, 자유가 있는지 질문하지 않을 수 없다. 여성에게 "세상은 거대한 감옥이고, 여성은 거기에 태어난 노예"(Wollstone-

49 1848년까지 영국에서는 남성과 여성이 결합하여 가정이 형성되면, 대표성의 원리에 의해 가정의 대표 한 사람의 권리만을 인정했다. 이는 "남성과 여성이 연합하여 한 몸을 이룰지라"라는 성경의 내용에 근거를 둔 것으로, 가부장권의 법적 효력에 대한 근거이기도 하다.
50 《마리아》는 비록 미완성으로 끝났으나, 애초에 마리아가 애인 댄퍼드와 헤어진 충격으로 유산하고 자살 기도까지 하지만, 저마이마의 도움으로 죽은 줄로만 알았던 딸을 찾아 함께 여생을 살아간다는 내용으로 구상되어 있었다.

craft 1990, 79쪽)였던 것이다.

나의 성[여성]에만 특별히 가해지는 비참함에 대해 설명하지 않을 수 없다. 가장 흉악한 범죄자를 시체에 묶어두는 전제군주의 법도 권력의 남용이자 비인간적인 법일진대, 인간의 마음을 묶어두기 위해 구속하는 법은 사회에 있어서는 안 된다. 그러한 야비한 상태에서는 그 어떤 대안도 존재하지 않으며, 사랑도 없고 재난만이 남게 된다. (Wollstonecraft 1990, 165쪽)

메리와 달리 마리아는 자신의 경험으로부터 여성주의적 사회 비판을 이끌어낸다. 마리아는 이를 대화에 이용하면서, 자신의 심성을 강화시키고 주변의 환경에 개입한다. 마리아는 방탕한 남편을 논박하고, 다른 여성으로 하여금 개인에 대한 억압이 일반적인 현상이라는 인식을 할 수 있게 도와줄 뿐 아니라 애인 댄퍼드와의 사랑을 철학적으로 이해한다(Kelly 1996, 209쪽). 재판에서 마리아는 자신의 개인적 경험으로부터 여성주의 사상을 이끌어내어 공식화시킨다.

여성으로 태어난 것은 나 자신의 감정을 억눌러야 하는 고통 속에 태어난 것이기에, 여성이라는 성이 태어날 때부터 가진 운명의 여러 단점을 잘 알고 있다. 더 나쁜 것은 자신을 억압하는 사람들에게 복종하고 그들의 전제를 참아내고 정당화하기까지 해야 한다는 점이다. (Wollstonecraft 1990, 181쪽)

저마이마
《마리아》에는 마리아와 다른 계층의 여성인 저마이마가 중요한 인물로 등장한다. 저마이마는 하층 계급의 여성으로 하층민이기에 차별받으며 겪는 고난과 함께 여성이기에 겪는 고난 등 이중의 고난 속에 인간성을 박탈당한 채 피해자로서 살아간다. 마리아가 감금된 정신병원에서는 가해자로 등장하는 저마이마는 피해자이자 가해자라는 인간의 이중적 모습을 그대로 보여준다.

> 내가 왜 고통 받는 인간성을 위해 싸워야 하는가?——누가 나를 위해 어떤 위험을 감내해준 적이 있는가?——누가 나를 동료 인간으로 인정해준 적이 있는가? (Wollstonecraft 1990, 119쪽)

이러한 절규에 마리아가 저마이마의 손을 잡아주면서, 사회에서는 서로 분리되어 존재해온 두 계층의 여성이 연대하게 된다. 저마이마는 자신과 다른 계층의 여성 마리아와의 만남을 통해 인간성을 찾아가면서, 인간성의 회복이 여성의 삶에 주는 축복의 메시지를 전달해주는 역할을 한다. 마리아는 일단 하층민 저마이마와의 정신적 연대가 형성되자 같은 계층의 남성 댄퍼드를 통해서 사회적 구원의 가능성을 보게 된다.

> 마리아는 그녀의 손을 잡았다. 자신이 겪어온 수모보다 그 친절함에 압도된 저마이마는 자신의 감정을 숨기려 급히 방을 나왔다……저마이마의 운명과 자신[마리아]의 운명을 생각하면서, 그녀[마리아]는 여성이 받는 억압에 대해 생각하고, 딸을 낳았다는 사실에 슬퍼하게 되었다……마리아는 생각에 생각을 거듭했다. 저마이마의 인간성은, 그녀가 살아오는 과정에서 맞닥뜨린 무서운 고난으로, 죽었다기보다는 마비되어 있었다. (Wollstonecraft 1990, 119~120쪽)

저마이마가 살아온 이야기를 듣고 그녀의 손을 잡은 마리아의 눈물은 저마이마의 마비된 마음과 정신을 깨우고 인간성을 되살린다. 결국 마리아를 정신병원에서 벗어나게 해준 사람은 그녀의 애인 댄퍼드가 아니라 저마이마였다. 이 소설은 저마이마와 마리아의 관계 형성을 통해 가장 경멸받는 계층 여성과의 연대와 애정 공동체 형성이 가능하다는 것을 시사한다는 점에서 신선하고, 이질적인 사회관계에 대한 편견을 버리게 한다는 차원에서 또한 상징적이다. 마리아는 저마이마를 만남으로써 계층을 넘어 여성이라는 성에 대한 사회적 억압을 인식하기도 한다.

> 저마이마의 구원은 동정심을 가진 사회 지도층 인사와의 접촉을 통해 이루어지는 것으로 되어 있다. 그러나 불쌍한 창녀와 고상한 상류층 여성 간의 간격이 울스턴크래프트의 소설에는 존재하지 않는다. 저마이마와 마찬가지로, 마리아도 결혼했고 버림받았고 돈에 팔렸다. 남성의 세계에서 모든 여성은 매춘부인 셈이다. (Taylor 2003, 242쪽)

마리아와 댄퍼드의 애정 전선에 저마이마가 끼어들면서 개인적인 관계에서의 사회적 속성을 발견하게 되는《마리아》는 단순한 연애 소설을 넘어 미래 이상사회를 지향하는 사회 비판 소설로까지 자리매김하게 된다.

> 어머니로서, 딸로서, 마리아와 저마이마는 서러운 삶의 불행을 공유하는데, 그들의 유대는 모성과 연계된 혈연적 따스함에 기초하고 있다……저마이마와 마리아는 서로의 관계에서 서로의 상처를 치유하고, 마리아의 딸을 통해 결속된 관계를 확인한다. (Johnson 2002, 205~206쪽)

소설의 마지막에서 고통 속에 빠져 있는 마리아에게 생기를 불어넣어 준 것은 댄퍼드가 아니라 저마이마가 데려온 딸의 "엄마"라는 말이었다. 이 "엄마"라는 말은 마리아와 저마이마 모두에게 생기를 불어넣고, 애정이 생물학적 관계에서만 비롯하는 것이 아님을 시사한다.

재닛 토드Janet Todd는 마리아의 성향을 다음 두 가지로 파악한다. "하나는 순환적이며 반복적인 성향이고, 다른 하나는 직선적이고 발전적인 성향이다. 전자는 마리아를 남성과의 관계에 묶어두고, 후자는 자유와 완성을 향한다."(Todd 1980, 211~212쪽).《마리아》에서 자유는 마리아와 저마이마가 완성해가는 협력적이고 상호 존중적인 동료 관계에서 잘 드러난다.

마리아와 저마이마의 연대는 상호 작동하면서 두 사람 모두를 구원해주게 된다. 마리아는 모성적 열정으로 저마이마에게 자신의 딸을 구해달라고 애걸하는데, 두 사람의 상처 받은 모성이 여성 연대female solidarity의 모습으로 드러나게 되는 것이다. 마리아와 마리아의 딸의 운명은 저마이마의 손에 달려 있고, 저마이마는 또한 마리아를 통해 인간성을 회복하면서 보다 나은 미래로 나아가게 된다. 이러한 동료관계는 상호 간의 동정과 이익의 조화에 근거한 상호성으로부터 형성된다. 고통 받는 여성이라는 점을 공유한 마리아와 저마이마는 서로 상이한 계급적 지위와 기대에도 불구하고, 매우 효과적인 전략적 제휴를 하게 된 것이다.

[마리아와 저마이마는] 따로 또 같이, 여성은 불확실한 미래를 위해 [현실의] 감옥 탈출에 성공한다. [이 소설은] 당시에 유토피아 정도는 아니었지만 예지적인 것이었다. 100여 년이 지나서야, 이 소설은 여성주의 정치의 동력이 되었다. (Taylor 2003, 244쪽)

《마리아》에서 마리아와 저마이마가 보여주는 것은 단순하다. 여성이 세상에서 그저 살아가고자 애쓰는 것 같지만, 그 과정에서 여성이 궁극적으로 추구하는 것은 자신의 자유라는 사실에 대한 인식이다. 《마리아》는 자유를 추구했던 프랑스 혁명 지지자 울스턴크래프트의 자유에 대한 절규를 그대로 보여준다.

그것이 가능할까? 내가 정말 자유로운가? 그렇다. 내가 해야만 하는 행동을 내가 결정적으로 하고 있다고 인식할 때, 나는 내가 자유롭다고 말할 수 있다. 내가 얼마나 자유를 갈망했던가?──어떤 희생을 치르고서라도 사고자 했던, 그리고 나의 자존심이라는 값을 치르고 산 그 자유 아니던가! (Wollstonecraft 1990, 163쪽)

여성의 사회적 삶은 남성을 통해서만 가능했던 근대 초기에 《마리아》는 여성 간의 유대와 제휴를 통한 인간성의 회복과 자유의 신장이 가능함을 그려낸 일종의 미래 소설이자 정치 소설이었다. 여성이 사회에서 자신의 감성과 열정을 드러내는 방법으로 남성과의 애정만이 유일했던 상황에서, 이 소설에 나오는 여성과의 연대를 통한 동료의식의 형성은 사회의식의 형성 과정을 단적으로 보여주는 것으로서 여성이 사회에서 시민으로 등장할 수 있는 가능성을 보여주었다. 또한 자유를 향한 여성의 갈망이 동일한 계층의 남성을 통해서는 좌절되고, 다른 계층의 여성을 통해서는 성취되어 가는 과정을 보여줌으로써, 계층을 초월하여 여성이 가지는 미래 가치를 사실적으로 그려냈다.

근대 자유주의의 맥락에서 울스턴크래프트는 루소의 사상에 열광하고 또 절망했지만 울스턴크래프트와 루소는 서로 많은 것을 공유한다. 인간의 자유와 평등, 덕성을 가진 시민의 필요성 등에 대한 생각에서 그들은 근대 민주주의의 사상적 연원을 제공한다. 루소가 프랑스 혁명의 사상적 자원을 제공했다면, 울스턴크래프트는 프랑스 혁명의 정신을 확대하고 계승·발전시키고자 했다. 다만 루소는 사회의 발전과 진보가 불가능하다면 일단 지금 상태를 지켜내고 지속시켜야 한다고 본 데 반해, 울스턴크래프트는 사회가 지속적으로 발전해야 한다는 진보적 역사관에 충실했다는 점이 다르다.

사회에 위협이 될 정도로 강력한 여성의 힘을 인정한 루소는 여성의 힘을 적절하게 제어해야 사회가 안정적으로 유지된다고 생각했다. 당시 살롱 문화에서 여성들의 힘이 절제되지 않는 상태를 혼란이라 규정한 루소는 이에 대한 제어를 통해 공화국과 민주주의를, 시민 남성을 지키겠다는 사명감을 보여준다. 여성에 대한 루소의 두려움과 공포는 사회에서 여성을 배제하고 교육시키지 않은 채 동굴 속 무지의 상태에 내버려두고 남성 시민만으로 자유와 평등의 공화국을 구성하는 근대기획으로 진행된다. 원천적으로 잘못된 출발에서 여성을 다루는 사회의 문제점을 발견한 울스턴크래프트는 여성에 대한 두려움과 공포를 전 인류의 해방, 자유와 평등이 충만한 미래사회를 위한 가능성으로 전환시킨다. 여성들을 미망에서 깨워 동굴 속에서 이끌어내려는 미래로부터의 소리가 울스턴크래프트를 통해서 그려진다.

시민 양성을 교육의 목표로 설정한 루소는 이 목표에 방해가 되는 요소를 규제해서라도 체제의 안정과 지속을 꾀하고자 했던 반면, 울스턴크래프트는 시민에 여성을 포함시키려는 전향적 전략을 사용한다. 루소나 울스턴크래프트 모두 근본 목적은 인간의 자유와 평등이 확보되는 근대사회를 만드는 것이었지만 시민에 여성이 포함되는지의 여부에 따라 이들의 사상은 다른 길을 택한다. 지속적으로 발전하려면 여성이 시민으로 설정되어야 한다는 울스턴크래프트의 생각과, 사회가 발전하려면 일단 유지되고 지속되어야 하는 것이 전제 조건이므로 시민 남성을 우선적으로 제대로 정립해야 한다는 루소의 생각은 일견 전혀 다르다고 할 수 있겠으나, 사회 발전 전략이라는 차원에서 본질적 차이는 발견되지 않는다. 루소는 여성에 대한 현재적 두려움 때문에 시민 여성의 가능성에 부정적이었지만, 여성에 대한 두려움의 근간이 해소될 경우에는 시민 여성이 불가능한 다른 이유를 찾아볼 수 없다는 점에서 역으로 사회에 대한 전향적 태도의 가능성을 발견할 수 있다. 18세기 프랑스의 현실을 중심으로 살펴보는 루소의 여성에 대한 태도와 프랑스 혁명의 정신을 바탕으로 미래적 전망을 제시하는 울스턴크래프트의 여성에 대한 가능성은 사회의 발전과 진보라는 동일 선상에 놓여 있다고 할 수 있겠다. 여성을 두고 현실과 미래의 차원에서 논박하는 루소와 울스턴크래프트는 여성이라는 성에 현재와 미래가 중첩되어 있다는 양가성을 드러낸다. 현재의 유지와 지속 가능성이 여성에게 담보되어 있고, 또한 미래로의 발전과 진보도 여성에게서 발견될 수 있다는 가능성과 함께, 루소와 울스턴크래프트를 통해 18세기 여성은 공화국의 시민으로, 근대의 주역으로 역사의 전면에 등장하기 위한 준비를 시작한다.

　루소를 통해 여성이 현실에서 가지는 강력한 힘과 통제력을 인정받은 셈이라면, 울스턴크래프트를 통해 여성의 역량과 잠재적 리더십이 가정과 사회에 분출되어야 할 이유가 제시되었다고 볼 수 있다. 울스턴크래프트는 여성의 이성능력을 의심하지 않았고, 여성의 감성능력이 가지는 가능성에 대해 신뢰를 보냈다. 울스턴크래프트가 소설 《메리》와 《마리아》의 여주인공을 통해서 보내는 울분과 항변의 메시지는 여성뿐만 아니라 사회의 구성원 모두의 역량 강화로 이어졌고, 궁극적으로 인간과 사회의 발전에 기여했다. 울스턴크래프트의 메리와 마리아, 저마이마가 던진 메시지는 60

여 년 후 해리엇 테일러와 존 스튜어트 밀이 사회 차원에서 모든 인간의 자유와 평등을 공론화하는 계기가 되며, 사회의 보편적 발전을 위해서는 여성 집단을 필두로 한 소수자의 입장과 형편을 사회적으로 정치적으로 살필 필요가 있다는 생각으로 이어진다. '개인적인 것은 정치적인 것'이라는 20세기 페미니즘의 중요한 명제의 출발점이 바로 여기서 발견된다.

제4부
/
존 스튜어트 밀
—자유의 탈젠더화를 위하여

제1장

19세기와 존 스튜어트 밀

존 스튜어트 밀은 영국의 대표적인 공리주의 철학자이자 경제학자였던 아버지 제임스 밀James Mill(1773~1836)과 공리주의자 제러미 벤담Jeremy Bentham(1748~1832)의 지도를 받아 공리주의 철학의 후계자로 성장했다. 집중적 사교육과 타고난 천재성을 바탕으로 열세 살 이전에 이미 철학, 역사학, 수학, 논리학의 고전을 원어로 익혔고 열네 살에 이미 독립적으로 지적인 사고를 할 수 있을 만큼 성숙했다.

공리주의 철학은 자연법칙, 올바른 도리, 사회계약과 같은 추상적인 개념을 버리고 온전히 경험주의의 입장에서 사람들이 본성적으로 추구하는 쾌락을 극대화하고 고통을 최소화하는 방향으로 사회를 개혁함으로써 최대 다수의 최대 행복을 실현하는 것을 목적으로 했다.

이성에 집중한 조기 교육의 결과, 밀은 스무 살 무렵 정신적 위기에 봉착하게 된다. 너무나 이른 시기에 정신이 성숙해버려 인생의 목적 상실이라는 위기를 만나게 된 것이다. 인류 전체의 행복을 인생의 목적으로 생각하고 느끼는 감정이 행복의 가장 큰 원칙임을 믿고, 실제로 그렇게 행동한다고 해서 자신이 행복한 것이 아님을 알게 된 것이다.

이때 해리엇 테일러와의 만남이 인생의 전기를 이루게 된다. 이미 가정이 있는 테일러와 지적·정서적 교감을 나누면서 테일러의 남편이 사망하기까지 20여 년간 교류한다. 밀과 테일러는 만난 지 21년 만인 1851년에 결혼하여 7년 동안 함께 살며 사상적으로 많은 영향을 주고받게 된다. 이성 중심으로 지적 교육을 받았기에 감성과 직관이 부족한 밀을 보완해준 것이 바로 진보적 사상을 가진 테일러였다. 이후 거의 모든 밀의 작품은 테일러의 감수를 거쳐 출판된다.

밀의 《자유론》과 《정치경제학 원리*Principles of Political Economy*》, 《여성의 종속》은 모두 테일러와의 토론 및 공동의 검토를 거친 것이었다. 특히 《자유론》은 지적 동반자로서의 두 사람의 관계가 상징적으로 가장 잘 반영된 저작이라고 할 수 있다. 지적 귀족주의와 보수주의 성향을 가지고 있었던 밀의 사상이 진보적이고 개혁적인 성향을 띠게 되는 것은 바로 테일러의 영향 때문이다.

수많은 밀의 저술의 근저에 흐르는 공통된 것은 바로 자유에 대한 확고한 신념과 무한한 신뢰이다. 고대로부터 정치사상의 근본 목표는 인간의 행복에 있다는 데에 밀도 전적으로 동의하면서 이를 위해 가장 근본적으로 필요한 것이 모든 인간의 자유를 통한 개별성의 확보라고 보았다. 밀은 자유라는 사상적 가치를 출발점으로 삼아, 현실에서 이를 가진 인간과 가지지 못한 인간의 삶은 비교할 수 없음을 사회적 효용성이라는 척도를 이용하여 설명한다.

1. 진보의 시대와 공리주의의 등장

존 스튜어트 밀이 활동했던 19세기 중반은 진보의 시대였다. 르네상스와 계몽의 시대를 거치며 확고해진 인간의 이성능력에 대한 신뢰를 바탕으로 사회 진보를 위한 수많은 아이디어들이 전 사회로 분출되고 있었다. 동양적 백가쟁명百家爭鳴의 시대이자 현대를 규정하기 위한 기본 사상들이 영국의 지식인들을 중심으로 자리를 잡아갔던 시대라고 할 수 있다. 자유주의, 민주주의, 사회주의, 급진주의, 무정부주의, 여성주의 등 지금도 운위되는 모든 이념들이 산업혁명을 통한 경제 발전과 함께 세상에 등장하여 집중적으로 그리고 동시에 논의되는 사상적 다원성을 보여주면서도 일견 혼란스럽기도 한 시기였다.

사상의 홍수와 함께 그 실천이 보다 중요한 문제로 대두되면서, 실천을 위한 방법론으로서의 공리주의는 19세기 사상 논쟁의 한 축을 이루게 된다. 사회 발전과 진보라는 장밋빛 역사관을 가지고 시대를 걱정하고 논의하는 담론의 형성에서 보다 중요한 것은 사상의 현실에의 적용과 실천이라는 데 착안한 제러미 벤담과 제임스 밀은 사회의 모든 법과 제도의 현실적 근거로서 공리주의적 사고를 제시한다. 사회의 모든 법과 제도가 사회 구성원의 행복을 증진시키는 데 목적이 있다고 전제하고, 특정 법이나 제도가 어느 정도의 구성원에게 어느 정도의 행복을 줄 수 있는지를 경험적으로 파악해보고자 하는 것이 공리주의적 사고의 근간을 이룬다. 공리주의는 영국의 경험론적 철학을 바탕으로 하여 사회의 복지와 행복의 정도를 계산하고, 그 계산 결과에 따라 법과 제도를 제정하고 운용해나가면 '최대다수의 최대 행복'이라는 목적을 달성할 수 있으리라는 매우 낙관적인 결론을 내린다.

이에 대해 제임스 밀의 집중 교육으로 성장한 존 스튜어트 밀은 행복의 측정 가능성에 의문을 제기하면서, 행복의 질적 측면에 대한 문제를 평생 동안 철학의 대상으로 삼았다. 제러미 벤담과 아버지 제임스 밀의 공리주의를 양적 공리주의라고 지칭한 밀은 공리와 공리가 추구하는 행복의 질적 측면을 강조하는 자신만의 질적 공리주의를 형성한다. 공리주의의 질적 특성은 행위 주체인 인간을 보다 중요하게, 때로는 특수하게 생각하는 데서부터 출발한다. 행위자 인간이 행복을 느끼기 위해서 필요한 것이 양적 계산으로 충분히 해결되지 않는다는 것은 근대 이후 인간성을 강조한 사람들이면 모두 인정할 수 있는 내용으로, 인간이 이성과 함께 감성을 가지고 있음을 인정한 대표적 사례라고 할 수 있다.

'불만족한 소크라테스'와 '만족한 돼지'의 비교를 통해 인간이 현실에서 추구하는 행복의 본질에 대한 논의를 공리주의적 행복 계산의 변수로 인정하면서, 현실의 행복 개념이 인간에 따라 달라질 수 있다는 점을 드러낸다. 따라서 현실에 불만족한 소크라테스는 감옥에서 탈출하자는 제안을 거절하고, 미국의 혁명 이론가 토머스 페인Thomas Paine(1737~1809)은 "자유 아니면 죽음을 달라"라는 말을 남기고, 실제로 굴욕적인 삶을 살기보다 죽음을 택하면서 행복이라 역설하기도 한다. 여기서 인간의 행복을 계산해내려면 질적·정신적·정서적 측면까지 모두 포함하는 매우 복합적인 다차원의 방정식을 구사해야 하는 것이다. 자신의 삶을 희생하는 인간의 행복을 양적 공리주의는 계산해낼 수 없다. 인간성이라는 기준에서 이미 부당하다고 인정된 노예제의 사회적 타당성을 부인할 수 없는 윤리적 한계를 양적 공리주의는 인간의 이성적 측면만 강조하는 사상적 출발부터 이미 배태하고 있었다고 하겠다.

존 스튜어트 밀을 통해 공리주의는 질적·정신적 측면까지 반영하여, 현실에서의 법과 제도의 정당성과 절차를 논할 수 있는 체계를 갖추게 된다. 공리주의란 근본적으로 영국의 경험론적 사고를 바탕으로 하여, 이상과 사상, 철학의 현실에서의 적용을 시도하는 것으로, 법과 제도가 현실에 어떻게 적용되고, 사상과 가치가 현실에서 어떻게 활용될 수 있는가를 주요 지표로 하는 것이다. 존 스튜어트 밀은 '자유' 개념을 시작으로 이러한 현실에의 적용 작업을 시도한다. 근대사상을 지탱하는 '개인'과 '개인의 자유'를 중심으로 이러한 개인의 자유가 많은 사람들이 모여 사는 현실에서 어떻게 적용되고 운용되어야 하는지에 대한 의문을 출발점으로 하여, 법과 제도를 점검해나가는 과정이 《공리주의Utilitarianism》, 《자유론》, 《여성의 종속》, 《대의 정부론》, 《정치경제학 원리》에서 드러난다. 진보하는 사회의 역동성을 포착해내는 동시에 현실 적용 문제도 놓치지 않는 이상주의적이면서도 매우 현실적인 사상가로서 자리매김한 밀은 18세기 프랑스 혁명 이후 치열하게 논의되어온 여성의 자유와 정치 진출 등의 문제도 동일한 방식으로 동일한 개념을 사용하여 분석하고 결론을 내린다.

2. 공리주의의 개념—이상에서 현실로

고대 그리스의 철학자 소크라테스의 죽음 이후, 철학은 지속적으로 정치와 대립각을 세워왔다. 철학이 내세우는 가치나 도덕은 현실의 정치에서는 실현하기 어려운 것으로, 정치는 덕성이나 윤리, 도덕을 어느 정도는 간과해도 어찌할 수 없는 것으로 여겨져왔다. 특히 플라톤은 문제 있는 현실을 개조하려면 현실과 분리되어 있는 철학자가 통치해야 한다는 철학자-왕의 이론을 제시할 정도로, 정치와 철학은 오랫동안 대립해온 것이 사실이다.

이러한 대립 구도는 15세기 마키아벨리의 등장으로 새로운 시대를 열게 된다. 마키아벨리는 철학에서의 도덕성과 다른 정치에서의 도덕성의 새로운 개념을 설정하면서, 정치의 새로운 영역을 개척한다. 고대 철학이 지향하는 '지혜sophia'로부터 근대의 '실천적 지혜prudence, phronesis'로 정치와 철학의 접점을 현실에서 찾아내려는 시도가 바로 그것이다. 여기에 경험론이라는 영국적 전통은 19세기에 이상을 현실에서 분석하고 설명하려는 시도와 맞물려 공리주의 사상으로 이어진다.

공리주의는 행위의 기준을 '최대 다수의 최대 행복', 즉 사회의 최대 다수 구성원이 최대한의 행복을 누리는 것을 추구하는 윤리관이자 정치관이다. 주로 19세기 영국에서 유행했던 공리주의는 영국의 경험주의 철학의 산물로, 전통과 관습의 지혜에 반기를 들면서 행복과 쾌락pleasure에 대한 경험적 기준을 설정하고자 했다.

공리주의는 현실의 경험으로부터 도덕의 근거를 제시하고, 나아가 법과 제도를 계산하여 설정한다. 즉, 법이 과학이 될 수 있는 가능성을 공리주의는 제시한다. 또한 행위의 판단 기준을 효용utility으로 보고 효용성의 극대화가 곧 사회적 이익의 극대화를 가져올 수 있다고 판단한다. 이기적 개인을 출발점으로 사회적 이익과 선을 달성할 수 있다는 긍정적 사고의 전형을 보여주는 것이다. 덕성과 가치를 기준으로 하는 고대 철학에 반기를 들었다기보다는 고대 철학의 가치를 현실에 적용시키고자 하는 노력의 결정체였다고도 할 수 있겠다.

벤담과 밀은 행복과 쾌락을 동일시했다. 벤담은 쾌락의 계량 가능성을 주장하면서 쾌락의 양을 계산할 수 있다고 생각했다. 이에 반해 단순한 양적 계산만으로는 인간의 도덕성과 가치의 경중을 가늠하기에 부족하다고 생각한 밀은 벤담의 양적 공리주의에 반대하여 질적 차이를 인정하는 질적 쾌락주의의 입장을 취하고 내면적인 동기, 양심, 자기 도야 등의 중요성도 인정한다. 밀은《공리주의》에서 쾌락의 평가에 대해 다음과 같이 밝힌다.

공리는 다음과 같은 사실, 즉 어떤 종류의 쾌락은 다른 종류의 쾌락보다 훨씬 더 바람직하고, 한층 더 가치 있다는 점을 인정한다.[51] 다른 모든 것을 평가할 때는 양과 마찬가지로 질도 고려되는 것이 보통인데, 유독 쾌락을 평가할 때만 반드시 양에 의존하라는 것은 불합리하지 않은가? (밀 2011, 25쪽)

밀은 행복이 쾌락을 얻고 고통을 피하는 데 있다는 벤담의 견해로부터 시작하지만, 쾌락이 동일한 가치를 지니는 것은 아니며, 정신적인 완전과 자기 존중, 미, 질서, 진리와 같은 가치에 대한 사랑이 삶을 완벽하게 한다는 점을 강조한다. 쾌락의 질적인 차이를 언급하면서 공리주의를 수정한 밀은 지적이고 미적인 쾌락이 육체적 쾌락과 양적으로 같을 수 있다고 파악한다. 나아가 밀은 만족한 돼지와 불만족한 소크라테스의 삶을 비교하면서,[52] 다량의 저질 쾌락과 소량의 고질 쾌락을 설정하고, 쾌락을 양과 질에 따라 비교하면서 평가하고 판단한다.

특정한 쾌락이 특정한 고통을 희생하면서까지 구입할 만한 가치가 있는

---

51 그러나 에피쿠로스학파의 인생관이라고 알려진 것들 가운데 지성과 감정, 사상, 도덕적 심성의 쾌락이 단순한 감각 가치 이상의 보다 높은 가치를 부여받지 않은 것은 아무것도 없다. 더욱이 공리주의 사상가들이 일반적으로 육체적 쾌락보다 정신적 쾌락의 우월함을 인정하는 것도 주로 정신적 쾌락이 주는 영속성, 안전성, 저비용성 때문이라는 점을——다시 말하면 외적 이익보다 내적 본성 때문이라는 점을——인정하지 않으면 안 된다(밀 2011, 24쪽).
52 만족한 돼지보다는 불만족한 인간이 낫고, 만족한 바보보다는 불만족한 소크라테스가 되는 것이 낫다(밀 2011, 29쪽).

가 없는가를 결정하는 데 유경험자의 감정과 판단 외에 무엇이 더 있겠는 가? 그런 만큼 유경험자의 감정과 판단이 보다 높은 소질로부터 도출해낸 쾌락을 높은 소질을 갖추지 못한 동물적 본성이 느끼는 쾌락보다 강렬성과 는 별도로 유類적으로 더 좋다고 선고할 때, 이 유경험자의 판단은 앞의 경 우와 마찬가지로 존중되어야 한다. (밀 2011, 32~33쪽)

결론적으로 공리주의의 기준은 개인이나 행위자의 행복에 있는 것이 아 니라 '최대 다수의 최대 행복'에 있으므로, 공리주의가 어떤 곳에서 다수를 행복하게 할 수 있는 중요한 가치를 발견했다면 그 발견자의 행복 여부와 는 별도로 그 가치는 공리주의의 목적을 달성한 것이라고 볼 수 있다. 여기 서 소크라테스가 지혜와 덕이 중요하다고 주장하다 죽음을 당했다 할지라 도 그의 지혜와 덕으로 많은 사람들이 보람 있는 삶을 영위해왔다면, 소크 라테스가 주장했던 지혜와 덕은 공리주의적 목적에 충실하다고 할 수 있 다. 여기에서 밀이 언급한 '불만족한 소크라테스'와 소량일지라도 높은 가 치를 가지는 양질 쾌락의 중요성이 드러난다.

제2장
공리주의자 밀의 자유주의

　이상주의자이자 공리주의자인 밀은 좋은 삶을 목표로 했다. 좋은 삶은 좋은 정부에서 보장될 수 있고, 좋은 정부는 자유로운 개인들이 시민으로서 제대로 활동할 때 가능해진다. 밀은 자유가 행복의 근저에 존재한다는 신념에 따라 현실에서 그 가능성을 찾아보고자 했다. 이상의 현실에서의 시현이라고 할 수 있겠으나, 이를 위해 밀은 인간의 이성을 중심으로 논의를 전개했다. 인간의 이성을 신뢰한다는 점에서 18세기적이고, 현실에 천착한다는 점에서 19세기적이며, 이상적 원리의 현실적 적용이라는 점에서 20세기적이기도 한 것이 바로 밀의 정치사상이다.

　밀은 남성 중심의 사회에서 여성의 권리, 특히 정치적 권리를 주장하고 노동 계급의 삶에 정치적 관심을 드러내는 등 민주주의에 대한 신뢰를 보냈다. 그럼에도 여성과 남성의 일에 대한 구분이 명백했다는 점에서, 엘리트와 전문가의 능력을 믿었다는 점에서 밀은 여전히 19세기의 사람이다. 그러나 보수적이고 엘리트에게는 신뢰를, 대중에게는 의구심을 가진 상태에서 자유주의 원칙의 형평성 있는 적용을 주장하고 원칙을 현실에 그대로 적용하려 했다는 측면에서 또한 진보적이기도 하다. 현대에 와서야 현실화된 소외 집단을 포함한 보통선거권, 대표성의 난점을 해결하기 위한 비례대표제 등을 적극적으로 주창했다는 점에서 급진성을 드러내기도 한다.

현실적인 차원에서 대의 민주주의 체제를 주장하면서도 소수파의 발언권에 대한 보호가 무엇보다 중요하게 제시되는 밀의 민주주의론은 소수가 다수 앞에서 자신의 생각을 자유롭게 표명할 수 있어야 한다고 강조한다. 다수와 소수, 주류와 비주류가 공존하면서 공공 영역에 모든 시민이 자유롭게 참여할 수 있는, 동시에 능력 있는 소수가 다수 속에서 자신의 능력을 제대로 발현할 수 있는 체제가 바로 밀이 설계한 민주주의 체제라고 하겠다. 밀은 이렇게 할 수 있는 중요한 기제로, 이성을 가진 시민들이 자발적으로 참여하는 토론의 장을 제시한다.

민주적 요소와 귀족주의적 요소가 다수 시민이 토론과 심의에 반복적으로 참여하는 현장에서 상생의 결과를 도출해낼 수 있다는 것이 밀의 일관된 생각이었다. 실제로 밀의 사상이 현실에 그대로 적용되기에는 아직 이상주의적 요소가 많지만, 여전히 가능성을 보여주는 것 또한 사실이다. 현대의 복합적 다문화 사회에서 등장한 참여 민주주의, 심의 민주주의도 자유에서 행복으로 이어지는 밀의 사상 속에서 그 해결의 단초를 발견해낼 수 있을 것이다(박의경 2013a, 120~121쪽).

1. 19세기 진보 지성의 만남—밀과 테일러

아버지 제임스 밀을 통해 이성적 교육을 받은 존 스튜어트 밀은 철저하게 합리적이었고, 이러한 태도는 여성의 자유에 대한 논의에서도 나타난다. 1700년대 후반부터 시작하여 1830년대에 이르면서 사회적으로 치열한 논쟁의 화두였던 인간의 자유라는 문제는 노예제와 여성의 권리를 모두 인정하지 않는다는 매우 모순적인 결론에 도달하게 된다. 노예의 문제를 논할 때는 인간의 천부인권과 존엄성을 인정하고, 여성의 자유를 논할 때는 여성이 사회에서 이행해야 할 의무에 논의가 모아지는 논리적 모순에 대해 밀은 근본부터 의문을 제기한다. 모든 인간에서 여성이 배제되지 않는다면 여성을 사회적으로 배제할 근거가 없다는 것이 밀의 근본 주장으로, 밀은 이 논리를 초지일관 유지해나간다.

> 남성과 여성을 둘러싼 오늘날의 사회적 관계——다시 말해 한쪽이 다른 한쪽에 법적으로 종속되어 있는 상태——를 만들어낸 원리는 그 자체가 잘못된 것이고, 인간 사회의 발전을 가로막는 중대한 장애물 중 하나이다. 이것은 완전 평등의 원리로 대체되어야 마땅하다. 어느 한쪽에 권력이나 특권을 주면서 그 반대편의 권리는 박탈하는 일은 다시는 없어야 한다. (밀 2006, 13쪽)

이러한 밀의 사고가 유지되는 데 결코 간과되어서는 안 될 존재가 바로 아내 해리엇 테일러이다. 해리엇 테일러는 밀이 이성의 건조함 속에서 정서적 어려움을 느낄 때마다, 그 갈급함을 채워주는 감성의 제공자 역할을 했다. 테일러는 사상적으로는 진보를 주장하는 밀보다 언제나 한발 앞서 있어, 급진적이라고도 할 수 있는 입지를 취하고 있었다.

1830년에 밀과 처음 만났을 때, 테일러는 이미 결혼하여 두 아이를 두고 있었다. 이 만남은 곧바로 지적인 교류를 통한 사랑으로 이어져 28년이나 지속되게 된다. 이미 20대 초반의 나이에 문필 활동을 하고 있었던 테일러는 잡지《월간 보고*Monthly Repository*》에 많은 시와 서평, 단상 등을 기고했다. 이때 테일러는 여성 교육, 결혼, 이혼, 윤리, 종교, 그리고 예술에 관한 글의 초고를 다수 작성한 것으로 보인다. 1840년경부터 1850년대 초까지 테일러는 밀과 함께 학문과 저술에 있어 밀접한 공동 작업을 수행한다. 이 시기에 테일러는《정치경제학 원리》의 한 장을 완성하고, 공리주의자들의 잡지인《웨스트민스터 리뷰*Westminster Review*》에 〈여성의 정치적 권리 Enfranchisement of Women〉를 기고한데다, 가정 폭력 법안에 대한 소책자를 의회에 제출하기도 했다. 테일러와 밀은 여성의 권리에 대한 생각을 공유했고, 공동 저술 작업을 수행했다. 테일러는 그녀의 사후 출판된 밀의《자유론》과《자서전*Autobiography*》의 초고를 작성하는 데도 참여했던 것으로 보인다(Jacobs 1998, introduction, xii∼xiii쪽).

그들이 공동 작업을 했다는 사실은 밀이《자서전》에서도 분명히 밝혔지만, 테일러의 글에서 발견되는 내용이 밀의 저서 곳곳에 다시 나타나는 것을 보고도 알 수 있다. 이를 통해 그들의 공동 작업이 얼마나 많이 이루어졌는지, 밀이 테일러의 죽음을 얼마나 아쉬워했을지도 유추할 수 있다.

1831년부터 이미 해리엇은 "모든 인간은 타인의 행복을 방해하지 않는 한도 내에서 전적인 자유를 향한 권리를 보유한다"는 것을 인정하고 있었다. [밀의]《자유론》에 이 생각이 다시 나타나고 있다는 것은 분명한 사실이다. "진실은 여러 측면을 가지며, 한 사람은 한 가지만 알 수 있다"는 [테일러의] 말은 밀의《자유론》2장의 핵심적 내용이다. 해리엇 테일러에게 밀이 급하게 쓴 편지에서《자유론》의 중심 개념이 처음으로 드러나기도 한다.
(Jacobs 1998, introduction xiv∼xv쪽)

밀은《자유론》의 헌정사에서 테일러가《자유론》을 수정할 기회를 갖지 못한 것에 대한 아쉬움을 절실하게 드러낸다. 또한《자서전》에서는 아내 테일러의 사상이 얼마나 심오한지, 자신에게 얼마나 지대한 영향을 미쳤는지 장문으로 서술하고 있다. 밀이《자서전》에서 명시하고 있듯이《정치경제학 원리》의 '노동 계급의 미래'에 대한 장은 테일러의 견해를 전적으로 반영해서 쓴 것이었다. 그들은 여성에 대한 남성의 지배는 힘에 바탕을 둔 권리 체계의 마지막 흔적(밀 2006, 22~23쪽)으로, 여성은 뇌물과 협박이라는 만성적 사슬에 묶여 있는 종속 상태의 계급(밀 2006, 30쪽)이라는 생각을 공유하게 된다. 테일러와의 사상적 교류에 대해 밀은《자서전》에서 다음과 같이 밝히고 있다.

법률적, 정치적, 사회적, 가정적 모든 관계에 있어 남녀 간에는 완전히 평등해야 한다는 나의 확신은……내가 정치 문제에 대해서 깊이 생각한 결과의 하나이다. 그리고 내가 그러한 확신을 갖게 된 것은 바로 그것이 그녀가 나에게 흥미를 가지게 한 무엇보다도 큰 원인이라고 나는 믿는다. 사실대로 말하자면, 내가 그녀를 알기 전에 이러한 생각은 이미 내 마음속에 있었지만, 그것은 다만 추상적 원리에 불과했다. 나는 남성이 다른 사람들에게 법률상 예속되어야 할 이유가 없다면 여성도 마찬가지여야 한다고 생각했다. 여성의 권리도 남성의 권리와 다름없이 보호되어야 하며, 인간을 제약하는 법률 제정에 여성이 평등한 발언권을 갖지 않는다면 여성은 법적 보호를 받을 수 없다는 것이 나의 생각이다. 다만, 나의 저서《여성의 종속》에 쓰여 있는 것처럼, 여성이 실제적으로 다방면에 걸쳐 법률적으로 무능력하다는 것은 주로 아내로부터 배웠다. 아내의 인간성에 대한 지식이나 도덕적, 사회적 영향에 대한 깊은 이해가 없었다면, 나는 현재 내가 가지고 있는 견해야 있었겠지만, 부녀자가 열등한 지위를 가짐으로 인해 생기는 결과가 기존 사회의 여러 죄악이나 인류 진보에의 장애와 어떤 관련이 있는가에 대해서는 아주 불충분한 개념밖에는 갖지 못했을 것이다. (Mill 1989, 185~186쪽 각주)

밀의 대표작이라고 할 수 있는 《정치경제학 원리》에서도 테일러와 공동 작업한 흔적들이 발견된다. 이 책은 당시에 여성의 경제적 관심에 주의를 기울이고 여성을 자율적 행위자로 간주한 최초의 저술로 인정받게 된다. 《정치경제학 원리》에서 밀은 처음으로 여성의 임금이 남성의 임금보다 낮다는 사실에 의문을 제기했고, 애덤 스미스Adam Smith(1723~1790)의 노동 분업에 대한 신념을 비판했다. 애덤 스미스가 주장한 반복적 작업의 효율성은 남성의 산업 노동에 근거한 것으로, 여성의 작업 경험을 반영하지는 못한다는 것이다. 밀과 테일러는 일상적 훈련을 한다면 여성도 얼마든지 훌륭한 산업 노동력으로 전환될 수 있다고 하면서, 여성의 경험을 간과하여 많은 경제사상가들이 실수를 범하고 있다고 주장한다. 특히 노동 계급의 빈곤과 인구 문제를 언급하면서 테일러가 역설한 여성의 산아 제한과 피임의 필요성은 여성이 아니고서는 분석해낼 수 없는 것으로, 테일러가 밀에게는 보이지 않던 새로운 세계를 열어주는 사상적 안내자의 역할을 수행하고 있음을 보여준다.

당시에 진보 사상의 대표주자로 대두하고 있던 사회주의 사상에 대해서도 밀은 기존 체제의 지속성과 실현 가능성을 염두에 둔 약간은 보수적인 입장을 견지하는 데 반해, 테일러는 미래의 가능성에 초점을 맞춘 보다 진보적 입지로 사회주의를 적극적으로 수용하고자 하는 태도를 보인다. 이러한 테일러의 입장은 궁극적으로 밀의 저술 속에 융합된다. 이렇게 밀의 보수성을 어느 정도 완화시키고 미래를 보다 멀리 조망할 수 있도록 밀의 저술의 시각을 넓힌 테일러의 영향력과 공헌이 드러난다.

《정치경제학 원리》제4권 7장의 초고를 테일러가 작성했다는 사실을 밀은《자서전》에서 다음과 같이 밝힌다.

> 나의 저서 중에서 아내의 도움이 현저하게 나타난 최초의 것은《정치경제학 원리》였다……《정치경제학 원리》가운데 다른 어느 장에서보다도 여론에 가장 큰 영향을 준〈노동 계급의 미래에 대한 예측〉이란 제목의 1장은 전적으로 아내 덕분에 집필된 것이며 보다 앞선 것으로, 이 저서의 최초의 초고 때 그 장은 없었다. 아내는 그와 같은 장이 필요하고, 그것이 없으면 전체가 어딘가 불완전하다고 지적하면서 나에게 그것을 쓰게 했다. 그 장의 비교적 개론적인 부분이나 노동 계급의 정당한 생활 조건에 관한 서로 대립하는 두 가지 설을 논술한 부분은, 전적으로 아내의 사고방식을 해설한 것이고, 때로는 언어까지도 그녀의 입에서 나온 것이다. (Mill 1989, 186~187쪽 ; Jacobs 2002, 208쪽에서 재인용)

이성적이고 합리적인 진보주의자 밀의 정밀한 분석력에, 감성이 풍부한데다 여성과 노동 계급 등 피해받는 계층에 대한 시각으로 무장한 급진적 진보주의자 테일러의 사상이 더해지면서 밀은 풍부한 사상의 영역 확대와 경계 확장을 경험하게 된다. 특히 여성을 행위자로 인정하게 되어 1851년 《논리학 체계 *A System of Logic*》3판과 1852년《정치경제학 원리》3판에서는 테일러의 영향으로 밀이 사용하는 용어에 변화가 발생한다. "가장 명백하고 중요한 변화는 성차별주의적 언어의 변화라고 할 수 있다. '인간men' 은 '사람들people'로 대체되고, 'a man'은 '인류mankind' 또는 '사람a people'으로 대체되었다."[53](Jacobs 2002, 216~217쪽). 독자들이 인식하지 못하는 경우를 대비하여, 밀과 테일러는 관련 설명을 각주로 추가하기도 했다.

　대명사 he는 모든 인간을 표현하는 유일한 용어이다. he가 인간을 일반적
으로 표현하려는 목적을 가지고 만들어진 용어가 아님에도, 성별에 대한 적
절한 구분이나 특성의 차별화 없이 그대로 사용되어왔다. 이것은 언어의 한
계 이상의 문제이다. 인류의 절반을 전체라고 생각하고 말하는 것을 거의 보
편적 관습으로 만들고 싶어 하는 경향이 바로 그것이다. (Mill 1963, 837쪽 ;
Jacobs 2002, 217쪽에서 재인용)

　언어는 사고를 담는 도구이므로, 일상에서 사용되는 언어가 무엇을 의미
하는가에 따라 사고가 달라지기도 한다는 점을 밀과 테일러는 19세기 중
반에 이미 인지하고 있었다. 이들은 더 나아가 용어의 변화를 통해 사상의
변화를 시도했다는 점에서 시대를 앞서간 선각자들이라 할 수 있을 것이
다. 사회적으로 사용되는 용어의 탈젠더화를 시도했다고도 볼 수 있는데,
이러한 시도는 100여 년이 지난 1960년대 미국의 여성 운동기에 실제로
활성화되었다.[54] 한마디로 사회적 주류에 소속되어 이성 중심의 사상을 펼
쳐나갔던 남성 밀과 사회의 비주류에 소속되어 피억압 계층을 깊이 이해

53　언어에 성별 구분이 없는 한국어에서는 이 차이가 잘 드러나지 않지만, 성별 구분이 있는 로망
스어 계통의 언어인 영어에서 man은 남성이자 인간을 뜻하며 여성까지 포괄하는 대표 단수 역할
을 한다. 따라서 이러한 용어의 변화는 중대한 사상적 변화라고도 할 수 있다.

54　언어의 탈젠더화 작업을 시도한 결과, 여성의 호칭이 miss와 mrs로 결혼 여부에 따라 구분되
던 것이 ms로 통합되고, chairman이 chairperson으로 바뀌는 등의 변화가 일어난다. 이는 궁극적으
로 사회적 주체에 대한 문제의식에서 비롯한 것이다. 여성이 객체로 취급되던 상황이 언어에 반영
되어 있다는 데 착안하여 상징 체계인 언어에서부터 이제는 여성이 주체로서 등장했음을 알리자는
작업의 일환이라고 볼 수 있다.

했던 여성 테일러의 지적 교류는 시대를 변화시켜나갈 사상적 흐름을 선도하게 된다.

2. 자유와 젠더—자유에는 성별이 없다

(1) 철학적 급진파 밀—이성으로 보는 자유

밀이 사상적 활동을 시작한 1830년대는 지적으로 가장 활성화되고 변화에 대한 욕구가 가장 왕성했던 시대로, 사회의 발전과 진보를 위한 요구들이 넘쳐났다. 1832년의 선거법 개정을 시작으로 사회를 개혁하자는 목소리는 더욱 높아져서 근본 개혁에 대한 욕구가 분출하게 되는데, 이를 주도한 세력을 급진파radicals라 지칭한다. 이들 중에서 참정권, 표현의 자유, 사회적 차원의 빈민 구호 등을 요구하면서 시위 등을 통해 목표를 추구하고자 한 민중적 급진파Popular Radicals에 비해, 양심의 자유, 종교의 자유, 자유 시장 경제 체제, 의회 개혁, 피임, 여성의 정치적 권리, 공리주의적 원리에 따른 사회질서 등을 주장하면서 저술이나 강연, 의회 진출을 통해 목표를 달성하고자 한 사람들의 집단을 철학적 급진파Philosophic Radicals[55]라 칭하는데, 밀이 여기에 속한다.

---

[55] 실제로 이들은 영국 휘그Whig당의 사교 클럽으로 시작하여 후일 자유당으로 변모했다. 노동당이 생기기 전까지 사회주의적 발상이 이 철학적 급진파들을 통해서 자유당 내에 도입되었으며, 길드 사회주의나 페이비언 협회Fabian society와도 사상적 연계를 가진다(참고 : 위키백과 '철학적 발본주의'). 위키백과의 필자는 radicals를 발본파라고 번역했으나, 필자는 그대로 급진파로 옮겨 사용한다. 다만, 수단과 방법을 가리지 않는다는 의미를 배제한, 사회의 발전 방향에 대한 개혁사상이라는 차원에서 급진파라고 칭하기로 한다.

다른 철학적 급진파 사상가들과 마찬가지로, 밀의 사상적 출발점은 반론의 여지 없이 '자유'였다. 밀의 자유는 이성을 가진 모든 인간이 반드시 가지고 있는 것으로, 반드시 누려야 하는 근본 가치였다. 밀은 이러한 자유를 기반으로 당시 사회와 미래에 필요한 여러 제도를 공리주의적으로 풀어나간다. 공리주의에서 말하는 행복의 척도로서도 자유는 매우 중요한 지표이기에, 인간에게서 자유를 배제한다는 것은 절대로 용납할 수 없는 일이었다.

그런데 여성이라는 이유로 자유를 누리지 못하는 상황은 밀이 보기에 원칙상 절대로 허용될 수 없는 일이었다. 여성이 인간이라는 사실이 변하지 않는다면, 여성도 전적인 자유를 향유할 수 있어야 하고, 여성에게도 전적인 자유가 허용되어야 마땅하다는 것이 이성적으로 사고하는 밀로서는 매우 당연한 결론이었다. 밀은 여성에게도 전적인 자유를 허용해야 하지만, 여성에게 특혜를 주는 일은 자유에 반하기에 있어서는 안 된다고 보았다.

> 자기 본성에 따라 행동하도록 내버려둔다면, 여성이 그 본성에 어긋나는 일은 결코 하지 않는다는 점이다. 사람들은 흔히 자연이 두려워 자연이 하는 일을 가로막으려 하는데, 그것은 정말 쓸데없는 짓이다……그저 오늘날 남성들이 어떤 특혜를 누리고 있는지 되돌아보기만 하면 된다. 만일 여성이 천성적으로 어떤 일에 대해 남성에 비해 특별한 강점을 가지고 있다면 법이나 사회적인 교육을 통해 일부러 여성에게 유리한 방향으로 유도할 필요는 없다……글자 그대로, 여성은 자신에게 가장 잘 맞는 일을 가장 잘할 수 있다. 여성이 그런 일을 할 수 있게 되면 남성과 여성이 지닌 능력이 사회 전체적으로 가장 유익한 결과를 낳을 수 있는 것이다. (밀 2006, 57~58쪽)

이성을 근간으로 하여 합리적으로 사고하는 밀이 자유를 허용하되 어떤 특혜도 허용해서는 안 된다[56]고 한 것은 지극히 당연한 결론이지만, 이런 점이 사회 개혁에 대한 밀의 진정성이나 의지를 비판하는 빌미가 되기도 한다. 실제로 사회에서 어떤 집단에게 어떤 권리가 주어지거나 주어지지 않는 것은 사상보다는 역사에 연원하여 관행으로 지속되는 경향이 있으며, 따라서 사회적인 데 보다 큰 원인이 있는 경우가 많다. 결국 이론적으로는 옳다고 생각되는 것들이 특정 현실에서는 받아들여지지 않을 때, 그 사회적 원인이 제대로 규명되지 못하면 사회 개혁을 한다 해도 실질적 의미를 가지지 못하게 된다는 것이 그 비판의 핵심이다. 어떤 것에 대한 자유가 이론적으로 주어져 있지만 거기에 도달하는 길이 마련되어 있지 않은 경우가 여기에 해당되는데, 실제로 당시 여성의 자유와 권리가 이러한 종류의 문제였다고 할 수 있다. 오랫동안 굳어져 있는 조직 속에 추상적이고 이론적인 자유가 주어졌을 때, 그 자유를 실행할 수 있는 실행력이 담보되지 않는다면, 실제로 그 자유는 존재 의미를 상실하게 되며, 사회가 다시금 자유롭지 않은 사회로 회귀되어버릴 가능성이 상존하게 된다. 그런 의미에서 사회 구조에 대한 근본적 개혁이나 변혁이 요구되는 것이다. 물론 밀은 활발한 저술 활동을 벌였을 뿐만 아니라, 의회에도 진출하여 현실에서의 법과 제도를 개혁하기 위해 구체적인 시도를 했던 인물로서, 사상과 현실에서의 사상적 적용이라는 두 가지 과제를 균형 있게 수행하려 했다.

---

56 이러한 사고는 1830년 미국에서 유행했던 랠프 월도 에머슨Ralph Waldo Emerson(1803~1882) 류의 초월주의적 사고와 유사하다. 에머슨은 모든 인간이 자기 의존성을 지닌다고 하면서 인간의 개별 가치를 극대화시켜야 하고, 타인의 도움으로 자존적 독립성을 훼손시켜서는 안 된다고 했다. 따라서 사회적 소외 집단이 자유와 권리를 누리는 것을 당연히 인정하지만, 동시에 특혜가 있어서도 안 된다는 입장을 취하고 있다(박의경 2010a, 295~298쪽).

(2) 유니테리언 급진파 테일러—감성으로 접근하는 자유

밀과 테일러가 만나게 된 계기가 명확한 것은 아니지만, 이성의 한계를 느낀 밀이 우울한 시기를 지나면서 문학에 눈을 뜨고, 유니테리언Unitarian 들에게 공유되던 정치 개혁에 관심을 가지게 된 것과 연관되었을 개연성 은 분명하다.[57] 당시 해리엇 테일러와 존 테일러 부부가 다녔던 사우스 플 레이스 채플의 윌리엄 폭스William Fox 유니테리언 목사가 그 중간 역할을 한 것으로 알려져 있다. 사우스 플레이스 채플에는 제러미 벤담의 주요 제 자들도 소속되어 있었던 것으로 알려진다. 폭스 목사는 1826년 철학적 급 진파의 잡지인《웨스트민스터 리뷰》에 글을 기고하기도 한다. 당시 학술 잡지를 다양하게 탐독하고 있던 밀은 1827년 폭스 목사가 편집하는《월간 보고》의 정기구독자였다. 이러한 관계 속에서 1830년 밀과 테일러는 폭스 목사의 집에서 조우하게 된다. 밀과 테일러의 만남은 19세기 진보 지성의 만남이자 철학적 급진파와 유니테리언 급진파Unitarian Radicals의 만남이기 도 했다(Rossi 1970, 19~20쪽).

유니테리어니즘은 1830년 당시 많은 지식인들이 공유했던 사상으로 예 수의 신성神性에 의문을 제기하고 삼위일체론을 부정하는 태도를 취해서 전통교회로부터 배척을 받았다. 이런 상황에서 종교적 관용을 요구한 유니 테리언은 궁극적으로는 사회 개혁을 선도하는 역할을 하고 있었다. 노예제 폐지, 노동자의 권익 향상, 결혼과 이혼에 대한 전향적 사고, 여성의 정치

---

57 유니테리언과 공리주의자는 이미 한 세기 전부터 밀접하게 관계를 맺고 발전해온 것으로 보인 다. 유니테리언의 정신적 지주인 조지프 프리스틀리Joseph Priestley(1733~1804)는 1768년에 정부 에 대한 에세이를 쓴 바 있고, 이를 통해 제러미 벤담은 공리주의의 근본 개념인 '최대 행복' 원칙을 착안하게 된다(Mill 2011, 10~11쪽 참조).

적 권리에 대한 급진적 요구 등이 유니테리언 급진파의 사회 개혁 사상을 대변한다.

여성의 지위와 남녀의 관계에 대한 관심은 1830년대 초 유니테리언 급진파들에게 그다지 새로운 이슈는 아니었다. 메리 울스턴크래프트도 유니테리언 지식인이었으며, 《월간 보고》는 여성 교육을 요구하는 글을 지속적으로 싣고 있었다. 1823년에 해리엇 마르티노Harriet Martineau는 〈여성 교육에 대하여On Female Education〉라는 글에서 여성은 남성의 노리개나 노예가 아니라 동반자가 되기 위해 교육받아야 한다고 역설하기도 했다. (Rossi 1970, 20쪽)

밀이 관심을 가지고 읽었던 공리주의 잡지 《웨스트민스터 리뷰》도 처음부터 여성 이슈를 중요하게 다루고 있었다. 따라서 밀의 여성에 대한 관심이나 생각이 전적으로 테일러의 영향 때문이라고 말할 수는 없다. 남녀의 평등과 여성의 자유와 권리는 당시 지식인들에게는 최고의 화두이자 뜨거운 감자로, 밀과 테일러 모두 이에 대해 동의하고 있었던 것이다. 결국 1830년대 당시에 여성의 자유와 평등, 권리를 주장하는 두 가지 조류가 철학적 급진파와 유니테리언 급진파로, 밀과 테일러가 사상적으로도 만날 수 있는 지점이 바로 여기에 존재한다.

현실의 문제를 다루는 데 있어 유니테리언 급진파는 보다 근본적이고 급진적인 개혁을 요구한다는 점에서, 철학적 급진파에 비해 진보적이라고 평가된다. 유니테리언은 철학적 급진파가 다루지 않는 종교의 문제에서부터 출발했기에 보다 심도 깊게 사회 근본의 문제까지 접근해갈 수 있었다는 점에서 사상적으로 좀 더 자유로운 상태에 있었다고도 할 수 있다. 바로 이런 점에서 밀에 비해 테일러가 한발 앞서 나갈 수 있는 지적 기반이 존재한다. 밀과 테일러는 서신으로 많은 의견을 나누고 서로 영향을 주고받아 거의 동질화되기도 했지만, 보다 깊은 내용으로 들어가 보면 나름대로 분명한 차이를 드러내기도 한다.

1831년과 1832년에 걸쳐 밀과 테일러는 여성과 결혼에 있어서의 여성의 지위에 대한 에세이를 공동으로 저술했는데, 그 주요 내용은 후일 밀의 《여성의 종속》에서 보다 명확해진다. 이러한 과정에서 밀과 테일러의 시각 차이가 잘 드러나기도 한다. 첫째로, 테일러는 밀보다 훨씬 더 급진적이었다. 충동적이기도 하고 지적 훈련도 밀보다 적게 받았던 테일러지만 결혼과 출산, 이혼에 대해서는 밀보다 훨씬 급진적인 생각을 하고 있었다. 현실에서 가능한 방법을 생각하는 공리주의자 밀의 신중함에 대비되는 테일러의 진보적 사고의 일면을 사회학자 앨리스 로시Alice Rossi는 다음과 같이 설명한다.

결혼에 대해서는 어떤 법도 필요 없으며, 여성이 자신의 아이에 대한 전적인 책임을 져야 하는 것으로 이혼 시에도 논의의 대상이 될 필요가 없다. 여성이 아이의 보육과 양육에 대한 책임을 지고 있으므로, 낳을 아이의 수도 여성 자신이 결정해야 한다. 자신을 먹여 살리는 남성과의 유대를 증가시키기 위한 수단으로 아이를 더 낳는 것보다 이것이 더 중요하다. (Rossi 1970, 22쪽)

테일러가 이렇게 감정적으로 주장한 데 비해 밀은 보다 신중한 태도를 취한다. 그는 결혼법의 개정을 요구하면서 어릴 때 결혼하면 이혼의 가능성이 보다 높아진다는 점을 지적하기도 한다. 결혼 후 일정 기간 동안 아이

낳기를 유보할 것을 권유하기도 한다(Rossi 1970, 22쪽). 여성을 중심으로 결혼과 출산, 육아 문제를 논하는 테일러에 비해, 밀은 여성과 남성, 사회까지 모두 고려함으로써 매우 신중해지고 때로는 타협적이 되기도 한다.

테일러가 밀과 다른 두 번째 차이점은 개선된 여성 교육을 활용하는 문제에서 드러난다. 여기서도 급진적인 시각을 드러내는 테일러는 여성이 잘 교육받아야 할 뿐만 아니라 스스로 원하는 분야에서 활동할 수 있어야 한다고 역설하지만, 밀은 매우 조심스럽게 접근한다. 여성이 직업을 선택하는 경우에 대해서도, 밀은 앞으로도 계속 여성의 목적은 사랑하는 남성과의 결혼일 것이므로, 결혼 이후에도 남편과 지적으로 교류하면서 삶을 아름답게 가꿀 수 있는 직업을 택해야 한다고 생각했다. 가정에 한정된 여성의 제한적 역할에 대한 전형적 사고를 가지고 있던 밀에 비해 테일러의 사고는 이미 밀이 다다를 수 없을 정도로 멀리 나가 있었던 것이다.

> 여성은 이제 자신의 인격을 빵이나 다른 무엇과도 바꿀 이유가 더 이상 없다. 공직이 남성과 여성 모두에게 동일하게 열려야 하며, 모든 직업이 자연이 준 재능에 따라 분배되어야 한다. 아버지들은 아들과 마찬가지로 딸을 교육시켜야 한다. (Rossi 1970, 86쪽)

급진적 사고를 가지고 있었지만, 밀과 공동으로 작업한 〈결혼과 이혼에 관한 에세이Early Essay on Marriage and Divorce〉의 말미에서 테일러는 밀에게 모든 고상한 덕을 전파한다는 사도적 정신으로 여성의 지위 개선을 위해 노력할 것과 세상에 진정한 평등의 길이 무엇인지 가르쳐줄 것을 요청한다.

> 가장 많이 즐기는 자가 가장 덕 있는 자이다. 모든 고상한 덕의 사도가 되

어 최고의 즐거움을 가르치는 것이 가장 가치 있는 일이며, 미신과 투쟁하고 시적인 감성을 가지고 있는 계급이 이를 가르칠 수 있는 유일한 계급이다. 바로 당신이 그 구원자가 되기에 가장 적절한 인물이다. (Rossi 1970, 87쪽)

자신의 열정과 감성으로 풀어낸 세상에 대한 울분 섞인 개선책의 실행을 냉철한 이성을 가진 공리주의자 밀에게 맡기는 테일러의 감성은 현실에서 멀리 떠나 있기에 멀리 볼 수 있는, 높이 나는 새의 흥분과 열정을 감추지 못하고 있다. 뜨거운 열정과 함께 하늘로 올라간 테일러의 감성이 반영된 급진적 사고는 밀의 이성과 만나면서 현실에서 존재할 수 있을 만큼 줄어들어 지상으로 귀환하게 되는 셈이다. 테일러의 급진적 목표 설정과 함께 밀의 현실에의 천착은 성별 없는 자유를 실현하기 위한 완벽한 조합이었는지도 모른다. 밀의 사상이 가지는 탈젠더화의 가능성이 엿보이는 순간이다.

3. 19세기의 현실과 자유 실현을 위한 모색

1830년대, 대서양을 가운데에 둔 영국과 미국은 진보의 시대를 맞이하기 위한 지성의 전쟁을 벌이고 있었다. 1832년 영국에서는 차티스트 운동으로 선거법이 개정되어 모든 남성이 동등한 정치적 권리를 획득했다. 여성의 생물학적 특성과 연계된 자연스러운 역할만을 행하도록 여성의 활동은 여전히 제한되었고, 종교적·전통적으로 인정되어온 단일 대표의 원리에 의해 여성이 소속된 가정에서 남성이 여성을 대표하는 관행이 여전히 존속하면서 여성은 대표권을 가질 수 없었다. 사회 개혁을 주장하는 급진파들의 운동과 자유와 평등을 주장하는 차티스트 운동이 활발하던 영국에서 발생한 모순적 상황이라 아니할 수 없다. 1830년 미국에서는 유니테리언들을 중심으로 인간의 능력을 무한 신봉하는 초월주의 사상이 지성계를 지배했다. 자기 의존적 독립성을 주장한 랠프 월도 에머슨의 초절주의超絶主義 운동이나 헨리 데이비드 소로Henry David Thoreau(1817~1862)의 불복종 운동이 이 시기에 나타났고, 이는 여성계에도 영향을 미쳤다. 1848년 미국에서는 최초의 전국여성대회가 뉴욕의 세네카 폴즈에서 개최되었고, 여성의 독립을 주창한〈감정의 선언문〉이 발표되었다.

미국에서 제2차 전국여성대회가 열린 1851년, 영국의 해리엇 테일러는 공리주의 잡지《웨스트민스터 리뷰》에〈여성의 정치적 권리〉라는 글을 기고한다. 이 글을 통해 1792년 메리 울스턴크래프트가《여성의 권리 옹호》에서 제시한 내용을 재확인하고, 미국에서의 여성 권리 선언, 여성 운동에 전폭적인 지지를 보내면서, 이는 궁극적으로 민주주의와 인류 역사를 위해 절대적으로 필요한 것임을 역설한다. 테일러는〈여성의 정치적 권리〉에서 다음과 같이 말한다.

미국의 민주주의자들이나 영국의 급진파들, 차티스트들에게나 시민적·정치적 평등에 대한 여성의 주장은 이제 거의 불가항력적인 것이다. 그럼에도 불구하고, 보편적 선거권이 천부적 권리라고 인정하는 대륙의 민주주의자들조차 선거권을 부당하고 억압적으로 여성에게는 부여하지 않고 있다……인권을 별로 중요하게 생각하지 않는 사람들조차 전통적인 정치적 정의의 원리상 시민의 공통적 권리에서 모든 여성을 배제하는 것은 불가능하다는 사실을 알고 있었다. 조세와 대표권이 공존해야 한다는 것은 영국에서 자유의 공리적 원칙이었다. 아내의 재산이 남편의 소유로 인정되는 법제하에서도 세금을 납부하는 미혼 여성들은 여전히 많다. 모든 사람은 그 동료 집단에 의해 평가되는 것이 영국 헌법의 관행이지만, 여성은 남성 판사나 남성 배심원에 의해 평가받는다. (Rossi 1970, 96~97쪽)

테일러는 자유와 평등의 원칙이 여성과 남성에게 동등하게, 당장 적용되어야 한다고 역설한다. 여성의 사회 진출과 정치적 권리 획득을 막고 있는 것은 남성들만이 가지고 있는 일종의 편견으로, 검증되지 않은 것들인데, 그 편견은 시대 변화의 조류에 점차 힘을 잃어갈 것이라고 테일러는 분석한다. "가장 중요한 장애는 관습으로, 그 힘은 결코 간과할 수 없다. 인류의 공통적 권리도 보편적 관행으로 제어되기도 한다. 이러한 편견 중에서 가장 강력한 것은 바로 새롭고 알려지지 않은 것에 대한 편견으로, 변화의 시대는 그 힘을 점차 상실해간다."(Rossi 1970, 98쪽).

테일러는 또한 왜 여성의 종속이 관습이 되었는가에 대한 질문에 "물리적 힘" 때문이라고 답한다. 그리고 민주주의 혁명이 도래하면서 정복 전쟁이 종식되었기에, 물리적 힘에 기반을 둔 지배와 종속은 이미 정당성을 상실했다고 설명한다. 그녀는 또한 민주주의 혁명으로 대두한 새로운 세계는 매우 젊고, 이제는 부정의를 벗어던져야 하며, 노예제 폐지에 뒤이어 봉건 세습 귀족, 종교적 차별 등이 사라지고 있음을 확인한다.

테일러는 이어서 다음과 같은 질문을 제기한다. "모든 인간을 시민으로 인정하는 것은 이제 시작이다. 아직 여성에게는 그것이 이루어지지 않은 것이 놀라운 일인가?"(Rossi 1970, 99쪽). 이에 대한 사회의 답은 여성에게 적합한 영역이 따로 있다는 것이다. 여성의 능력을 선험적으로 규정하는 동시에, 그들의 활동 영역을 미리 제한하는 것이다. 근대 이전의 불평등한 신분제 사회에서는 출신 계급에 따라 할 수 있는 일과, 가능한 영역이 미리 규정되어 있었다. 근대가 도래하여 민주주의가 정착되면서 그러한 사전적 제한과 규제는 이제 비합리적이고 정당하지 않다고 인정된 데 반해, 여성은 아직도 과거에 멈추어져 있다. 여성에게는 정치나 공공 영역이 아니라 가정과 사적 영역이 적합하다는 고식적 답변은 사회 변화의 방향이 여성들에게는 반대로 향하고 있다는 의미로 해석된다. 자유와 정의를 추구하는 사회의 방향성에 비추어보아, 여성이 자유롭지 못하고 부정의한 취급을 받고 있다면, 그 사회는 분명히 자유롭지 못하고 부정의한 사회라고 할 수밖에 없을 것이다.

여성을 사회 고위직에서 배제하는 이유를 단순화시키면 다음 세 가지로 요약된다. 첫째, 모성과 가사 활동으로 인한 사회 활동의 양립 불가능성, 둘째, 속성상 업무 수행의 어려움, 셋째, 이미 과도하게 경쟁적인 모든 직종의 경쟁이 과중되는 부적절성 등이 바로 그것이다. (Rossi 1970, 103쪽)

이에 대한 테일러의 답변은 매우 이론적이고 논리정연한데, 후일 밀에 의해《여성의 종속》과《정치경제학 원리》에 대부분 반영되고 있다. 테일러의 반박을 요약하면 다음과 같다. 모성과 가사 활동으로 여성의 사회생활이 제한받아야 한다면, 결혼하지 않은 여성의 경우에는 이 논리가 성립되지 않는다. 나아가 모성이 여성의 사회 활동 자격을 박탈할 사유가 된다고 말한다면, 모성을 발휘하는 것이 여성의 유일한 일이며, 그러므로 다른 일을 하는 것은 금지된다고 말하는 셈이다. 여성의 속성에 대한 두 번째 주장만으로는 여성에게 시민권을 제한하는 정당한 사유가 되지 못한다. 사회의 투쟁, 경쟁, 사업이나 정치의 암투 등이 인간을 거칠고 비우호적으로 만든다는 것은 사실일 수도 있으나, 그것이 인류의 절반으로 하여금 그 일을 못하게 막을 이유가 되지는 못한다. 여성을 세상의 모든 나쁜 것으로부터 보호한다는 것은 오히려 여성의 참여로 인해 남성이 이탈되는 것을 막으려는 궁여지책에 불과하다. 여성이 정치에 참여하는 것을 반대하는 세 번째 이유로 든 과당 경쟁의 가능성에 대해서는 다른 설명이 가능하다. 즉, 남성이 독점하고 있는 직종이 여성에게도 개방된다면, 독점은 깨지고 보수도 낮아져서 경제의 효율성은 오히려 높아질 수 있게 된다. 경쟁이 인간 사회의 일반 법칙인 이상, 사회의 절반을 인위적으로 경쟁에서 배제하는 것은 매우 전제적인 발상이다(Rossi 1970, 103~107쪽).

테일러는 여성의 정치 참여를 제어하려는 사회의 시도에 대해 조목조목 반박하면서 문제의 핵심을 파고든다.

> 진정한 문제는 인류의 절반이 다른 절반에게 강제적으로 종속된 상태로 살아가는 것이 과연 정당하고 적절한 것인가라는 데 있다. (Rossi 1970, 107쪽)

자유와 정의의 원칙에는 성별이 없음에도, 여성을 배제하는 근대사회는 자유와 정의에 남성이 덧씌워져 젠더화되어버린 것이다. 여기에서 테일러는 젠더화되어가는 자유의 속성을 파악하고, 자유의 탈젠더화를 위해 당시로서는 매우 급진적인 목표를 내세운다.

> 모든 인간에게 적절한 영역이란 그들이 다다를 수 있는 가장 크고 높은 목표이다. 이것은 완전한 선택의 자유 없이는 불가능하다……모든 직업을 모든 사람이 어떤 차별도 없이 선택할 수 있게 해야 한다. 그래야 경험상 해당 일을 가치 있게 수행하는 데 가장 능력 있다고 생각되는 남성이나 여성이 즐거움을 만끽할 수 있을 것이다. (Rossi 1970, 100~101쪽)

자유주의의 기본 원칙이 제한 없이 적용되는 사회의 모습은 테일러가 활동하던 1851년 영국에서는 매우 급진적인 주장이었다. 이러한 주장은 여성의 정치적 권리가 아직 인정받지 못하고 사회적·법적 권리도 제한적인 상황에서 앞서 언급한 관습과 전통의 역공을 이겨내기 어려운 공론空論에 불과할 수도 있었지만, 여기에 생명력을 불어넣은 것은 바로 밀의 현실적 대응 전략이라고 할 수 있다. 밀은 다음과 같이 그 변화의 필요성을 주장한다.

> 여성들이 사회적으로 종속적 위치에 있다는 것은 현대의 사회 제도에 비추어볼 때 극히 예외적이고, 사회적으로 가장 중요한 기본법을 유린하는 아주 드문 사례이다. 다른 구시대의 생각과 관행은 다 혁파되어 사라졌는데, 제일 많은 사람들이 관심을 가지는 이 유물만 아직도 살아 있다. (밀 2006, 45~46쪽)

자유주의적이고 공리주의적인 입장에서, 인간의 능력을 부당하게 규제하면 사회 전체의 경쟁력이 약화되어 궁극적으로 복지 수준이 떨어지고 불행해진다. 사회가 유익한 결과——즉, 최대 다수의 최대 행복——를 얻으려면 여성은 자신의 능력을 관습과 전통의 편견 없이 검증받아야 하고 사회에서 능력을 최대한으로 발휘할 수 있는 기회를 가져야 한다는 것이 밀의 주장이었다. 여기서 테일러의 급진적인 사상을 수용할 수 있는 밀의 역량이 부족했다고 평가할 수도 있지만, 현실에서의 적용 가능성을 중시하는 공리주의자로서의 밀의 면모가 잘 드러났다고 볼 수도 있을 것이다. 이렇게 볼 때 테일러의 담론 주체가 여성이었다면, 밀은 그 주체를 사회로 변화시켜 관습의 날카로운 공격을 약화시키고 법과 제도를 도입시키기 위한 화두를 던진 것이라고도 할 수 있겠다. 적극적 감성의 이상주의자 테일러의 직접화법을 통해 역사에 문제가 던져졌다면, 냉철한 이성의 현실주의자 밀의 포괄적 접근 방식을 통해 여성의 정치적 자유와 권리라는 화두는 법과 제도의 영역에까지 그 범위를 확장시켜나가게 된 것이다.

제3장
인간의 자유와 근대사회의 정립

　인간의 자유를 논하는 담론의 역사는 보다 많은 사람을 자유로움이라
는 영역에 포함시키려는 확대 과정으로 평가된다. 헤겔이 《역사철학 강의
Vorlesungen über die Philosophie der Weltgeschichte》에서 인간의 역사를 '자
유의 확대 과정'이라고 규정한 것이 그 근거이기도 하다. 인류의 탄생 이후
시작된 자유에 대한 열정과 탐구는 정치사상사에서 고대 그리스의 시민
담론을 통한 아테네 민주주의, 중세의 어둠을 뚫고 나온 종교개혁과 르네
상스를 통한 계몽사상으로 이어지고, 역사에서 모아지는 사상의 역량은 마
침내 근대의 시민혁명으로 분출된다. 이제 자유는 한 사람의 독단적 자유
에서 소수의 배타적 자유를 거쳐 모든 이의 보편적 자유로 확대되기에 이
르렀고, 이렇게 성립된 근대사회는 정신사에서 인류 문명의 절정으로 인정
되어왔다.

　그러나 근대 성립 시기에 나오기 시작한 숨어 있는 여성의 소리는 19세
기 말부터 터져 나오는 소수자의 소리와 합세하여 근대기획의 치명적 맹

점으로 등장한다. 이로써 문명의 절정으로 생각되었던 근대는 21세기 현대 인류 앞에 실패한 기획이자 사회의 온갖 갈등과 문제의 근원적 요인으로 그 맨살을 드러내게 되었다. 형식적 보편과 중립의 결과, 여성은 정치에서 체계적으로 배제되었고, 정치사상의 주요 개념들 역시 젠더 중립적이기보다 오히려 사회의 기존 젠더 구조와 남성의 지배를 지속적으로 유지해온 것이다. 이것이 여성주의적 시각에서 비판하는 근대기획의 모습이다. 근대기획이 딛고 서 있는 근본 개념인 보편성과 중립성에 대한 의문이 해결되지 않으면 그 위에 서 있는 근대라는 건물이 무너지게 되는 것은 자명한 결과일 수 있다.

현대의 기반인 근대에 대한 치명적 문제 제기는 현실의 삶과 직결되어 있으므로, 우리는 근대의 문제들을 하나하나 풀어나가야 할 것이다. 근대는 이제 그 근본과 연원부터 다시 분석되고 설명되어야 할 우리 시대의 연구 과제이다. 여기에 고대에서 중세를 거쳐 근대의 강으로 흘러드는 자유의 파도와 물결이 어떻게 근대의 사회계약론자들을 거쳐 민주주의 사상가들에게 전달되어왔는지 살펴볼 필요가 있다. 홉스, 로크, 루소 등 사회계약론자들이 구상한 유토피아와 토크빌과 밀이 보는 현실에 정착한 민주주의의 모습을 통해, 밀의 대의 민주주의론에서 발견되는 자유와 종속의 의미를 통해 사상적 탈젠더화의 가능성을 찾아보는 작업의 적실성이 바로 여기에 있다.

1. 인간의 자유와 평등, 그리고 근대기획
─ 사회계약론자의 유토피아 구상

  정치사상적 시대 구분으로 볼 때, 인간이 살아온 시대가 고대 1,000년과
중세 1,000년을 거쳐 근대 500여 년으로 이어져왔다는 데 이론異論은 없다.
여기서 필자는 고대와 중세의 시대 구분과 근대의 시대 구분이 그 규모와
차원에 있어 상당한 차이를 보인다는 점에 초점을 맞추고자 한다.

  고대와 중세는 인간의 삶에 미친 영향력과 궤적에서 볼 때, 동일한 선상
에서 파악할 수 있다. 공동체를 중심으로 개인의 삶의 가치를 평가하고, 좋
음goodness의 기준을 공동체에 두었다는 점이 공통되기 때문이다. 따라서
인간은 언제나 공동체와 연관되어 살아왔으며, 그 행복도 공동체와 연동
되어 움직인다는 데 대한 사회적 합의가 저변에 존재하는 상황이 중세까
지 이어졌다고 할 수 있다. 그렇다면 개인이 공동체와 분립되는 현상이 오
래 지속된 고 · 중세의 근간에서 벗어나는 계기가 되어 공동체가 아니라 개
인을 우선하는 계몽사상이 형성되면서 근대의 사상적 기초가 놓이게 되는
것이다.

  14세기경 시작된 르네상스로부터 학문과 예술에 대한 인간 중심적 시각
이 자리 잡고, 독립적 개인의 존재를 사상적으로 추론하는 사실상 비현실
적(?) 전제를 설정하게 된다.[58] 사회계약론에서 설정하는 '자연상태'는 바
로 이러한 시대적 변화를 드러내주는 것으로, 정치사상에서 허구적으로 설

---

58 인간과 공동체의 분립은 사실상 불가능하다. 따라서 공동체로부터 분립된 개인을 이론적 근거
로 하는 근대사상은 사상가들의 상상력에 기인하는 바가 크다고 하겠다. 인간이 공동체로부터 독
립한 개인으로 바로 설 때 진정으로 자유로울 수 있다는 근대의 전제는 어쩌면 인간들의 유토피아
를 향한 영원한 희망이자 꿈인지도 모른다.

정한 것이다. 현실에서는 상정하기 어려운, 공동체로부터 개인을 분리해내기 위해서, 사상의 출발 시점부터 공동체로부터 고립되어 존재하는 독립적인 존재, 개인을 드러내게 되면서 근대는 세계관을 변화시킨다. 고·중세 2,000년 동안 공동체 속에서 공동체를 중심으로 살아가던 인간들이 개인들을 중심으로 돌아가는 세상에 대한 개념을 인지한다는 것은 일종의 혁명적 사고라고 볼 수 있다. 3대 시민혁명의 의미와 역사적 필연성이 바로 여기에 있다. 근대적 사고가 현실에서 자리 잡기 위해 2,000여 년의 전통을 넘어서려면 사회 혁명뿐만 아니라 의식 혁명까지 절대적으로 필요했던 것이다.

근대사회과학의 근본 개념은 계몽사상의 '진보' 개념과 밀접하게 연관되어 있는데, 진보는 이성에 대한 신뢰와 이성으로 얻은 지식을 현실에 적용함으로써 가능하다. 이러한 과정을 거쳐서 형성된 사회 제도는 인간을 부정의와 전제로부터 구해내고 보다 행복하고 자유롭게 만들 수 있다는 사고로 이어진다. 근대를 형성하는 두 가지 중요한 기둥인 이성과 과학은 서로 상승작용을 하는바, 이성을 통한 체계적 사고가 가능해지면서 과학이 발전하고, 과학을 통해 인간은 인간에게 위해가 되지 않도록 자연을 통제하는 능력을 가질 수 있게 되었던 것이다(Hall 1996, 37쪽).

이성과 지식의 힘으로 변화하고 진보할 수 있다는 믿음은 당시 지식 계급의 사고와 행위 체계에 중요한 변화를 가져왔으며, 이를 통해 지식 계급의 근대성에 대한 갈증은 더욱더 심화된다. 여기서 계몽사상과 근대성에 대한 역사학자 피터 게이Peter Gay의 평가를 살펴보자.

계몽의 세기에, 유럽의 지식인들은 새로운 삶에 눈을 뜨게 되었다. 그들은 인간이 자연을 통제할 수 있다는 가능성을 드디어 알게 되었다. 전염병, 기근, 위험한 삶과 영아 사망, 치명적 전쟁과 불안한 평화의 악순환 등 인간 존재의 여러 가지 사건들이 비판적 지성의 적용으로 극복될 수 있다는 가능성이 바로 그것이다. 당시까지 매우 보편적이었던, 변화에 대한 두려움은 이제 정체에 대한 두려움으로 대체되었다. 전통적으로 잘못된 것을 지칭하는 용어였던 혁신은 이제 칭찬의 용어로 바뀌었다. 보수적 개념의 도래는 개선에 대한 일반적 집착의 선물이 되었다. 정체된 사회는 보수를 필요로 하지 않기 때문이다. 자연에 대한 인간의 투쟁에서 힘의 균형이 인간 쪽으로 움직이고 있다는 사실을 의심할 여지는 거의 없었다. (Gay 1973, 3쪽)

공동체와 유기적으로 연결된 인간의 존재를 상정하는 '시민의 덕성'으로부터 공동체에 예속되지 않은 개인의 존재를 전제하는 '개인의 권리'로 사상의 초점이 이동하면서, 시대는 고·중세에서 근대로 이행해간다. 이러한 변화의 근간에는 모든 사람이 자유롭게 태어났다는 생각이 있었다. 모든 인간은 자유로우므로 모든 인간이 평등하다는 인식은 개인의 발견과 함께 근대의 가장 핵심적인 명제로서 향후 미래를 구성하는 데 결정적인 역할을 했다. 근대 이후의 세계는 자유와 평등이라는 개념 위에서 구성되기 시작했고, 민주주의라는 건축물이 완성되는 데는 200여 년의 시간이 필요했다.

근대기획은 모든 것에 대한 새로운 시각을 필요로 했다. 사상에서 시작한 이른바 패러다임의 변화가 세상의 모든 것을 바꾸어놓게 된다. 국가는 원래부터 있었던 것이 아니라, 개인이 주체가 되어 형성하는 것이었다. 따라서 국가를 위해 어떤 일을 할 수 있는가가 아니라, 내가 국가로부터 필요한 권리를 보장받아야 한다는 생각이 공동체의 정당성을 규정하는 근거가 되었다. 공동체의 주권은 하늘의 부름을 받은 권력자나 세습 군주가 아니라, 일정한 제한 규정 아래 공정한 과정을 거쳐 동등한 개인들에게서 권력을 인정받은 동료 시민과 나에게 부여된 것이었다. 일부 사람들만 고귀하게 태어나는 것이 아니라, 모든 인간이 태어날 때부터 인권과 존엄성을 부여받았다는 생각은 근대시민혁명 당시를 생각해본다면, 가히 천지개벽할 사고의 혁명이었다.

그리고 이 모든 것의 전제는 모든 인간이 이성을 가지고 있다는 보편적 사고였다. 이제 개인은 모두 이성을 통한 자신의 생각과 판단으로 모든 것을 규정하고 결정해나가야 했다. 명령을 기다리고 준행하는 수동적인 신민이 자율적이고 독립적인 시민으로 거듭나기 위해서는 과거와의 결별이 요구되었고, 때로는 고통이 수반되기도 했다. 자유로운 개인으로 바로 서는데 필요한 자율적 판단능력은 그냥 주어지는 것이 아니라 사회적 · 도덕적 훈련 과정을 거쳐 습득되는 것이다.

모든 개인을 그 대상이자 주체로 삼는다는 보편적 개념이 특수한 사회현장에 뿌리내려 성장해나가면서, 19세기에는 민주주의라는 건축물이 완공되었다. 제도로서의 민주주의는 빈 건축물로서, 이제 남은 과제는 그 빈 공간을 채워나가는 것이었다. 민주주의라는 건축물의 빈 공간은 그 건축물이 가능할 수 있었던 자유와 평등으로 채워져야 민주주의가 제도로서 정착하여 안정적으로 발전하고 지속할 수 있다는 것이 19세기 민주주의 사상가 토크빌과 밀의 과업이자 주장이었다.

인간의 자유와 평등은 고대 그리스의 소크라테스 이래 사상적으로 결코 부인된 적이 없는 개념이다. 문제는 시대와 장소에 따라 그것이 인정되고 확인되는 방법이 매우 달라졌다는 데 있다. 원리상 인정되지만, 현실에서 보장받지 못하는 개념이 실질적으로 존재한다고 볼 수 있을까? 다른 것을 선택할 가능성이 배제된 상태에서 자유란 사실은 의미 없는 개념이며, 평등도 공허하기만 할 뿐이다. 여기에 개념과 원리의 실행 가능성을 지원해주는 법과 제도의 중요성이 들어선다.

민주주의는 제도적으로 기원전 5세기 그리스의 아테네에, 사상적으로 17, 18세기 로크와 루소에 기원을 두고 있다. 로크와 루소의 사상을 기반으로 하여 인간의 자유와 평등을 외치는 미국 독립혁명과 프랑스 혁명이 발발했고, 사상과 함께 시대는 급격하게 변화해갔다. 정치적으로 주권자의 기원과 유래, 그의 정치적 권위의 인정 방식에 있어서의 급격한 변화는 그야말로 혁명적이었다. 하늘의 뜻으로부터 시작하는 세습이 선택과 선출이라는 방식으로 대체되는데, 그 선택의 주체가 누구이고, 그러한 권리는 어디서 오는가라는 질문에 대한 답변이 로크의《시민정부2론》과 루소의《사회계약론》에 잘 드러나 있다. 이는 곧 2,000여 년 전의 그리스 아테네에서 비롯한 '민주주의'의 화려한 부활로 요약된다.

2,000여 년 동안 사라진 듯했던 민주주의는 로크와 루소를 통해 다시 모습을 드러냈지만, 그 동력으로서 '시민'이 절대적으로 필요해졌다. 이상이 현실에 적용되어 자리 잡게 되는 과정이 그리 용이하지 않으리라는 것은 강조하지 않아도 모두 알 수 있는 사실이다. 오랫동안 왕의 신민으로 살아온 사람들이 시민으로 신생 민주주의 체제의 동력으로 작동하기에는 많은 시간이 필요했다. 신민이 시민으로 거듭나려면 많은 시간과 노력이 필요하다는 사실이 토크빌의《미국의 민주주의》와 밀의《대의 정부론》등에서 잘 드러난다.

여기서는 자유와 평등이라는 이상적 개념이 현실에서 어떠한 모습으로 어떠한 과정을 거쳐 적용되고 정립되는지 미국과 영국이라는 구체적 상황에서 각각 토크빌과 밀이 살펴본 내용을 중심으로 알아본다. 이로써 자유와 평등의 시대에 민주주의의 형성이라는 사상적·역사적 과제가 현실에서 달성되는 과정을 분석할 것이다. 토크빌은 자신이 분석한 19세기 중반 이후 '평등의 시대'가 도래하고 약진할 것을 예견했고, 밀은 대중의 힘이 강력하게 전파되면서 발전과 진보를 위한 지성의 동력이 약화될 것을 우려했다. 19세기의 토크빌과 밀은 20세기에 민주주의가 비약적으로 발전하고 획기적으로 확산되리라고 확신하는 동시에 발생할 수 있는 문제점을 간파하고, 이에 대한 대비책을 제시한다.

2. 자유주의와 민주주의의 제도화
― 토크빌의 민주주의론

자유와 평등의 원칙이 혁명의 옷을 입고 유럽 사회를 뒤흔들고 있던 1830년대에 토크빌은 미국과 영국을 오가며 자유와 평등의 힘을 확인한다. 그에게 자유와 평등은 사회의 역동성을 드러내는 근간이었다. 평등한 개인이 자유롭게 정치에 참여함으로써 사회는 역동성을 가지게 된다고 주장한 토크빌은《미국의 민주주의》에서 정치 행위가 사회 전 영역에 걸친 파급력을 지닌다는 사실을 발견한다. 나아가 그는 1830년 미국에서 평등의 보편화 현상과 함께 민주주의가 확산될 가능성을 확신한다.

평등 원칙의 점진적 전개는 섭리적인 사실이다……즉 그것은 보편적이고 지속적이며 끊임없이 인간의 모든 간섭을 회피한다. 또한 만인은 물론 만사가 그 발전에 기여한다……봉건 제도를 무너뜨리고 왕들을 패하게 만든 민주주의가 상인과 자본가들을 맞아 뒤로 물러나리라고 생각할 수 있을까? 민주주의가 그렇게나 강성해지고 그 적들이 그렇게나 약화된 지금 그 발길을 멈출 것인가? (토크빌 1983, 22쪽)

이어서 그는 1835년 영국을 여행하고 나서 영국의 경제적 번영이 자유주의 정치와 법제화에 기인하고 있음을 역설한다.

끊임없는 소요, 분란, 위험에 휩쓸리지 않기 위해 필요한 것이 바로 자유로운 삶이다……[영국의] 법은 영국 사람들에게 복지를 추구할 용기와 행복을 추구할 자유를 부여하고, 그것을 얻는 데 필요한 습관과 일단 형성된 법과 제도를 향유할 수 있는 지식과 확신을 가지게 한다. (Welch 2006, 248쪽)

(1) 자유와 평등의 관계와 확산 — 미국의 민주주의

자유란 현세적 안락이나 물질적 풍요와 번영을 통해 얻어지는 것이 아니라, 모든 일에 있어 '자신의 주인'이 되는 것이라고 규정한다는 점에서 토크빌은 칸트나 루소와 맥을 같이한다. 칸트가 말하는 '자신의 주인'이나 루소가 주장하는 '치자와 피치자의 자기 동일성' 원칙을 통해서 자유는 단기적으로는 오히려 인간에게 불편을 끼칠 수도 있으나, 이는 자신의 결정이기에 가치 있다는 말이다.

자유만이 자신만의 힘으로 살아갈 운명을 가진 개인들을 고립에서 구해내고 사람들끼리 서로 접촉하도록 강요함으로써 적극적인 유대감을 느끼도록 촉구한다……자유만이 사람들이 배금주의나 일상의 사소한 걱정에 빠져 있는 것을 막아준다. 자유만이 항상 사람들로 하여금 자신과 그 주변 사람들 너머 보다 큰 실체, 즉 조국의 일원임을 의식하게 해준다. 자유만이 어떤 중요한 고비에 사람들이 물질적 행복에 자연적으로 경도되는 것을 막고 보다 고상하고 더 의미 있는 이상을 추구하게 해준다. (Tocqueville 1955,

Foreword, xiv쪽)

참여―현실에서 드러난 자유의 구체적 모습

계몽에서 사상으로 시작된 모든 인간의 자유와 평등이 현실에 적용되는 시민혁명의 과정에서, 토크빌은 분명히 자유를 우선적인 가치로 두고 있었다. 토크빌의 자유는 과격하고 급진적인 자유가 아니라 온건하고 질서정연한 자유로, 종교적 신념이나 습속과 법률의 규제를 받는 자유였다. 인간이 말하고 행동하고 숨 쉬는 데, 신과 법률의 규제 이외에는 그 어떤 규제도 받지 않는다는 것이 토크빌이 내린 자유의 정의라고 할 수 있다.

토크빌은 다음과 같은 세 가지 맥락에서 자유를 다루고 있다. 첫째, 자유 정부의 정치적 삶에서 생성되는 이익이라는 맥락. 둘째, 민주주의적 자유와 귀족주의적 자유를 구분하는 맥락. 셋째, 자유 그 자체를 좋은 가치로 칭송하는 수사학적 맥락. 여기서 좋은 가치란 그것을 경험한 사람들만이 알 수 있는 것으로, 결과로도 규정할 수 없는 최고의 가치를 의미한다. (Welch 2006, 247쪽)

토크빌은 자연상태가 아니라 사회상태를 분석의 출발점으로 삼았다. 이는 이상이 아니라 현실이 자유를 분석하고 판단하는 출발점이었다는 의미이다. 따라서 인간의 자유란 사회에서 수용 가능한 것이어야 하고 현실에 적용 가능한 것이어야 했다. 이렇게 볼 때, 토크빌의 자유는 칸트적 의미의 자율성과 연관되어 있으며, 현실 참여를 통해 드러난다고 할 수 있겠다. 역사를 자유의 확대 과정으로 보는 헤겔의 언명을 차치하더라도, 근대의 자유는 추상적 개념의 현실화라는 경로를 따라 확산되고, 이는 곧 법제화 과정으로 귀착된다.

17세기 [당시의 선진국이라 할 수 있는] 영국을 비롯한 유럽에도 아직 알려지지 않았던, 근대 헌법의 토대가 된 일반 원칙들이 뉴잉글랜드에서는 모두 인정되고 법제화되었다. [여기에는] 공적 사안에 대한 사람들의 개입, 조세에 대한 자유 투표, 권력자의 책임, 개인의 자유, 배심원 평결 등의 제도가 있다.

이러한 풍부한 원칙들은 거기서 적용되어, 아직 유럽에서는 그 어떤 나라도 감히 시도하기 어려울 정도로까지 발전했다. (Tocqueville 1960, 39쪽)[59]

즉, 자유라는 하늘의 가치는 법과 제도의 옷을 입고 나서야 나의 현실에 변화를 가져올 수 있게 된다. 평등과 달리 자유는 정신적이고 추상적인 가치이기에, 나의 현실에 구체적으로 다가서기 위해서는 법제화가 필요하고, 그 법과 제도가 현실에 긍정적인 변화를 일으키기 위해서는 나의 자유를 담고 있어야 한다. 이러한 순환 과정의 열쇠는 바로 자유로운 개인의 자유 선택에 의한 참여라고 할 수 있다. 즉, 거주 이전의 자유는 이사 갈 때 드러나고, 직업 선택의 자유는 이직할 때 분명해지는 것처럼, 내가 자유롭다는 사실은 내가 말하고, 행동하고, 판단하는 과정을 통한 사회 참여에서 분명

---

59 코네티컷 주에서는 처음부터 전체 시민으로 구성된 선거인단이 존재했고……주지사를 포함한 모든 행정 관료는 선거를 통해 선출되었다. 1641년 로드아일랜드 의회는 주 정부는 민주주의 체제이며, 법을 제정하고 행정을 감독할 수 있는 권한인 주권은 자유 시민 모두에게 있음을 만장일치로 선포했다……코네티컷의 법을 통해 보면, 우리는 미국 시민의 독립성과 자치성이 미국의 자유의 근원지임을 잘 알 수 있다. 자유 유럽 국가는 사회가 압도적 우위를 점하는 가운데 정치공동체가 먼저 형성된 이후에 사회 집단의 성원과 연계되고 있지만, 미국에서는 연방 정부 이전에 주 정부, 주 정부 이전에 카운티, 카운티 이전에 타운십이 형성되었다(Tocqueville 1960, 39~40쪽).

한 모습을 드러낸다. 자유가 내용물이라면, 자유를 담은 용기가 바로 참여로서, 인간은 사회 참여를 통해 그 속에 내재하는 자유의 가치를 드러내고 인지할 수 있는 것이다.

참여에는 자유가 전제되어야 하고, 자유에는 평등이 동반되어야 한다는 것은 민주주의 200여 년 역사에 담겨 있는 핵심적 내용이다. 따라서 자유와 민주주의의 발전을 제도화 과정에서 찾아보는 것은 당연한 귀결이다. 역사의 발전이 자유의 확대 과정이라는 말로부터, 역사의 발전은 결국 자유가 체화된 민주주의 제도의 확산 과정에 있다는 것을 우리는 알 수 있게 된다.

참여의 제도화—뉴잉글랜드 타운미팅

토크빌은 자유와 평등을 기치로 내건 시민혁명을 거친 프랑스와 미국의 예를 들어, 자유와 평등의 확산과 정착을 위해서는 참여가 절대적으로 필요한 조건임을 제시한다. 또 참여의 제도화를 통해서 역으로 민주주의의 달성도를 평가하고, 궁극적으로 자유와 평등의 정도를 판별해낸다. 민주주의와 자유, 평등의 정도를 평가하는 지표로서 중요한 것이 바로 법제화 과정에서 개인의 정치 참여가 얼마만큼 보장되고, 또 실현되고 있는지에 대한 것이다. 시민혁명 이후 50여 년 동안 프랑스는 국민의회, 국민공회를 거쳐 나폴레옹의 제정을 지나 왕정의 복고에 이르렀고, 미국은 독립전쟁 이후 지속적인 자유의 확산 과정을 거치면서 동부 13주 뉴잉글랜드 타운미팅을 통해 민주주의 체제를 확립해가고 있었다. 1830년대 미국의 뉴잉글랜드 타운미팅은 자유를 위해 투표권과 같은 정치적 권리가 필요하다는 거시 담론으로부터 개인의 일상적인 참여로 자유가 시작되고 지속될 수 있다는 미시 담론으로 토크빌의 시각이 변화되는 데 중요한 역할을 하게 된다. 서로 권리를 획득하려고 벌이는 인명 살상은 물론 과거와 상대를 부정하는 극한투쟁으로 점철되었던 프랑스에서 온 손님 토크빌에게 미국의 타운미팅은 일종의 문화적 충격이었던 것이다.

　뉴잉글랜드의 주민들은 타운이 독립적이고 자유롭기 때문에 애착을 가진다. 다시 말해서 타운의 업무에 협조함으로써 그 이해관계에 그들의 관점을 갖도록 하는 것이다. 그는 타운이 자신에게 주는 복지 때문에 애착을 가지게 되며 타운의 복지는 그들이 앞으로 쏟을 노력과 야망의 표적이기도 하다. 그들은 마을에서 일어나는 모든 일에 참여한다. 그들은 자기 손이 닿을 수 있는 작은 영역 안에서 정부의 일을 실천한다. 그들은 자유가 실려 있는 그런 형식에 익숙해진다. 그들은 그 정신을 흡수하고, 질서를 존중하는 태도를 얻으며, 세력 균형 감각을 이해하게 되고, 자신의 의무의 본질과 권리의 범위에 관해서 분명하고 현실적인 개념을 얻게 된다. (토크빌 1983, 79쪽)

자유와 평등의 미래를 위한다면서 개인의 생명과 권리를 앗아가던 모순적인 혁명의 현장 프랑스에서 온 신사 토크빌은 미국의 타운미팅에서 논의되는 주제가 매우 일상적이고, 결정하는 데 구성원이 자발적으로 참여하는데다 그 결정이 매우 즉각적이고 일상에 구체적으로 도움을 준다는 점에 놀랐다. 토크빌은 사회를 움직이는 힘은 거대 담론의 정치 이론이나 사상이 아니라 개인의 구체적 활동이며, 이를 가능케 하는 것이 바로 자유라는 점을 뉴잉글랜드 타운미팅에서 찾아내게 된다.

　자유와 평등, [이를 위한] 자율성과 자치 능력은 19세기와 20세기 대중의 시대를 지나면서 군중과 대중 속에 묻혀버린 인간에게 찾아보기 어려운 것이 현실이다. 자율성과 자치 능력이 회복되어야 군중과 대중은 시민으로 다시 전환되어 시민이 주인인 진정한 의미의 민주주의를 완성시킬 수 있다……이러한 자율성과 자치 능력의 배양이 시민 형성의 선결 조건이고 시민의 형성이 민주주의의 질적 가치를 심화, 발전시킬 수 있다. 자율성과 자치 능력의 배양은 인간의 일상을 통해서 학습되고 가꾸어질 필요가 있다. 일상을 영위하는 인간이 자신의 주위에서 손 닿는 곳에 존재하는 사람들끼리의 만남을 통하여, 정치 의식이 형성되고 의사 결정이 자연스럽게 이루어지면서 기초적 민주주의를 체득하게 된다. 머리로 아는 지식의 차원에서, 몸으로 습득한 민주주의적 습관은 지방자치를 가능하게 하여, 지방자치는 민주주의의 학교라는 말도 가능해지는 것이다. (박의경 2011a, 48쪽)

뉴잉글랜드 타운미팅은 자치 활동을 위한 정치 훈련의 장이자, 그리스 아테네 민주정치의 중심이었던 광장 아고라의 19세기적 모습이고, 20세기 철학자이자 사회학자 위르겐 하버마스Jürgen Habermas가 역설하는 정치적 공론장의 초기적 형태인 셈이다(박의경 2011a, 49쪽). 20세기 말부터 정치란 일상에서 찾아지는 것임을 주장하는 일상의 정치학이 이미 1830년대 미국의 타운미팅의 현장에서 존재하고, 토크빌은 이 타운미팅을 이끌어가는 힘이 바로 참여이고 그 참여의 원동력이 자유임을 발견해낸 것이다.

(2) 다수의 전제와 여론의 정치—구체제와 혁명

자유와 평등의 관계

시민혁명을 이끌어온 가치인 자유는 평등과 만나면서 나름대로 역학 관계를 설정하게 된다. 개인의 자유는 정신적·질적 가치이자 보이지 않는 힘이므로 그것이 존재하는지 존재하지 않는지 그 경계를 파악하기란 그리 쉽지 않다. 반면에 개인 간의 평등은 개인 사이에 존재하므로 모든 사람의 눈에 보이는 가치이자 일종의 양적인 힘이기에 인간이 감각계를 통해 존재의 유무, 양의 다과多寡를 나름대로 평가할 수 있다. 즉, 자유는 인간의 내면에 존재하는 가치이고, 평등은 외면에서 관찰할 수 있는 가치이다.

루소의 설명에 따르면, 자연상태의 인간이 사회상태로 들어서면서 인성에 변화가 발생한다. 자신에 대해서는 자기애가 자기편애로, 타인에 대해서는 동정심이 허영심으로 움직인다는 것이다. 루소가 말하는 사회상태에 들어선 인간의 심성인 자기편애와 허영심의 기본은 비교에 있다. 인간이 자신의 가치 자체만으로 만족하지 못하고, 상대와의 비교를 통해서 끊임없이 생성되는 욕망의 고리를 끊지 못하게 되었다는 것이다(Rousseau 1978).

자유와 평등 중에서 이러한 비교와 만나는 가치가 바로 평등이다. 자유는 내가 결정하고 내가 판단할 수 있는 독립적인 가치인 반면에, 평등은 타인의 존재가 있어야만 평가할 수 있는 가치이기 때문이다. 남을 보아야 내가 평등한 상태인지 아닌지를 알 수 있는 상황에서 독립성과 자율성이 운위될 수 없다. 그러나 비록 평등이 의존적인 가치라 할지라도, 평등의 존재가치는 그것이 자유를 가능하게 한다는 데 있다. 자유가 아무리 독립적이라 해도, 평등의 존재 없이 인간의 가슴속에 중요한 가치로 들어서기는 어려웠을 것이다. 모든 인간이 이성을 가지고 있고, 모든 인간이 자유롭다는 명제에서 '모든 인간'의 의미는 평등을 통해서 자리 잡을 수 있게 된다.

이와 같이 자유는 평등을 기반으로 가능하고, 평등은 개념적으로 자유 없이는 그 존립을 말할 수 없다. 자유와 평등의 연계가 이렇게 밀접하고 깊숙하지만, 자유의 질을 비교하기는 어렵고 평등의 양을 비교하는 것만이 가능한 상황에서 자유와 평등의 가시적 관계는 인간의 사회에서 역전하게 된다. 보다 원초적이고 중요한 가치인 자유보다 눈에 보이는 평등에 사람들이 초점을 맞추어가게 된 것이다. '평등의 시대'가 도래하리라는 토크빌의 통찰력이 가시화되는 데는 그리 오랜 시간이 걸리지 않았다. 프랑스는 이미 혁명의 과정에서 평등이 독주하는 현상을 경험했고, 평등이 독주하면서 자유마저 사라지고, 궁극적으로는 모든 사람이 한 사람 아래 존재하는 나폴레옹의 전제정치를 경험하게 되었던 것이다. 이에 반해 미국은 평등보다는 자유에 집중해서 타운미팅과 같은 자생적 자체 제도와 정치적 공론장을 형성시키고 자유와 평등이 공존하는 민주주의 사회를 형성하게 된다.

자유는 정신적 · 독립적 가치로 존재할 수 있지만, 평등은 양적 비교에 근거할 수밖에 없는 가치이므로 독립적으로 설 수 없다. 평등의 존재와 지속성을 위해서 자유 가치는 필수적인 셈이다. 《미국의 민주주의》에서 토크빌은 민주주의가 평등 우선주의에 빠지게 되면 자신에게만 집중하고 동료와 사회로부터 자신만의 성에 안주하는 잘못된 판단을 하게 되면서, 궁극적으로는 자유를 부정하고 외면하게 된다고 역설한다. 물질적 욕구에 집착해 육체적 쾌락에 탐닉하게 되는 개인주의는 다수의 전제專制로 이어진다는 것이다. 이러한 사회에서 개인의 자유는 다수의 의사에 제약을 받아 자유의 상실이라는 파국적 사태를 맞게 된다고 설명함으로써 토크빌은 시민혁명 이후 50년이 지나 미국과 프랑스가 각각 안정된 민주주의와 불안한 전제라는 상반된 상황에 직면하게 된 이유를 제시한다.

민주주의와 평등이 시대의 대세임을 인정한 토크빌은 이제 미래의 과제를 분명하게 설정한다. 제대로 된 민주주의——자유의 가치가 자리 잡힌 민주주의——를 기치로 내세우면서 개인의 개별성을 중심으로 온건한 의미의 자유를 확보해야 한다는 것이다. 여기서 온건한 의미의 자유란 자기 마음대로 행동하는 방종으로서의 자유가 아니라 질서와 규율 있는 자유를

의미한다.[60]

토크빌은 당시의 역동적 시대 상황 속에서 질서정연한 정치 동학, 점진적 사회 변화를 추구했고, 질서 있는 자유가 규율에 맞게 작동하는 법치의 중요성을 강조했다.

나는 그 누구보다도 법 테두리 안에서 전진하는 것이 가장 중요하다고 믿는다. 사람들이 법을 해치게 해서는 안 된다. 법을 존중해야 한다는 나의 믿음은 거의 맹목에 가깝다. 나는 우리가 지금 가지고 있는 이 제도만으로도 우리가 원하는 것을 충분히 얻을 수 있다고 확신한다……나는 이상적인 정부는 혁명적인 것도 아니고, 비정상적 선동으로 달성될 수 있는 것도 아니라는 점을 분명히 알고 있다. (Tocqueville 2002, 157~158쪽)

민주주의와 다수결의 함정 — 문제점의 진단과 처방

민주주의의 확대와 평등의 확산을 통해 평등의 시대로 진입하는 것이 섭리적 운명이라고 선언한 토크빌은 이 과정에서 발생할 수 있는 자유의 위기를 설명하고 이를 극복해내야 한다고 역설한다. 자유에 대한 위협은 민주주의 자체로부터 발생한다는 것이 토크빌의 분석이다. 모든 사람이 자유롭다는 명제로부터 출발하는 평등의 압도적 힘은 의사와 정책을 결정하는 방법으로 사용되는 다수결의 원칙에 대한 정당하고 합리적인 근거로서 언제나 제시된다. 시민혁명의 결과로 민주주의가 자리 잡으면서 대중의 시대가 형성되었고, 다수결의 원칙은 평등을 확보할 수 있는 최선의 방법으로

---

60 토크빌은《회상록 *Souvenir*》에서, '질서 속에 규율이 있는 자유 liberté modérée, régulière'를 "종교적 믿음과 습속, 그리고 법에 의해 통제되는 자유"(토크빌 1964, 86쪽)라고 설명하고 있다.

등장하게 된 것이다. 평등에 기반한 다수결의 원칙은 그 이면에서 (소수의) 자유에 대한 억압이라는 매우 역설적 상황에 직면하게 된다.[61]

> 전체 국민이라는 이 무차별적 다수가 이론상 유일한 합법적 주권으로 인정되긴 하지만 사실상 정부의 행동을 통제하거나 감시할 권한마저도 교묘하게 박탈당한다. 그리고 마침내는 국민의 동의 없이 국민의 이름으로 모든 권한을 행사할 수 있는 유일한 수권자가 전체 국민 위에 군림하게 된다……요컨대 그것은 법적으로는 하위 기구이지만 현실적으로는 지배자인 것이다. (토크빌 2013, 182쪽)

토크빌이 언급한 민주적 전제정치는 다수로 무장한 국가권력의 통치에 개인의 자유가 포괄적으로 맡겨진 상태를 의미한다. 법적으로는 노예가 아니지만, 종속되어 있는 노예나 다름없는 삶을 살아가게 될 수도 있다는 우려가 나폴레옹 3세의 전제정치에 대한 토크빌의 평가에 담겨 있다.[62] 평등의 시대를 예견하면서도 자유의 상실을 우려했던 토크빌은 1830년 미국과 프랑스의 현실을 비교·분석하면서, 민주주의의 위험성과 가능성을 동시에 확인했다. 민주주의의 문제에 대한 해결책으로 민주주의를 제시한 것은 시대를 관통하는 토크빌의 통찰력과 혜안 덕분에 가능했다. "민주주의

---

61 사실상 개념으로서의 자유와 평등은 양립 가능하지만, 만인이 존재하는 현실이라는 시간과 공간 속에서 자유와 평등이 공존하기는 쉽지 않다. 내 마음대로 할 수 있는 자유와 너와 내가 동일하다는 평등은 너와 내가 동일한 곳에서 동일한 것을 추구하는 외나무다리에서 만난 원수(?)와 같은 형국이다.

62 그는 《앙시앵 레짐과 혁명L'Ancien Régime et la Révolution》에서 "전체로서의 국민이 모두 주권을 갖고 있지만, 사실상 시민 개개인은 엄격한 종속상태에 놓여 있다"(토크빌 2013, 293쪽)고 역설한다.

로 민주주의를 온건하게 만들어야 한다……민주주의 말고는 민주적 사회 상태가 불가피하게 빚어내는 각종 해악을 우리가 감당할 수 있을 정도로 제어해낼 수 있는 것이 없다"는 토크빌의 말을 인용하면서 미국의 정치학자 오릴리언 크라이우투Aurelian Craiutu는 토크빌이 제시한 민주주의의 역설을 명백하게 드러낸다.

> 토크빌은 민주주의의 병폐에 대한 효과적인 민주적 치료책으로 교육, 언론의 자유, 종교, 탈집중화, 지방자치와 지방기관, 선거 등을 제시한다. 종교는 민주주의 사회에서 압도적인 부와 물질에 대한 사랑을 순화시키고 규제하는 역할을 한다고 그는 주장한다. 민주적 입법자들은 영혼을 고양시키고, 무한한 존재에 대한 개념, 위대함과 비물질적 즐거움에 대한 사랑 등을 잘 길러낼 수 있도록 노력해야 한다. 지방기관은 사회에 존재하는 악과 대결할 수 있는 자유정신을 함양시킬 수 있을 것이다. 오직 자유만이 물질 숭배와 사소한 일상사로부터 사람들을 떼어낼 수 있고, 그들로 하여금 자신들의 위나 옆에 존재하는 국가와 민족을 느낄 수 있게 한다. (Craiutu 2005, 625쪽)

사회 전체가 지향점으로서의 민주주의를 향해 가는 과정에서 보편성이 개별성을 압도해가는 상황은 다수결이라는 결정 원칙에서 분명히 드러난다. 물리적 계산에 의한 다수가 거기에 속하지 않는 소수의 다른 의견을 반영하지 않은 채 보편성이라는 미명 하에 사회 전체를 이끌어나가는 과정에서 형성된 민주주의는 개별성이 내포하는 자유의 의미를 제대로 반영하지 못한다. 섭리적으로 진행되고 있는 평등으로의 길은 자유를 통해 개별성이 보완되지 않는다면, 민주주의를 달성하기는커녕 오히려 민주주의를 본질부터 파괴하고 말 것이라는 우려가 토크빌의 분석에서 잘 드러난다.

민주주의는 인간의 행복한 삶을 위한 것이므로 반드시 달성되어야 하고, 그러기 위해서 자유를 통한 개별성의 확보와 인간성에 대한 존중이 선행되어야 한다고 토크빌은 주장했다. 자유가 없이는 그 어떠한 사회도 번영과 위대함을 이룩해낼 수가 없기에, 자유가 인간의 삶에서 최고의 가치를 가져야 하고, 법과 제도에 이러한 내용이 반영되어야 한다는 주장에서 토크빌과 밀은 사상적으로 만나고 있다. 토크빌은 1835년 밀에게 보낸 편지에서 자유와 평등에 대한 애정을 다음과 같이 확인한다.

> 나는 기질적으로 자유를, 본능적·이성적으로 평등을 사랑한다. 많은 사람들이 가진 척하는 이 두 가지 열정을 나는 나 자체라고 확신하고 있으며, 이들 가치를 위해 어떠한 희생도 치를 각오가 되어 있다.(Tocqueville 1985, 100쪽)

또한 토크빌은 1837년 영국의 저널리스트 헨리 리브Henry Reeve에게 보낸 편지에서, 자유와 인간의 존엄성을 실현하려면 정부가 수립되고 법과 제도가 갖추어져야 한다고 주장한다.

> 내가 가진 열정은 오직 하나로 자유와 인간의 존엄성에 대한 사랑이다. 모든 정부 형태[그것이 귀족정이든 민주정이든]는 이 신성하고 합법적인 인간의 열정을 만족시키는 완벽한 방법이다. (Tocqueville 1985, 115쪽)

오랫동안 존재했던 귀족정은 이미 사라지고 민주정은 아직 존재하지 않는 과도기적 시기인 1830년대를 분석하면서 토크빌은 자유와 인간의 존엄성을 기반으로 하는 민주주의를 향한 열정을 불태운다. 자유는 그 자체로서 인간이 추구해야 할 독립적 가치이기에, 모든 인간에게 없어서는 안 되며, 절대로 포기해서도 안 되고, 그 어떤 체제에서도 보장되어야 하는 것이었다. 이러한 개별적 자유가 보편적 가치로서 지속적으로 존재해야만, 자본주의 사회의 압도적인 자본의 힘에 인간이 밀리지 않을 수 있다는 것이 《미국의 민주주의》와 《앙시앵 레짐과 혁명》에서 일관되게 흐르는 토크빌의 주장이다. 다시 말해, 민주주의 체제가 정립되어 평등의 시대로 이행되어가는 과정에서 발생하는 문제에 대한 적절한 처방으로 자유 이상 가는 것이 없으며, 보다 구체적으로는 정치 참여의 확대 재생산이 민주주의에서 발생한 질병 퇴치에 가장 효과적이라는 것이다.

특히 토크빌은 정치 참여의 구체적 형태로서 타운미팅을 비롯한 지방자치, 지방기관에의 직접 참여 등 일상으로 침투하는 생활화를 통한 민주주의의 확대 과정에 주목하고 있다. 이런 점은 당시 영국에서 대의 정부론을 정립하면서 다수의 전제가 빚어질 가능성에 공감하고 소수를 보호하기 위한 제도적 장치를 만들어야 한다고 역설한 존 스튜어트 밀과 21세기 현대 사회에서 강조되는 지방자치, 일상의 민주주의 등과 맥을 같이한다. 미국과 영국에서 뉴잉글랜드 타운미팅이 진행되고 대의 정부의 기초가 마련되면서 민주주의가 형성되는 시점에, 민주주의 시대에 대두할 문제점을 진단하고 처방을 내리고 있다는 점에서 미래 작가로서의 토크빌의 위대함과 가치가 드러난다.[63] 또한 토크빌은 자유로부터 시작된 민주주의가 전제

---

63 토크빌은 일종의 공상과학 소설가라고 할 수도 있을 것이다. 1800년대에 쥘 베른Jules Berne이 《해저 2만 리Vingt mille lieues sous les mers》와 《달나라 여행Autour de la Lune》에 등장시킨 잠수함과 우주선이 100년 후에 현실로 이루어진 것처럼, 체제로서의 민주주의도 1830년 당시에는 그 어떤 형태도 규정되어 있지 않은 상태였기에, 토크빌과 밀을 비롯한 초창기 민주주의 사상가들의 통찰력과 예지력이 돋보인다.

로 귀착되지 않기 위해서는 자유에 대한 애정과 감수성, 그리고 공공성을
잊어서는 안 되며, 자유와 공적 의식을 지속적으로 보장하기 위해서는 반
드시 사회와 소통해야 한다고 주장한다. 따라서 소통을 가능하게 하는 시
민의 정치 참여가 민주주의의 전제화를 제어하고 민주화를 지속 가능하게
할 것이라는 토크빌의 주장은 21세기 참여 민주주의 사회에서도 여전히
시의성을 가지고 우리에게 다가온다.

3. 밀의 대의 민주주의

알렉시 드 토크빌이 19세기에 민주주의의 미래를 예견한 미래 작가라면,
존 스튜어트 밀은 자유 시민의 참여를 배제하지 않는 대의 민주주의를 통
해 그 미래의 모습을 사실주의적 기법을 동원해 구체적으로 그려낸 현실
주의 작가라고 할 수 있다. 19세기 중반 대서양을 사이에 둔 미래 작가 토
크빌과 현실주의 작가 밀은 사상적 소통과 교류를 통해, 시민의 자유와 참
여를 통해 공공성을 어떻게 배양할 것인지, 민주주의를 지속시키려면 무엇
이 필요한지 등의 문제의식을 공유했다. 이런 점에서 시대를 관통하는 그
들의 통찰력과 혜안이 드러난다.

밀은 자유를 가장 근본적인 가치로 인정한다는 점에서 토크빌과 동일한
사상적 출발점을 공유하는 동시에 공리주의적 입장에서 매우 현실적으로
자유의 필요성과 실효성을 강조한다. 공리주의가 행위의 판단 기준을 효
용으로 보고 법이 과학이 될 수 있는 초석을 놓았다는 것은 이미 전술한 바
와 같다. 도덕적 인간이 아니라 이기적 개인을 대상으로 도덕적·윤리적
기준을 덕성이나 가치가 아니라 쾌락pleasure의 양에서 구하고 있다는 점에

서, 공리주의의 근본적 의도는 입법의 기준을 제시하는 것이고, 벤담이 주장하는 최대 다수의 최대 행복이 바로 법률의 목표임을 알 수 있다. 민주주의 국가의 법률은 입법기관에서 제정하고, 입법기관의 구성원은 국민이 선출한다. 따라서 공리주의가 추구하는 최대 다수의 최대 행복이라는 목표를 달성하기 위한 법률의 형성은 궁극적으로 정치적 사안이 되며, 이를 위해 밀이 의미하는 개인의 자유와 정부의 관계가 드러난다.

> 모든 사람이 자유의 공기를 누리는 데 빠짐없이 동참한다는 것은 자유 정부를 구성하는 가장 이상적이고 완벽한 개념이 아닐 수 없다. 누구를 막론하고 자유를 누리는 일에서 배제된다면 이렇게 배제된 사람의 이익은 보호받을 길이 없다. 따라서 이런 사람은 자유를 향유하는 사람과는 달리, 자신과 국가에 유익한 일을 위해 노력하고 애쓸 동기를 가지지 못한다. 또 그렇게 하고 싶은 희망과 용기도 갖지 못한다. 그렇게 되면, 그에 비례해서 사회 전체의 발전 가능성도 떨어지고 만다. (밀 2012, 64쪽)

밀의 대의 민주주의는 자유라는 정신적 개념이 현실에서 어떠한 모습으로 어떻게 인간의 삶을 변화시키고 실질적으로 도움을 줄 수 있는지에 대한 답변으로 제시되는 정치 체제라고 할 수 있다. 자유라는 가치로 무장한 인간이 현실에서 자유롭게 살아가기 위해 필요한 것은 참여이며, 참여를 제도화시킨 민주주의는 또다시 자유를 확대 재생산하는 지속 가능한 순환 구조를 형성하게 된다는 것이 밀이 주장하는 대의 민주주의의 핵심적 내용이다.

(1) 자유와 종속의 사회적 의미

사람들이 자유롭게 자기 의견을 가지고 또 그 의견을 자유롭게 표현할 수
있지 않으면 안 된다. 이와 같은 자유가 허용되거나 강조되지 않으면 인간의
지적 발달과 그를 통한 도덕 생활이 치명적인 타격을 입게 된다……다른 사
람들에게 중대하게 연관되지 않는 일에 대해서는 각자의 개별성이 발휘되
도록 하는 것이 바람직하다. 각자의 고유한 개성이 아니라 전통이나 다른 사
람들이 행하는 관습에 따라 행동하게 되면, 인간을 행복하게 만드는 중요한
요소 가운데 하나이자 개인과 사회의 발전에 결코 빼놓을 수 없는 요소인
개별성을 잃게 된다. (밀 2005, 107~109쪽)

인간이 삶에서 추구하는 목표가 행복이라는 것은 어느 누구도 부인하지
않는다. 자유가 소중한 이유는 그것이 행복한 삶의 기본 요소이기 때문이
다. 행복은 또한 개인이라는 개별성의 발현을 통해 구현되고, 자유는 바로
그 개별성을 전제로 한다. 여기서 자유란 행복을 구성하는 본질적 요소이
고, 그 자체로서 중요한 가치라는 것을 알 수 있다. 밀은 현실에서의 효용
을 중시하는 공리주의의 입장에서 기능론적 차원의 자유부터 접근해 들어
간다. "효용을 증대시키는 데 자유가 필요하다는 것이다. 자유가 온전히 주
어져야 각자가 자신의 이익을 최대한 달성할 수 있다. 각자에게 맡겨두고
간섭하지 않는 것이 본인을 위해서나 사회를 위해서나 최선의 결과를 낳
는다는 생각"(박의경 2013a, 105쪽)이 밀의《자유론》저변에 흐르고 있다.
자유란 그 자체로서 독립적이며 본질적인 가치이기에, 밀은《자유론》에
서 자유 개념의 현실적 적용에 대한 논의를 중심으로 자유를 설명한다. 밀
에 따르면, 자유는 우선 우리로 하여금 진리에 대한 확신을 가능하게 한다.

다음으로, 자유는 개인의 행복과 발전을 위해 필수적인 정신적 가치이다. 마지막으로, 자유는 개인의 가치이기에 개인성 발전에 공헌하며, 이는 궁극적으로 사회 발전으로 이어진다. 계몽사상에서부터 시작된, 미래를 낙관적으로 바라보는 발전적 역사관이 밀의 자유 개념으로 재확인되는 셈이다. 따라서 밀은《자유론》에서 개인의 행복 추구권, 결사의 자유와 함께 사상의 자유, 언론·출판의 자유가 현실 정치 체제에서 제도화되어야 한다고 역설한다. 밀이 주장하는 자유의 핵심 개념은 언론·출판의 자유이다. 이는 자유의 존재를 사회에 드러내는 것으로, 정신적 자유의 추상성을 보완하는 현실적 힘이라 할 수 있다. 같은 이유로 밀은 또한 다른 개인의 자유도 타인에게 해를 주지 않는 한 절대적으로 보장되어야 한다며, 자유의 유일한 한계를 설정한다.

> 인간 사회에서 누구든——개인이든 집단이든——다른 사람의 행동의 자유를 침해할 수 있는 경우는 오직 한 가지, 자기 보호를 위해 필요할 때뿐이다. 다른 사람에게 해를 끼치는 것을 막기 위한 목적이라면, 당사자의 의지에 반해 권력이 사용되는 것도 정당하다고 할 수 있다. 이 유일한 경우를 제외하고는, 문명사회에서 구성원의 자유를 침해하는 그 어떤 권력의 행사도 정당화될 수 없다. 본인 자신의 물리적 또는 도덕적 이익을 위한다는 명목 아래 간섭하는 것도 일절 허용되지 않는다……당사자에게만 영향을 미치는 행위에 대해서는 개인이 당연히 절대적인 자유를 누려야 한다. 자기 자신, 즉 자신의 몸이나 정신에 대해서는 각자가 주권자인 것이다. (밀 2005, 30~31쪽)

개인의 자유를 제한하는 경우에 제시되는 위해의 원칙harm principle은 사회에서 자유를 충분히 향유하지 못하는 사람들을 대상으로, 자유는 모든 인간에게 동일하게 적용되어야 함을 선언하는 효과도 가진다. 밀이《여성의 종속》에서 여성이 자유의 보편 원칙에서 왜 배제되어야 하는지 강력하게 의문을 제기하는 연유도 바로 여기서 찾을 수 있다.

> 자유를 반대하는 사람 쪽에서 자신의 주장이 옳다는 것을 입증해야만 한다. 우리는 자유를 존중하고 공평무사를 추구해야 한다는 것을 선험적으로 알고 있다. 따라서 공공의 이익을 위해 필요한 경우가 아니라면 어떤 제약도 용납될 수 없다. 정의 또는 정책적 필요라는 적극적 고려 때문에 상이하게 취급해야 하는 경우가 아니라면, 법은 차별 대우를 해서는 안 되고 모든 사람을 똑같이 대해야 한다. (밀 2006, 15쪽)

보편성이 확보되지 않는다면, 자유는 자유가 아니라 일부에만 한정된 특권에 불과해지고 개인의 개별성이 발현되는 데도 도움이 되지 않는다. 결국 사회의 발전과 진보는 요원해진다. 신체의 일부가 아플 때 건강하다고 할 수 없듯이, 사회의 일부는 자유롭지만 다른 일부가 종속되어 있다면 자유로운 사회라 할 수 없다. 보편적 원칙은 제한 없이 모든 사람에게 동일하게 적용되어야 하는 것이다. 규제와 조건이 설정되거나 해당 원칙에서 배제된 사람이 한 명이라도 존재한다면, 그 원칙의 보편성은 무너지게 된다. 즉, 한 사람이라도 자유로운 결정권으로부터 배제된 채 타인의 의지에 종속되어 있다면, 그 사회는 자유롭지 못한 사회이며, 거기서 개인의 발전이나 사회의 진보를 운위할 수는 없는 일이다.[64] 자유가 모든 것의 선결 조건이며, 그 사회가 자유롭다는 것은 종속된 사람이 없다는 것을 의미한다. 종속된 사람의 존재 유무는 사회에서 부여된 권리의 향유 유무와 선택의 자유로부터 배제된 사람의 존재 유무에 따라 결정된다. 개별적 독립성이 확보되고, 여기서 배제되는 구성원이 존재하지 않는 상황에서, 이제 중요한 것은 바로 자유와 평등의 제도적 보장이다.

(2) 대의 민주주의와 개인의 자유와 참여
─자유 확보를 위한 현실적 대안

밀은《자유론》에서 인간이 행복하다고 느낄 수 있는 발전된 사회의 기본 요소를 분석하고,《여성의 종속》에서 모든 이의 자유를 위한 관용과 소수자 문제의 단초를 찾아낸 이후,《대의 정부론》에서 자유의 제도화를 통한 지속 가능성을 논한다. 여기에 정치 체제와 정부에 관한 논의가 들어설 여지가 있다.

> 가장 이상적인 정부란 작동하기에 적합한 환경 속에서……유익한 결과를 최대한 낳은 정부이다. 완벽하게 민주적인 정부가 바로 이 같은 규정에 부응할 수 있는 유일한 정치 체제이다……기존 사회를 잘 발전시키려면 다음 두 가지 원리를 반드시 전제해야 한다. 첫째, 누구든지 자신의 권리와 이익을 스스로 지킬 힘이 있고, 또 항상 지키려 해야 [한다.] 둘째, 사람들이 개인적인 정력을 다양하게 많이 쏟을수록 그에 비례해서 사회 전체의 번영도 더

---

64 《여성의 종속》은 이러한 맥락에서 본다면《자유론》의 후속편으로 자유의 완성을 위한 작업이라고 할 수 있다. 밀은 지속적으로 다른 모두에게 적용되는 자유의 가치가 일부에 적용되지 않는다면, 이는 당사자에게는 불의이고, 사회 전체로 보아서는 불행한 결과로 이어진다고 주장한다. 밀이 살던 당시에는 인류의 절반이 자유롭게 행복을 향유한 데 반해, 많은 여성들은 자유를 불완전하게 향유하거나 아예 접근조차 하지 못했고 결과적으로 실패한 삶을 살았다. 밀은 성공하는 모든 남성들은 실패에 신음하는 여성의 삶을 직시해야 한다고 강조한다. 《여성의 종속》은 이렇게 밀의 사상, 특히《자유론》과 밀접하게 연결되어 있다.

높은 수준에 이르고 또 널리 확산된다……자기 권리와 이익을 지킬 수 있는 가장 확실한 보호자는 바로 당사자 자신이다. (밀 2012, 60쪽)

자유는 보편적 개념이기는 하지만, 개념이기에 가지는 현실적 한계를 넘어설 수는 없는 일이다. 자유 개념만으로 일상에서의 자유가 보장되지는 않는다. 추상적 자유는 법과 제도를 통해 현실의 옷을 입고, 현실에서 개인의 참여를 통해 법과 제도가 집행되면서 구체적 자유의 모습으로 나의 삶에 다가오는 것이다. 따라서 밀이 역설한 대의 민주주의 체제와 참여하는 개인의 존재는 모든 인간의 자유를 위해 설정된 법과 제도에 생명력을 부여한다. "모든 사람이 자유의 공기를 누리는 데 빠짐없이 동참한다는 것은 자유 정부를 구성하는 가장 이상적이고 완벽한 개념"(밀 2012, 64쪽)이라고 《대의 정부론》에서 주장한 밀은 개인이 참여해야만 사회가 움직인다는 고전적 정치 참여 이론을 다시 한 번 강조한다.

밀은 사적인 영역 속의 개인이 삶을 영위하고 정치에 참여하는 과정에서 타인과 소통하고 타인에게 관용을 베풀고 객관성을 인지할 수 있게 되며, 궁극적으로 사적 한계를 넘어서는 공공성을 습득하게 된다고 설명한다. 이어서 밀은 개인이 자신의 발전과 사회의 진보, 사적 이익과 공적 이익의 조화와 균형을 추구해나가는 과정에서 상생의 효과를 경험하기 위해서는 질서가 얼마나 중요한지 알게 된다고 주장한다. 질서와 규율이 있는 사회에서 자유롭게 살면서 행복해질 수 있다고 확신하게 된 개인은 비로소 정치 참여자, 시민으로 설 수 있게 된다는 것이 《자유론》부터 《대의 정부론》으로 이어지는 밀의 일관된 주장이다.

시민 개개인이 드물게라도 공공 기능에 참여하면 도덕적인 그 면에서 긍정적인 변화가 생긴다는 사실이다. 사람들이 공공 영역에 참여하면 자기와 관련 없는 다른 이해관계에 대해 저울질하게 된다. 이익이 서로 충돌할 때는 자신의 사적인 입장이 아닌 다른 기준에 이끌리게 된다. 일이 있을 때마다 공공선을 제일 중요하게 내세우는 원리와 격률에 따라 행동하게 된다……결국 자신이 사회의 한 구성원이라는 느낌을 가지게 되면서 사회 전체의 이익이 곧 자기 자신에게도 이익이 된다는 생각을 품는다……공동의 이익이 되는 일을 위해 결코 함께 일하지 않는 사람의 입장에서는 이웃이라는 것이 우군도 아니고 동료도 아니다. 그저 경쟁 상대일 뿐이다. 이처럼 공공 영역이 완전히 소멸된 곳에서는 개인의 사적 도덕도 황폐해지고 만다……사회가 요구하는 모든 필요를 충족시킬 수 있는 유일한 정부란 곧 모든 인민이 참여하는 정부일 수밖에 없다. (밀 2012, 73~74쪽)

주관적 개인이 정치사회에서 객관적 시민으로 거듭나는 과정의 핵심에 바로 참여가 있으며, 이 참여를 통해서 자유는 자율로 그 모습을 드러내고, 개인이 시민으로 자리 잡게 되는 과정은 정치 체제로서의 민주주의가 정립하는 과정에서 주된 역할을 하게 된다. 민주주의의 핵심 기능은 시민의 자유를 보장하는 데 있으며, 시민으로서의 개인은 '참여'를 통해 민주주의의 첨병으로 상호 간에 상승 작용을 하게 되는 것이다.[65]

---

65 루소의 '강제'의 근원에 자유라는 힘이 존재하고 있다고 분석한 스티븐 G. 아펠트Steven G. Affeldt에 따르면, 루소의 시민이 가지는 제1의 조건은 법에 복종하는 것이 아니라 일반의지를 형성하는 데 적극적으로 참여하는 것이다. "사회에 참여하지 않고 형성된 법에 그저 복종하기만 하는 사람은 나쁜 시민인 정도가 아니라 전혀 시민이라고 볼 수 없다는 것이 루소의 평가이다."(Affeldt 1999, 308쪽). 한마디로, 일반의지의 형성을 위해 노력하는 것은 시민의 의무이며, 그렇게 하지 않는 자는 시민이 아니라는 것이다(박의경 2008a, 94쪽).

참여는 민주주의를 민주주의로 유지하게 하며, 시민을 시민으로서 바로 서게 하는 중요한 기제이다. 참여를 통해서 자유와 평등은 그 모습을 세상에 드러내고, 법과 질서는 탈선하지 않고 제 궤도를 찾아 움직이게 된다. 앞서 언급한 바와 같이, 참여는 사회계약론의 근본적 전제로 존재하고 있으나, 그 적용 과정에서 현실적으로 참여의 겉모습만 남아 있을 뿐 참여의 실체는 사상되어버리고 만 것이 현재 당면한 민주주의의 위기의 본질적 내용이다. 형해화形骸化된 참여를 복원시켜야 시민도 제 모습을 찾게 되고, 민주주의는 위기를 벗어나 제 궤도를 찾아 지속할 수 있게 된다. (박의경 2011a, 91쪽)

루소의 참여 이론이 정립된 이후, 밀도 토크빌과 마찬가지로 기초 집단과 같은 지역적 수준에서부터 참여가 이루어지지 않는다면, 거시적 참여 이론이나 담론, 권리 등은 별 의미가 없다는 것에 동의한다. "민주주의와 평등의 보편화 시대를 맞이하여 다수 대중의 힘이 제어되지 않는다면 민주주의는 위험에 빠질 수 있음을 인정하고, 동시에 다수 대중의 힘을 제어할 수 있는 사회적 기제로서 참여를 제시하고 있는 것이다. 물론 여기서 참여의 핵심은 명분만의 참여가 아닌 실질적 참여가 가능한 지역적 수준에서의 참여부터 시작해야 함을 토크빌과 밀 모두 명백히 하고 있음을 알 수 있다."(박의경 2011a, 93쪽). 토크빌이 미국 민주주의의 성공 비결과 가능성을 뉴잉글랜드 타운미팅에서 찾았고, 밀이 지방 정부 차원에서의 참여를 중요하게 보았다는 점이 이를 웅변적으로 드러낸다. 일상의 민주화와 민주주의의 일상화가 그들이 우려했던 '다수의 전제'로부터 벗어나 모든 개인의 자유를 현실에서 보장할 수 있는 유일한 방법이라는 것 또한 그들이 공감했던 내용이다. 여기서 밀은 나아가 현실적으로 가능한 정치 체제로서의 대의 민주주의를 민주주의의 확산 과정에서 다수의 전제 속에 함몰되어가는 개인의 자유를 확보하기 위한 대안으로 제시하고 있다.

밀이 제시하는 대의 정부의 조건은 다음 세 가지로 요약된다. 첫째는 국민이 인정해야 할 것, 둘째는 정부 유지에 필요한 것을 충족시킬 능력을 가질 것, 셋째는 자신에게 부과된 의무를 수행하고 필요한 기능을 수행할 것이다(밀 2012, 76쪽). 밀은 이러한 전제 조건과 함께 개인의 자유를 훼손하지 않고 정치적으로 효율적인 대의 민주주의를 제시하고, 국민의 의사에 근거하여 그 설정 가능성을 인정한다. 요약하자면, 구체적 사안에 대한 즉각적인 대응 능력이나 순발력은 상대적으로 떨어지지만, 긴 호흡으로 역사를 바라볼 때 드러나는 민주주의의 가능성에 대한 확고한 신념과 함께, 현실을 운용해나가야 한다는 당위성에서 밀이 대의 민주주의론을 대안으로 제시한 이유를 발견할 수 있다. 현실에서의 실행력을 중요시했던 공리주의자 밀에게 대의 민주주의는 당시로서 최적의 대안이었던 것이다.

(3) 소수자 보호의 원칙과 기회
―자유 상실을 제어하기 위한 구체적 정책

밀이 자유를 확보하기 위한 최적의 대안으로 대의 민주주의를 제시한 이면에는 토크빌이 예견한 '평등의 시대'와 다가올 '다수의 전제'에 대비하는 의미가 있다. 토크빌과 마찬가지로 밀이 언급하는 '다수'와 '대중'은 당시 일반 사람들을 지칭하는데, 밀은 이들이 전제專制함으로써 소수의 전문가와 지식인의 혜안이 묻혀버리고 사회가 퇴행할 수 있다고 우려했다. 밀의 대의 정부는 근본적으로 국민의 의사를 대신하여 능력 있는 전문가가 효율성 있게 국정을 운영해나갈 수 있도록 하고, 다수의 사회에서 소수의 지식인이 배제되지 않을 수 있도록 설계되어 있다는 점에서 밀의 대중에 대한 비판적 입장과 기본적으로 엘리트주의적인 사고를 엿보게 한다.

밀은 현실적 문제의 해결을 위해 대의 정부론을 제시하면서도 민주주의에서 나타날 수 있는, 다수의 전제 가능성에 대한 우려는 떨치지 못했다. 그래서 밀은 1830년 당시 미국의 상황을 프랑스와 비교하면서 자유보다는 평등 지향적이기는 하지만 민주주의가 나름대로 잘 진행되고 있다고 평가했던 토크빌에 비해, 미국의 민주주의가 전형적으로 잘못 가고 있다고 폄하했던 것이다.

민주주의는 통상적으로 다수파에 의한 지배라고 인식되고 있다. 이러한 전제에서 바라볼 때, 지배 권력이 특정 집단 또는 계급의 이해관계에 의해 휘둘릴 가능성이 충분히 있다. 지배 권력이 사회 전체의 이익을 지향하는 불편부당한 관점과 배치되는 행동을 취할 수도 있다는 말이다. (밀 2012, 123쪽)

밀은 특히 《대의 정부론》 7장에서 인민 전체를 대표하는 참된 민주주의와, 다수파만을 대표하는 거짓 민주주의를 구분하면서, 모든 사람이 대표권을 가지지 못하고 각 지역의 다수파만 대표를 낼 수 있는 것을 거짓 민주주의로 지칭한다. 밀은 거짓 민주주의에서는 높은 지성을 가진 소수파가 대의제에서 자신의 소리를 낼 수 있는 길을 찾기가 매우 어려워진다고 주장한다(밀 2012, 147쪽). 대의 민주주의의 다수 대표제를 보완해주는 것이 바로 개인 대표제라고 할 수 있는데, 민주적 다수의 본능에 맞서 부족한 것을 보완하고 잘못된 것을 고치려면 지성을 갖춘 소수에게 의지할 수밖에 없다(밀 2012, 152쪽)고 역설하면서 비례대표제 도입을 주창한 토머스 헤어Thomas Hare(1806~1891)[66]를 높이 평가한다.

비록 다수파에 수적으로는 밀리더라도 소수파가 자신의 이해관계와 생각, 지성을 드러낼 기회를 가지고, 나아가 수적 열세를 뛰어넘어 인격의 무게와 논리의 힘에 의해 일정한 영향력을 발휘할 수 있는 이런 민주주의만이 진정 평등하고 공평하며, 모든 사람에 의한 모든 사람의 정부를 가능하게 해준다. (밀 2012, 163쪽)

결국 대의 정부는 자유로운 시민을 기본으로 하며, 각 개인의 개별성과 자유를 인정하는 관용의 정신을 기반으로 하고 있음을 알 수 있다. 밀은 자유 정부의 장점에 대해 "국가의 가장 중요한 문제를 결정하는 일에 참여하면 사회의 최하위 계층 사람들까지 지성과 심성을 교육시키는 효과를 얻게 된다는 사실"(밀 2012, 164쪽)에 있다고 설명한다. 토크빌이 미국의 민주주의를 평가하면서 중요하게 생각한 것은 바로 미국 시민의 자질이었다. 토크빌은 미국 시민의 교양 수준이 매우 높다는 사실과 민주주의의 상관성을 의미 있게 살펴본다. 토크빌의《미국의 민주주의》에 드러난 미국의 삶과 문화는 민주주의의 기반이 되는 개인의 개별성과 자유에 대한 학교 역할을 한다는 점에 밀도 전적으로 동감하면서, 보통선거를 실행하기에 앞서 보통교육이 이루어져야 한다고 역설한다.

기본적인 교육은 모든 사람에게 무료로 열려야 한다. 아니면 자기 생계를 스스로 책임져야 하는 가장 가난한 사람들에게도 비용을 감당할 수 있는 한도 안에서 기초적인 교육이 제공되어야 한다. 그래야 정의로운 사회라고 할

---

66 밀 당시 비례대표제 도입 등 의회 개혁을 주장한 영국의 법률가로, 밀은 헤어의 발상을 통해 대의 민주주의가 질적으로 제고될 수 있게 되었다고 주장한다(밀 2012, 141쪽).

수 있다. (밀 2012, 168쪽)

　보통교육을 주장한 밀에게 이제 투표권은 모든 인간의 보편적 권리로 등장한다. 보편적 권리로부터 배제되는 인간이 없어야 모든 시민의 참여가 가능하고, 모든 시민의 참여가 있어야 대의 민주주의는 대표성이라는 태생적 문제를 극복할 수 있다는 것이다. 따라서 자유로운 개인에 대한 관용과 이들에 대한 사회적 인정, 그리고 자유와 관용의 제도화를 통한 보편적 권리로서의 정치 참여의 권리는 밀이 주장하는 대의 정부가 모든 시민의 이익과 사회의 발전에 도움이 된다는 목표를 달성하기 위한 초석이라 하겠다.

　걷고 싶은 마음이 없다고 해서 발에 족쇄를 그대로 채워두어서는 더 이상 발전할 수 없다. 인간으로 하여금 자신에게 맞는 일을 스스로 선택하지 못하게 하는 모든 차별과 걸림돌을 제거하는 것이 민주주의의 길을 닦는 데 가장 중요한 선결 조건이라고 밀은 주장한다(밀 2012, 182~183쪽). 그는 전문가 집단과 민주적 시민 집단 간의 갈등과 긴장 관계가 오히려 민주주의를 진작시키고 유지시켜나갈 수 있다고 생각하는데, 이것이 바로 귀족적이고 엘리트 중심적인 밀의 사고가 대중적 사고와 만나는 지점이다.

제4장

자유주의와 여성의 종속
—자유주의를 자유롭게

1. 자유와 종속의 공존과 역설

(1) 자유, 관용과 공존을 위한 기반—《자유론》을 중심으로

밀의《자유론》은 개인주의를 사상적 근저로 하는 자유주의 정치 이론, 정치적 자유주의의 기본적 문서로, 19세기 영국 자유주의의 교과서라 할 수 있다. 밀은《자유론》에서 개인의 절대적 자유 원칙과 이 절대적 자유가 제한되는 유일한 상황으로서의 위해의 원칙을 가장 중요한 원칙으로 설정한다. 밀은 자신에 대한 절대적이고 급박한 위험이 타인의 자유를 침해할 수 있는 유일한 근거이며, 타인에게 명백하게 가해지는 위해를 막기 위한 경우에만 당사자의 의지에 반해 권력이 사용될 수 있다고 설명한다. 자신의 몸이나 정신에 대해 모든 개인은 절대적 주권자의 지위에 있다는 것이 밀이 말하는 자유의 근본적 의미라고 할 수 있다.

이러한 의미에서 밀은 《자유론》의 목적을 분명하게 제시한다.

나는 이 책에서 자유에 관한 아주 간단명료한 단 하나의 원리를 천명하고자 한다. 이를 통해 사회가 개인에 대해 강제나 통제——법에 따른 물리적 제재 또는 여론의 힘을 통한 도덕적 강권——를 가할 수 있는 경우를 최대한 엄격하게 규정하는 것이 이 책의 목적이다. (밀 2005, 30쪽)

밀이 자유의 가치를 옹호하는 이유는 다음과 같다. 첫째, 자유는 진리와 진리로 인한 확신을 우리에게 부여한다. 둘째, 개인의 행복과 정신적 발전을 위해 자유가 필요하다. 셋째, 자유는 개인성을 개발하여 발전하게 하며, 이는 궁극적으로 사회의 진보로 귀결된다. 즉, 개인의 자유는 개인에게는 행복을, 사회에는 발전을 가져온다는 19세기 자유주의 정치사상의 핵심적 내용이 바로 밀의 《자유론》에 그대로 담겨 있다.

《자유론》에서 밀은 또한 다수의 전제와 심리적 압박으로부터 개인의 자유를 보호하기 위한 사상의 자유와 행복 추구권, 결사의 자유를 강조한다. 어떤 사상이 옳든 그르든 사상의 자유와 언론·출판의 자유는 절대적으로 보장되어야 하는데, 이는 인간의 정신이 토론과 경험을 통해서 잘못을 시정할 수 있는 능력을 지니고 있기 때문이다. 또한 다른 사람에게 피해를 주지 않는다면 개인의 행위는 남과 다르다는 이유로 박해받아서는 안 된다. 개성이 발달되면 한 개인의 삶뿐 아니라 사회 전체도 더 활기 넘치게 될 수 있다. 그러므로 개인이 한 인격체로 성장하기 위해 자발적으로 선택할 권리는 반드시 보장되어야 한다. 밀은 이러한 인식을 바탕으로, 사회나 국가가 개인에게 행사하는 권력이 도덕적으로 정당성을 지닐 수 있는 한계에 대해 논했다.

전체 인류 가운데 단 한 사람이 다른 생각을 가지고 있다고 해서, 그 사람에게 침묵을 강요하는 것은 옳지 못하다. 이것은 어떤 한 사람이 자기와 생각이 다르다고 나머지 사람 전부에게 침묵을 강요하는 일만큼이나 용납될 수 없는 것이다. (밀 2005, 42쪽)

남들과 다른 생각을 하는 그 한 사람이 다수와 배치되는 의견을 개진하도록 자유를 허용해야 한다는 것이 바로《자유론》의 기본 전제이다. 그 전제는 또한 인간은 전지전능하지 않고 오류를 범할 수 있다는 가능성을 근거로 성립한다. 인간 사회에는 절대적인 확실성 같은 것은 존재하지 않으므로 다양한 의견을 내고 소통해야 한다는 것이다. 그러기 위해서 국가와 사회는 개인의 개성과 다양성을 인정해야 하며, 개개인의 자유를 구속해서는 안 된다고 밀은 강조한다. "여론을 빌려 자유를 구속한다면, 그것은 여론에 반해 자유를 구속하는 것만큼이나, 아니 그보다 더 나쁜 것이다."[67](밀 2005, 42쪽).

개인에게 자유와 관용을 허용하는 목적은 개인으로 하여금 자아를 실현하고 개체성을 확립하게 하는 데, 새로운 사상을 자유롭게 개진하고 기존의 신념을 비판적으로 평가함으로써 인류의 진보를 이루려는 데 있다. 사상, 토론, 행동의 자유는 심성의 독립과 자율적 판단의 성장과 발전에 필요한 조건이며, 인간의 심성과 합리성을 형성하는 데 결정적인 조건이다.《자유론》의 핵심은 인간의 개성과 다양성, 그리고 활력과 자발성의 회복을 요

---

67 소크라테스와 예수는 각기 당시에 다수의 의사에 따라 죽음을 당했지만, 그렇다고 그들이 주장했던 바가 사라지지는 않았다. 오히려 그들의 말은 이후 2,000여 년 동안 진리로 여겨져왔다. 따라서 실제로 내가 지금 반대하는 것이 얼마나 중요한 것이 될지 확신하는 사람들은 그리 많지 않으므로, 모든 사람이 의견을 자유롭게 개진할 수 있는 개방적인 분위기가 조성되어야 하는 것이다.

구하는 데 있다. 밀은 《자유론》에서 자유의 한계에 대해서도 언급한다. 모든 사람에게 자기를 보호할 권리가 있음을 인정한다면, 자유를 행사하는 사람들에게도 자기 보호의 원칙이 지켜져야 한다. 여기에 위해의 원칙이 존재한다. 위해의 원칙은 타인의 자유에 개입하거나 간섭할 수 있는 정당한 요건이 된다.

밀이 주장하는 핵심 내용을 정리하면 다음과 같다. 첫째, 틀렸다거나 해롭다는 것은 개인의 의사 표현을 가로막을 이유가 되지 못한다. 틀렸다거나 해롭다는 것도 또 다른 개인의 의견일 수 있는 만큼, 의사 표현이 타인이나 사회에 명백한 위해가 되지 않는 한, 개인이 의사를 표현할 자유는 보장되어야 하는 것이다. 둘째, 의사 표현의 자유는 무제한 허용되어야 한다. 일부 제한이라는 것은 수사적으로만 가능하며, 실제로는 모든 표현의 자유를 제한하게 되어, 표현의 자유를 통해 얻을 수 있는 사회의 발전과 진보를 지연시킬 수 있다. 마지막으로, 표현하는 내용을 제한하지는 말아야 하지만 그 방식은 제한할 수 있다.

> 만일 그 의견이 옳다면 그러한 행위[의견을 억압하는 행위]는 잘못을 드러내고 진리를 찾을 기회를 박탈하는 것이다. 설령 잘못된 것이라 하더라도 그 의견을 억압하는 것은 틀린 의견과 옳은 의견을 대비시킴으로써 진리를 더 생생하고 명확하게 드러낼 수 있는 대단히 소중한 기회를 놓치는 결과를 낳는다……어떤 의견을 폐기시키고자 할 때, 우리는 결코 그것이 잘못되었다는 것을 확신할 수 없다. 그리고 비록 그것이 잘못되었다는 확신이 있더라도 그것을 억누르는 것은 여전히 옳지 못하다. (밀 2005, 42쪽)

사상은 절대적으로 자유로워야 한다. 하지만 개인의 행동의 자유는 사회의 안전을 위해 제한되어야 한다. 밀은 이러한 관점에서 개인에 대한 추상적이고 절대적인 근본적 불간섭 원칙을 수정한다. 밀은 개인은 그 자신에게 속하며, 그가 타인을 해치지 못하도록 방지하는 목적을 위해서만 사회에 종속된다고 주장한다.

사람들은 행동이 의견처럼 자유로울 수 없다는 것에 일반적으로 동의한다. 언제나 자유로워야 하고 또 그럴 수 있다는 의견과 달리, 행동은 타인에게 해를 끼치는 정도만큼 제한되어야 한다. 사회적 행동의 궁극적 목적은 "모든 사람에게 완벽한 독립과 행동의 자유를 확보하는 것이어야 한다". 여기서 행동의 자유에는 특히 취향을 충족시킬 자유와 그것을 추구할 자유, 결사의 자유가 포함된다. 이 세 가지 모두 다른 사람에게 해를 끼치지 않는 한도 내에서 허용된다. 자기 수양과 덕성 교육을 통해서 사회 속의 개인은 자신을 도덕적·지적으로 향상시킬 수 있는 자신의 자유를 사용하게 된다.

그러나 개인의 사적인 사상을 공개적으로 표현하는 것은 다른 범주의 행동에 속하는 것으로 본다. 밀은 사상의 자유와 마찬가지로 표현의 자유도 절대적 자유라고 역설한다. 우선, 표현은 사상과 매우 밀접하게 관련되어 있기 때문에 표현의 통제는 사실상 사상을 통제하는 것이 된다. 둘째, 밀은 표현의 자유를 제한하는 권리를 주장하려면 주장하는 쪽의 무오류를 전제해야 한다고 설명한다. 그런데 사회에서 어느 누구도 정당하게 무오류를 주장할 수 없으며, 다른 의견을 억압할 권리 또한 주장할 수 없다고 믿었다. 반대로 사회는 절대적 토론의 자유에 의해 잃을 것이 아무것도 없으며 얻을 것만 있다고 역설했다.

첫째, 침묵을 강요당하는 모든 의견은, 그것이 어떤 의견인지 우리가 확실히 알 수는 없다 하더라도, 진리일 가능성이 있다……둘째, 침묵을 강요당하는 의견이 틀린 것이라 하더라도, 그것이 일정 부분 진리를 담고 있을지도 모른다……셋째, 통설이 진리일 뿐만 아니라 전적으로 옳은 것이라고 하자. 그렇다 하더라도 어렵고 진지하게 시험을 받지 않으면 그것을 받아들이는 사람들 대부분은 그 진리의 합리적 근거를 그다지 이해하지도 느끼지도 못한 채 그저 하나의 편견과 같은 것으로만 간직하게 될 것이다……네 번째로, 그 주장의 의미 자체가 실종되거나 퇴색되면서 사람들의 성격과 행동에 큰 영향을 미치지 못하게 될 것이다. (밀 2005, 100∼101쪽)

이와 함께 밀은 토론의 자유와 "절제된 양식 아래 공정한 토론의 틀"(밀 2005, 101쪽)이 필요하다고 강조하면서, 수많은 사람들의 '토론의 자유'가 고르게 보장되려면 다수자의 관용과 소수자의 지혜로운 태도가 있어야 한다고 본다.

다수가 받아들이는 생각과 일치하지 않는 소수 의견은, 부자연스러울 정도로 표현을 순화하고, 상대방에게 불필요한 자극을 주지 않도록 극도로 세심한 주의를 기울여야 한다. 그렇지 않으면 자기 입장을 밝힐 기회를 얻기가 여간 어렵지 않다. (밀 2005, 103쪽)

1859년에 처음 출간된 《자유론》은 "우리는 최대한 다양하게 인간 발전을 추구할 수 있어야 한다"는 독일의 철학자이자 언어학자 빌헬름 폰 훔볼트Wilhelm von Humboldt(1767∼1835)의 말을 인용하면서 시작한다. 밀은 우선 기능론적 차원에서 자유의 소중함을 강조한다. 효용을 증대시키는 데 자유가 필요하다는 것이다. 자유가 온전히 주어져야 각자가 자신의 이익을 최대한 달성할 수 있고, 각자에게 맡겨두고 간섭하지 않아야 본인을 위해서나 사회를 위해서나 최선의 결과를 낳는다는 생각이 《자유론》에서 그대로 드러난다.

자유는 왜 소중한가? 자유는 행복한 삶을 위한 근본 요소이기 때문이다. 자유, 즉 개별성의 발현이 전제되지 않는 행복이란 생각할 수도 없다. 자유란 행복을 구성하는 본질적 요소이기 때문에 그 자체로서 소중한 것이다. 나아가 《자유론》은 결과보다 과정을 더 중요시하면서, 내 방식대로의 삶, 즉 자유 그 자체의 소중함을 역설하는 기조 위에서 전개된다. 밀은 훔볼트의 말을 빌려 다음과 같이 말한다.

그는 "각자의 개별성에 맞게 능력을 발전시키기 위해 모든 사람이 끊임없이 노력을 기울여야 하고, 특히 다른 사람을 이끌 지도자가 되려는 사람은 그 목적을 향해 언제나 눈을 부릅뜨고 바라보아야 한다"고 강조했다. 훔볼트는 이를 위해서 '자유 및 상황의 다양성'이라는 두 가지 조건이 필수적으로 충족되어야 한다고 주장했다. 이 두 가지가 결합하여 '개별적 활력과 고도의 다양성'이 생기는데, 이들이 곧 '독창성'의 바탕이 된다는 것이 그의 생각이다. (밀 2005, 110쪽)

개별 인간이 행복하려면 개별성이 중요하다고 강조하면서 밀이 주장하는 바는 매우 역설적이다. 자유는 아무나 향유할 수 있는 것이 아니라는 주장이 바로 그것이다. 그는 자신의 기본 원칙이 자유를 누릴 만한 사람에게만 적용된다는 점을 분명히 한다. 밀은 또한 인간의 이성을 신뢰한다.[68] 이성적인 인간은 상식과 경험을 통해 올바른 선택을 할 것이고, 선택이 올바르면 결과는 좋을 수밖에 없다는 것이다. 밀의 엘리트주의적 성격과 대중에 대한 우려가 드러나는 대목이다. 능력 있는 개인의 개별성이 인류의 행복을 위해 중요하다고 보는 한편, 자유로운 개인의 집합으로서의 대중과 군중의 존재에 대해 고민하는 밀의 모습이 드러난다.

오늘날에는 개인이 군중 속에 묻혀버린다. 정치적 측면에서 볼 때 이제 여론이 세상을 지배한다는 말은 거의 진부하기까지 하다……정부도 대중이 원하는 것과 좋아하는 것을 챙겨주는 기관이 되고 있다……그들[공중]은 언제나 대중, 다시 말해 평범한 보통 사람들의 집합체로 존재한다……대중이 이제는 더 이상 교회나 국가의 유명 인사, 저명한 지도자들을 따라 하거나……입장을 정리하지 않는다……문제는 평범한 사람들이 움직이는 정부가 평범한 정부가 되는 것을 피할 길이 없다는 데 있다……[그러나] 현명한 일 또는 고상한 일들이 처음에는 모두 개인들로부터 시작되며 또 그래야만 한다. 일반적으로 보면 첫 단추는 어떤 특별한 한 사람이 꿴다. 보통 사람에게는 그런 첫걸음을 따라가는 것이 존경과 영광을 받는 길이다……내가 여기서 탁월한 재능을 가진 사람이 힘으로 권력을 장악해서 이 세상을 자기 마음대로 주무르는 일종의 '영웅 숭배론'을 펼치자는 것은 아니다. 단지 천재 같은 사람이 자기 방식대로 세상을 살아갈 자유를 누릴 수 있어야 함을 강조할 뿐이다……오늘날에는 무언가 남과 다른 것을 일절 용납하지 않을 정도로 여론의 전제專制가 심하다. (밀 2005, 124~126쪽)

이러한 시각에서, 밀의 《자유론》에는 다수의 횡포에 대한 반대가 극명하

---

68 밀은 "이성은 우리에게 각자의 능력을 완전하고 전체적으로 일관되게 최대한, 그리고 가장 조화 있게 발전시킬 것을 명령한다"고 한 훔볼트의 말을 인용한다(밀 2005, 110쪽).

게 나타난다. 당시 영국에서는 다른 나라에 비해 자유 문제는 어느 정도 해결된 셈이었으므로, 밀이 가장 중요하게 생각한 문제는 토크빌이 지적한 바 있는 다수의 전제였다. 밀은 다수의 전제, 사회적 전제, 여론의 전제 등으로 인해 대중 속에서 개성의 다양성이 매몰되고 중앙집권적 경향에 의해 개인의 창의성과 자발성이 무시되는 것을 경고한 것이다.

여기서 다수의 전제에 대응하는 방법으로서 소수자 보호의 원칙이 설정된다. 불이 꺼지지 않는 영국 의회의 전통은 바로 여기서 출발한다. 하늘 아래 타협하지 못할 것은 없다는 전제 아래 모든 문제를 끝까지 토론하여 타협과 합의를 도출해내는 민주주의의 모범적 사례가 자리 잡게 되는 것이다.

(2) 종속, 상존하는 소수자의 문제—《여성의 종속》을 중심으로

밀은 《자유론》에서 인간은 자유를 향유할 수 있을 때 비로소 인간이 된다고 말한다. 이러한 생각은 《여성의 종속》에서도 동일하게 피력된다. 인간의 삶에서 행복을 누릴 수 있게 해주는 가장 중요한 것은 "각자가 자기가 하고 싶은 일을 추구할 수 있는 것"이다. 그것이 바로 행복의 원천이고, 그렇게 되지 않을 때 불행해진다고 할 수 있다. 이는 또한 모든 인간에게 동일하게 적용되는 것으로, 여성이 예외가 될 수 있는 근거를 밀은 어디에서도 발견하지 못한다. 밀은 자유를 존중하고 공평무사함을 신뢰하는 것은 자연이 인간에게 부여한 권리이자 능력이라고 하면서, 모든 인간은 이러한 사실을 선험적으로 이미 알고 있다고 주장한다. 곧, 공공의 이익만이 자유를 제한하는 요건이 될 수 있으며, 정의나 정책적 필요 등 명백히 차별을 해야 할 상황이 아니라면, 법 앞에서 모든 인간은 차별받아서는 안 된다는 것이다. 18세기 시민혁명 이후에 사회에서 배제되어버린 여성의 자유와 권리의 근거를 밀은 어디에서도 발견할 수 없었던 것이다.

밀은 당시 대다수 남성들은 보지 못하고 있었던 억압당하고 있는 여성에 주목한다. 밀은 자유로부터 배제당하고, 억압당하는 자에게 그런 취급을 받아 마땅한 사유가 과연 있는지를 살펴보아야 하고, 정당한 사유가 발견되지 않는다면 그들에게도 자유와 권리는 보장되어야 한다고 역설한다. 이러한 전향적 태도를 가질 때, 비로소 구성원 모두가 행복하고 자유로운 사회가 형성될 수 있다는 것이다. 자유주의자로서 자연에서 주어진 것이 있다면 모두에게 그것을 인정해야 한다는 어쩌면 매우 단순한 논리라고 하겠다. 있는 것은 있는 것이고 없는 것은 없는 것이라는 단순한 사실로부터, 여성에게 있는 것을 인정하는 것이 남성에게 문제가 되지 않으며, 오히려 전체 사회의 발전과 성장에 도움이 되리라는 것이 밀의 분석이었다.

《여성의 종속》과 《자유론》의 사상은 동일한 데서 출발하고 있으며, 다루는 내용도 매우 밀접하게 연결되어 있다. 밀의 《여성의 종속》은 여성에게도 투표, 교육, 고용의 기회를 제공할 것을 주장한 19세기의 가장 강력한 항변이었다. 밀은 이 책에서 평등권의 단초를 보이면서도 여성에게 불리한 법적 장벽을 철폐한다고 해서 남녀평등이 과연 이루어질까 의심하기도 한다.

밀은 근본적으로 여성이 남성보다 열등하지 않으며, 남녀평등은 남성들에게도 도움이 될 것이라고 강조한다. 밀이 살았던 당시에 이루어진 여성의 사회활동에 대한 제약이나 여성에 대한 폄하는 여성이 남성보다 열등하다는 가정에서 출발한다. 여성은 남성과 달리, 근대사회의 중요한 기제인 이성능력보다 감성능력이 더 발달해서 사회의 선악과 정의를 제대로 판단해낼 능력이 부족하기에, 그 능력을 가진 남성의 보호와 지배 아래 있어야 한다는 것이다.

　일반 대중의 압도적인 정서가 여성에 대한 그런 부정적 편견을 부추기고 있기 때문이다. 이런 부정적인 편견의 힘은 워낙 세서, 높은 수준의 지성인이라면 모를까 웬만한 사람에게는 아무리 이성에 호소해봤자 별 효과가 없다……19세기는 몇몇 중요한 측면에서 18세기와 다른 길을 걷고 있다. 그중에서도 아주 특징적인 것이 바로 이성적 요소에다 흔들리지 않는 믿음을 주었다고 생각되는 18세기와는 달리, 인간 본성의 비이성적 요소를 아주 높이 평가하고 있다는 점이다. 이성을 떠받드는 대신 본능을 숭배하게 된 것이다. (밀 2006, 16~17쪽)

　밀은 남성과 여성 사이에 존재하는 정신적 차이는 교육과 환경의 차이에서 비롯되는 것일 뿐이라고 단언한다. 밀은 또한 여성이 한 남성에게 종속됨으로써 빚어지는 고통과 부도덕함을 밝히고, 성별에 관계없이 모든 사람이 평등하게, 그리고 인간답게 살지 않으면 안 될 이유를 열정적으로 제시한다.

　밀은 남성과 여성이 지배·복종의 관계를 맺어야 할 어떤 이론적·경험적 이유도 없다고 단정하면서, 불평등 관계라는 것은 특정한 차이가 전제되지 않으면 정당화될 수 없음을 분명히 한다. 남성이 여성을 지배하지 않으면 안 될 이유, 남성과 여성의 근본적인 차이에 대한 세간의 속설은 모두 남성 지배 이데올로기가 조작한 결과로서, 이성적 판단에서 나온 합리적 결과가 아니라는 말이다.[69]

　법과 정치 체제는 언제나 개인들 사이에 이미 존재하는 관계를 인정하면서 태동한다. 다시 말해, 법과 정치 체제는 단순히 물리적 사실에 불과했던 것을 법적 권리로 전환시키면서 사회적 구속력을 부여하고, 이런 권리들을 주장하고 보호해주는 공적 · 조직적 수단을 확립함으로써 무질서하고 무법한 상태에서 벌어지는 난폭한 충돌을 방지하는 것을 일차적 목표로 한다. 이미 복종을 강요당했던 사람들은 이런 과정을 통해 합법적으로 지배당하게 된다. (밀 2006, 20쪽)

위 글은 실질적으로 노예제가 법 체계 내로 편입되게 된 과정을 나타내지만, 노예제 자체는 당시에 이미 반인륜적이고 비도덕적이라는 이유로 많은 나라에서 폐지되었다. 그럼에도 여성이 노예제보다는 완화된 종속 상태에 남아 있게 된 것은, 여성은 태어나면서부터 복종의 의무를 가지는데다 지배하는 일에 태생적으로 적합하지 못하기에, 보다 능력 있는 남성의 지배하에 있는 것이 당연하다는 본능과 관습적 담론의 영향이었을 뿐이다. 여기서 이성적으로 추론 가능한 논리적 근거를 발견하기란 어렵다.

그저 힘센 자가 지배한다는 강자의 법칙을 제외하고는, 남성과 여성 사이의 불평등을 뒷받침해줄 만한 것이 아무것도 없다는 사실에 의아해하지 않

---

69 여성이 정치적 능력이 부족하다는 근거로, 역사에서 여성 정치인을 거의 찾아볼 수 없다는 사실을 들곤 한다. 하지만 이는 근본적으로 현상을 왜곡하는 명제라고 볼 수 있다. 여성이 출산을 하고 가사를 전담한다는 사실 때문에 여성의 사회 진출을 허용하지 않았던 명백한 역사가 있음에도, 여성이 정치현장에 존재하지 않았던 것을 여성의 정치적 능력이 부족하다는 근거로 삼고, 또 이를 근거로 여성의 정치적 권리를 인정하지 않는다는 것은 원인이 결과가 되고, 그 결과가 또 원인이 되는 의도적 역사 왜곡이라고 할 수 있다. 17세기 이래 관습으로 인해 여성의 가입이 허용되지 않았던 영국의 남성 클럽에서 남성 전용성을 강조하면서 역사적으로 여성이 없었기 때문이라고 말하는 것과 같은 논리이다. 여성이 싫으니 여성을 배제하겠다는 의도 외에 다른 논리적 이유를 여기서는 발견할 수 없다.

을 수 없다……우리가 현재 살고 있는 사회에서는 그러한 강자의 법칙이 인간사를 규율하는 원리로서의 효력을 완전히 잃어버린 것처럼 보이기 때문에 역설적으로 들릴 수밖에 없다. (밀 2006, 21쪽)

밀은 당대에 예술이나 철학, 사상 등에서 탁월한 업적을 남긴 여성이 없는 것은 그동안 여성을 교육시키지 않은 결과이고, 여성이 충분한 시간을 가지고 오랫동안 참여했던 분야에서는 그 성과가 결코 남성에게 뒤지지 않는다고 설명한다. 밀은 여성의 정치적 능력에 대해서도 동일한 논리를 제시한다.

남성과 여성의 타고난 본성 때문에 그들이 각각 현재와 같은 기능과 위치를 담당하게 되었고, 또 그것이 본성에 적합하다고 말할 수 있는 근거는 아무것도 없다……오늘날 여자의 본성이라고 알려져 있는 것들은 확실히 인위적으로—특정한 방향을 향해 강압적으로 몰아가고, 또 어떤 방향으로는 부자연스럽게 자극을 준 결과— 만들어진 것이다. (밀 2006, 47~48쪽)

밀은 여성의 정치적 권리에 대해 선구적 주장을 했다. 여성은 선거에 참여하는 데는 물론이고, 공직을 담당하거나 중요한 공적 책임을 수행하는 데에도 전혀 부족하지 않다는 것을 역사 속에서 몇 안 되는 사례이지만 여왕의 치세와 치적을 들어 증명한다. 현재 여성의 정치 참여를 제도적으로 막고 있는데, 여성의 능력은 그 이유가 되지 못한다는 것이다.

여성들이 날 때부터 할 수 없는 일이라면, 그것을 하지 못하게 막는 것은 그야말로 불필요한 일이다. 여성들이 할 수 있는 일이지만 남성만큼 잘하지 못하기 때문에 경쟁 원리에 따라 배제된다면 그것에 대해서는 뭐라 할 말이 없다. 아무도 여성 편에 서서 그들에게 특별 대우를 해줄 것을 요구하지는 않기 때문이다……무엇이든지 여성이 상대적으로 경쟁력을 가지고 있는 일이라면, 자유 경쟁에 맡기는 것이 여성에게 가장 도움이 된다. (밀 2006, 57쪽)

밀은 《자유론》에서 행복을 위해 필요한 인간의 개별성과, 타인과 더불어 협동하며 사는 인간의 존재론적 특성을 강조하는데, 이는 《여성의 종속》에서도 동일하게 드러난다. 밀은 다른 사람과 더불어 평등하게 살 수 있는 능력이야말로 인간이 가져야 할 참된 덕목이라고 하면서, 사회가 점점 발달할수록 명령하고 복종하기보다 평등한 관계가 대세가 될 것이라고 단언한다.
밀은 인류의 절반에게서 평등한 도덕적 · 정치적 권리를 박탈한 것은 정의에 반反하는 것으로, 당사자 여성뿐만 아니라 남성, 나아가 사회 전체에 큰 피해를 준다고 지적한다.

여성에게 자신의 능력을 자유롭게 발휘할 기회를 주고, 직업 선택의 자유도 주고, 그리고 남성과 똑같이 일을 할 수 있을 뿐 아니라 그 대가나 상도 똑같이 받을 수 있게 함으로써 생기는 두 번째 이득은, 인간 사회를 더 높은 단계로 발전시키는 데 필요한 정신 능력이 두 배로 늘어난다는 점이다. (밀 2006, 161~162쪽)

능력과 가능성을 가진 인류의 절반을 사장시키는 것은 사회 전체의 엄청난 손실이라는 것이다. 또한 밀은 여성의 사회 참여가 늘어날수록 사회의 역량이 배가되므로 남성의 능력도 그에 비례해서 향상될 것임은 인간의 역량이라는 차원에서도 설명할 수 있다고 말한다. 또한 남성 입장에서도, 정당하지 못한 지배 권력에 도취되어서 여성의 종속을 정당화하는 것은 사회적 존재로서의 남성의 역량에 좋지 못한 영향을 끼치게 된다고 한다.

지금까지 나는 여성이라는 이유로 인간으로서의 기본권을 누리지 못하고 부당한 예속에 신음하는 것을 철폐함으로써 생기는 긍정적인 변화가 개인보다는 주로 사회적인 측면, 즉 사회 전체의 생각과 행동 역량의 증대, 남녀 관계의 전반적인 상태의 개선에 집중되는 것처럼 설명했다. 그러나……굴종에서 해방된 인류의 반이 누리게 되는 사적인 행복이라고 하는, 말로 다 표현하기 어려운 이득을 언급하지 않는다는 것은 문제의 본질을 완전히 놓치는 우를 범하는 것이 된다. (밀 2006, 183~184쪽)

밀은 "단지 여성으로 태어났다는 이유만으로" 인류의 절반이 불행한 삶을 살아가면서 야기되는 해악을 규탄한다. 밀은 출생이 아니라 능력이 모든 권력과 권위의 유일한 원천이 되어야 한다고 역설하면서, 상당수의 남성이 여성을 해방시키는 운동에 동참해야 현재의 사회 부조리가 시정될 수 있다고 주장한다. 밀은 결혼과 고용에서 법적 평등을 이루려면 "단지 남성으로 태어났다는 이유만으로" 누리는 정치적·법적·경제적 이익을 희생시켜야 한다고 말한다. 밀이 여성 참정권, 기혼 여성 재산법, 이혼법, 여성에 대한 고등 교육과 직업 개방 등을 지지한 이유도 바로 이 때문이다. 이 중에서도 밀이 현실 정치에 참여하면서부터 내세운 여성의 투표권은 여성이 자유와 평등을 확보하기 위한 첫걸음이라고 할 수 있다.

자신을 지배할 사람을 뽑는 데 목소리를 낼 수 있다는 것은 모든 사람에게 허용된 자기 보호의 수단이라고 할 수 있다……남성은 투표권을 가지고 있는데 여성이라고 해서 그 권리를 부인하는 것은 정의의 원리에 어긋나는 일이다……여성의 공정하고 평등한 권리를 보장한다는 차원에서도 그들에게 투표권이 부여되어야 한다. (밀 2006, 107~108쪽)

밀은 남녀가 최고 수준의 윤리적 관계를 형성하려면 여성이 평등한 자로 간주되어야 한다고 역설한다. 모든 남성과 여성은 남녀가 권리와 교육에 있어서 평등하다는 점을 뼈저리게 공감할 수 있도록 교육받아야 한다는 것이다. 인간에게 개별성이 중요하고, 개별성이 가장 잘 발휘되는 자유는 행복의 요건이라고 할 수 있는데, 이 자유를 누리는 데 여성이 배제되어서는 안 된다는 것이 밀이 《여성의 종속》에서 주장한 내용의 핵심이다. 이는 또한 모든 개인의 자유와 개별성을 근저로 하는 밀의 민주주의 담론의 중요한 기반이 된다.

2. 자유로운 자유주의를 위한 이론적 모색

(1) 자유의 경계 넘어서기—자유와 관용, 그리고 참여의 제도화

모든 이에게 자유가 있다는 점이 인정된다면, 이제 해야 할 것은 바로 실행력을 제고하기 위한 자유의 제도적 보장이다. 자유가 확대되어가는 과정에서 걸림돌이 되는 다수와 여론의 전제를 돌파해나가려면 관용과 소수자 보호의 원칙이 필요하다. 이는 다수결 원칙의 문제점을 보완해주는 것으로, 이러한 것들을 어떻게 지속적이고 효율적으로 사회에서 가동하도록 하는가가 밀이 당면한 문제였다.

밀은《자유론》에서 원칙을 찾아냈고,《여성의 종속》에서 존재하는 문제를 인식한 이후,《대의 정부론》에서 제도화와 실현 가능성을 발견했다. 개인의 자유를 확보하고, 지속적으로 그 정치 체제를 유지할 수 있는 방법으로 밀이 제시한 대의 정부의 필요성과 적실성은 바로 그 효용 가치에서 발견된다.

그러나 노래가 노래하는 것이 아니고 가수가 노래하듯이, 아무리 잘 달리는 말이라도 기수가 있어야 제대로 성과를 낼 수 있듯이, 아무리 좋은 정부, 좋은 정치 체제라 할지라도 거기에 개인이 참여해야 정부를 제대로 작동시킬 수 있다. 밀은《대의 정부론》에서 "모든 사람이 자유의 공기를 누리는 데 빠짐없이 동참한다는 것은 자유 정부를 구성하는 가장 이상적이고 완벽한 개념"(밀 2012, 64쪽)이며, 이러한 개인이 참여해야만 사회 전체가 움직이게 된다고 역설한다.

> 인간의 삶을 발전시켜준 것은 자연의 힘과 추세에 맞서 싸우는 성격이었지 순응하는 성격은 아니었다. 적극적이고 정력적인 성격이 언제나 인간 사회에 유익을 가져다주었다. 그리고 각 개인의 발전을 촉진하는 습관과 행동이 궁극적으로는 사회 전체의 발전을 초래하는 요소의 한 부분이 되었다. (밀 2012, 66쪽)

밀은 고대 그리스 아테네의 민주주의를 설명하면서, 시민의 참여와 공공성에 대해 논한다. 사회라는 시민의 참여 학교에서 공공성은 학습되고 확산된다는 것이다. 시민들이 질서를 지키는 것이 자신의 이익에 배치되지 않을 뿐 아니라 사회의 이익 총량을 증가시킨다고 확신하게 되면, 그 사회의 질서는 자연스럽게 잡혀나간다고 밀은 설명한다. '질서는 빠르고 아름답다'라는 최근 우리의 교통 표어를 연상시키는 대목이다. 밀은 개인과 공동체의 관계를 설정하면서 개인의 도덕을 위해 공공성을 확보해야 한다는 사실을 중요시한다.

결국 좋은 정부란 자유로운 시민이 자유롭게 선택하고 참여하는 정부라고 할 수 있다. 아테네의 민주주의 신화로부터 기원하는 루소의 직접 민주주의에 대한 담론의 적실성은 여전히 존재하지만, 공리주의자 밀은 모든 이론의 현실 적용과 실현 가능성에 초점을 맞추어 논의를 전개해나간다. 규모가 아테네와 제네바보다 훨씬 큰 당대의 국가에서 모든 시민이 직접 정치에 참여하기란 불가능했다.[70] 밀은 이러한 난점을 넘어서고자 완전한 정부의 이상적 형태를 지닌 대의제를 제시한 것이다. 이성을 중심으로 이상을 말하지만, 현실에 천착하는 공리주의자다운 밀의 면모가 여실히 드러나는 대목이다.

밀이 제시하는 대의 정부의 전제 조건은 다음 세 가지로 요약된다. 곧 국민의 인정, 정부의 유지 능력, 정부의 필요 기능 수행이다. 밀은 이 세 가지 조건을 갖춘다면 개인의 자유를 훼손하지도 않고 정치적 비능률성을 초래하지도 않는 국민의 의사에 근거한 대의 정부를 설립할 수 있다고 말한다.

대의 정부란 국민의 의사를 대신하여 능력 있는 전문가가 나서서 효율적으로 국정을 운영해나간다는 개념이다. 이 과정에서 국민의 의사가 전문가에 의해 무시되거나 간과될 수 있는 위험성을 피해 가기는 어렵고, 이 때문

---

70 로버트 달Robert Dahl은 《민주주의론On Democracy》에서 현대사회에서 직접 민주주의를 실현하기가 불가능하다는 점을 계산을 통해 보여준다. 모든 유권자가 자유로이 의견 개진을 하기 위한 시간과 정책을 집행해야 하는 당위성을 비교하게 되면, 현대 국가의 규모에서 직접 민주정치 체제는 불가능하다는 결론에 이르게 된다. 일례로, 한 가지 안건에 대한 의견을 수집하는 데만 10여 년이 걸린다는 단순 계산이 나와 실소를 자아낸다(달 2002, 143~147쪽).

에 밀의 민주주의론이 엘리트 중심주의라는 비판에 직면하기도 한다. 대의 정부를 운영하는 전문적 관료 집단의 존재와 전문성은 없지만 자유의사로 그들에게 정부를 맡긴 민주 시민의 존재는 갈등과 충돌의 가능성이 매우 높음을 드러낸다. 최악의 경우 전문가가 효율성을 추구한 결과는 시민들에게는 더 나쁜 결과를 초래할 수도 있다. 이에 대해 밀은 로마의 관료제가 민주적 요소와 만나면서 부패와 병폐를 피할 수 있었음을 사례로 들면서, 다음과 같이 말한다.

> 인간의 일이란 것이 참 묘해서, 서로 반대되는 것이 있어야 좋은 결과가 나온다. 종류를 불문하고 반대편이 있어야 일이 원만하고 효율적으로 처리될 수 있다……전문적인 훈련을 받은 관리들이 탁월한 능력을 발휘하는 것은 사실이지만, 이들도 자유로운 정부가 할 수 있는 일을 따라가지 못할 때가 있다. 거꾸로 자유 정부가 할 수 없는 일을 이들이 해내는 경우도 있다. (밀 2012, 119~120쪽)

민주주의의 가능성에 대한 확고한 신념을 보여준 밀은 《대의 정부론》을 통해 민주주의를 현실적으로 운용해나가야 한다고 주장했다. 이를 위해 밀은 전문가와 비전문가, 엘리트와 보통 사람들, 다수자와 소수자의 대립이 아니라 상생 구조의 제도화를 대의 정부 구상의 기조로 삼고 있다.

(2) 자유의 탈젠더화—미래 지향적 자유주의 구상

여성이 원하는 것은 성직과 같은 특별한 지위가 아니라, 동등한 권리와 모든 특권에 대해 동등하게 접근할 수 있는 자격이다. 여기에, 모든 결의안

이나 연설이 대부분 정당하고 합리적인 원칙에 충실할 것을 원한다. (Rossi 1970, 120쪽)

어느 시대이건 인간은 땅에 발을 딛고 살아가는 존재이기에, 현실의 제약을 벗어날 수 없다. 따라서 인간의 정신으로부터 나오는 사상도 그 시대적 한계와 시각의 제한점에서 자유로울 수 없으며 벗어날 수도 없다는 것은 자명한 귀결점이다. 서양 근대사회에 등장하는 자유와 천부인권 개념도 해당 시대와 사회의 성격에 구애받기 마련이다. 모든 인간의 자유를 말하면서도, 당시에 인간적 취급을 받고 있던 제한된 수의 인간만이 누리는 한정된 자유를 말하게 되는 불합리성이 드러난다. 현실과 일정 부분 유리된 사상을 논하는 사상가라 할지라도 아이작 뉴턴Isaac Newton의 만유인력이 작동하는 지구에 살고 있다는 사실만으로 환경과 관습으로부터 자유로울 수 없다. 특정 시공간을 점유하고 있는 사상이나 개념이 그 시공간을 벗어난다면, 현실의 인간과 유리되어버릴 가능성이 높다. 이와 반대로 그 시공간에 충실하다면 그 사상은 시대를 이끌고, 시대와 시대를 이어주는 개념으로 정립되기 어렵다는 딜레마가 존재한다. 여기에 미래를 보며 당대를 살아가는 사상가의 어려움이 존재한다. 시대를 선도하는 개념은 시공간의 제한을 벗어나 있어야 하면서, 동시에 특정 시공간의 의미를 제대로 담아내야 하니 말이다.

자유주의자 밀에게 원칙은 중요한 것이었고, 공리주의자 밀에게 원칙의 적용은 또한 절실하게 필요한 것이었다. 자유주의자로서 가진 자유의 원칙과 공리주의자로서 자유를 현실에 적용해야 하는 이중의 사명감을 가진 밀에게 자유의 정당한 적용, 합리적 분배는 인간에게 최소한의 행복을 보장하는 사회를 만들기 위해 절대적으로 중요한 작업이었다.

원칙으로서의 자유는 모든 인간에게 동일하게 적용되어야 원칙으로 제대로 설 수 있는 본질적 요소를 갖추게 된다. 한 사회가 자유롭기 위해서는 그 사회 구성원 모두가 자유를 누리고 있어야 한다. 모든 이를 인간으로 대하면서, 여성만을 생물학적 특성에 근거한 특수 조건 하의 인간으로 별도 취급한다면, 이는 자유의 가치가 훼손되고 있음을 적나라하게 드러내는 것에 불과하다. 추상적인 가치가 현실에 적용될 때는 반드시 현실에서 살아 움직여 인간의 사상과 행동을 구속하는 힘으로서의 중력이 가해지게 마련이어서, 남성과 여성, 주인이나 하인, 지배자와 피지배자 등으로 구분되어 적용될 수 있는 우려에 대해 밀은 진리를 그 기준점으로 내세운다. 밀은 진리라는 기준점을 현실에서 찾아가려면 다양한 견해들이 모두 허용되어야 하고, 이를 위해 개인의 자유, 특히 표현의 자유가 절대적으로 중요하다고 보았다.

인간 정신이 불완전한 상태에 있는 한, 그리스도교 신앙도 다양한 의견을 허용해야 진리를 찾을 수 있다는 원칙에서 벗어날 수 없다……다양한 의견을 허용하는 것은, 그 무엇과도 바꿀 수 없이 소중한 어떤 것을 얻기 위해 지불하지 않으면 안 되는 비용인 셈이다……아무리 자유 토론을 허용하더라도 사람의 생각이 한쪽으로 치우치는 것을 근본적으로 막을 수는 없다고 생각한다……부분적인 진리를 둘러싸고 격렬하게 충돌하는 것보다 진리의 절반에 대해 소리 없이 억압하는 것이 사실은 더 무서운 결과를 낳는다. 사람들이 억지로라도 양쪽 의견을 모두 듣게 되면 언제나 희망이 있다. (밀 2005, 98~100쪽)

그러나 이렇게 세워진 자유가 현실의 여성에게 부당하게 적용된다는 문제점을 울스턴크래프트와 테일러가 지적한 데 대해 밀도 동의하며 원칙의 중대한 훼손으로 보았다. 자유의 원칙이 여성에게 적용되면서 다른 의미로 전환되어버리는 '더 무서운 결과'를 낳는다는 것이다. 자유에 사회의 남성 중심적 구도의 색깔과 의미가 이미 덧칠해져 있는 상황에서, 여성의 자유를 위해 현실의 벽을 넘어서는 작업은 탈젠더화 작업을 통해서만 가능할 수 있다. 탈젠더화는 일단 덧칠된 남성 중심적 사고의 흔적을 빼내는 것으로 시작해야겠지만 사실상 그 이후의 작업이 더욱 중요하다.

앞서 언급한 바와 같이 인간 사회의 현실에서 중립은 존재하지 않는다. 이러한 현실에서 자유의 탈젠더화는 무엇을 의미하는 것일까? 또 가능하기는 한 것일까? 인간에게 사회는 물고기의 물과도 같아서 필수불가결하고 언제나 함께해야 하는 것이다. 남성과 여성이 존재하는 것이 우리의 현실인 상황에서 개념이 양자 구도 안에 있으면 어느 한쪽으로 치우쳐 상대의 수용이 어렵고, 그 구도를 벗어나면 인간의 구도를 벗어나 버리게 되는 모순적 상황의 순환논법을 벗어날 수 있는 방법이 필요하다. 이는 오염된 물속에 사는 물고기가 그 오염된 물을 바꾸어보려 시도하는 것과 다르지 않을 것이다. 물속에 사는 물고기와도 같은 인간이 오염된 물을 바꾸기 위해 물 밖으로 나와서 물을 전면적으로 교체할 수는 없는 일이다. 물고기는 물속에 있어야 하는 존재인 것처럼, 인간도 사회 속에 있어야 하는 존재이기 때문이다. 바꿔야 하는 오염된 물을 마셔가면서 그 물을 바꾸고자 하는 사명감이 현실 속의 인간들에게는 존재하는 것이다. 오염된 물속에서 그 오염성을 인식해내야 한다는 의미에서 특별한 경각심과 주의력이 요구되며, 비록 오염되었지만 물은 인간에게 필수적이므로 지속되어야 한다는 현실에 대한 인지 또한 필요하다.

앞서 밀이 언급한 보편적 원칙과 진리로 의견이 수렴되기 위해서는 주관적 존재인 각 개인이 타인의 의견에 대한 지지를 표명해야 한다. 일단의 철학자들은 이에 대해 객관성이라고 하기도 하지만, 구성주의자들은 간주관성間主觀性 또는 상호주관성이라고 표현하기도 한다. 이렇게 볼 때 밀이 말하는 진리는 합의된 객관성의 차원에서 언급되는 것으로, 자유의 젠더적 성격에 대해서도 사회 각 구성원의 견해를 통해 일종의 합의를 도출해볼 수 있을 것이다. 자신이 하는 생각이 편견일 수 있고, 내가 딛고 서 있는 평지가 기울어진 비탈길일 수도 있다는 전방위적 시각과 전향적 사고가 요구되는 지점이 바로 여기에 있다. 개념의 탈젠더화 작업을 통해 남녀는 비로소 투명한 합의 선상에 설 수 있게 되며, 탈젠더화된 자유는 남성이나 여성 모두에게 진정한 자유를 가져다줄 수 있을 것이다.

제5부

/

**탈젠더화된
정치사상의 세계**

제1장

탈젠더화의 가능성과 당위성

    계몽과 근대는 과거 인간에게 가해진 미세한 억압과 불합리성을 찾아내어 사회의 발전과 진보를 위한 미래 전략을 구사하면서도, 기이하게도 인류의 절반에 해당하는 수많은 여성들의 존재는 발견하지 못한다. 계몽과 근대는 인간에게 열린 미래로부터 오는 희망의 소리였지만, 여성들에게는 미래로 가는 그들의 발목을 잡는 과거로부터의 사슬이었던 것이다. 이성을 가진 자의 자유가 성별에 따라 정반대로 적용되면서, 남성과 여성은 동일한 역사적 공간을 공유하면서도 전혀 다른 방향으로 달리는 모순적인 상황이 전개된다. 계몽과 근대는 이렇게 출발선에서부터 인류의 절반인 여성을 태우지 못하고 달려왔기에, 역사의 완성을 위해서는 미로에서 헤매는 여성을 귀환시켜야 한다. 여성을 인간이 아니라고 규정할 수 없다면, 여성에게 이성이란 존재하지 않는다고 명시적으로 말할 수 없다면, 여성은 계몽과 근대에 합류해야 하고, 그래야만 근대 역사는 온전하게 회복되어 진정한 의미의 미래로 이행할 수 있게 될 것이다.

미로 속에 갇혀 있던 여성의 귀환과 함께 근대의 모순은 해결의 기미를 보이고 있지만, 그 이후의 과제도 여전히 존재하는 것이 현실이다. 실종 기간이 오래되면 실종자가 귀환했을 때 그 가정이나 사회는 일종의 혼란을 겪게 되는데, 이는 사회 속에서 인간이 차지하는 존재감에 기인하는 것이다. 존재의 공백이 이미 사라진 상황에서 존재의 귀환은 일차적 혼란과 이차적 적응을 거쳐 안정화의 단계로 들어선다. 중세에서 근대로 넘어오는 과정에서 (인위적으로?) 사라졌던 여성의 경우도 마찬가지다. 나름대로의 자리 찾기 작업이 필요하게 될 것이고, 이러한 과정을 거쳐 역사는 정상 궤도로 돌아와 미래로 진행하게 될 것이다. 여성의 귀환이 현대사회에 주는 의미는 잘못된 과거를 수정하여 현재를 바로잡고 미래로 가는 길을 바르게 하겠다는 것이다. 숨어 있었던 여성의 존재는 근대의 왜곡과 모순에 대한 해결의 가능성을 내포하고 있으며, 이를 통해 근대는 이제 완성을 넘어 미래를 향해 그 방향을 잡을 수 있게 된다.

근대 초기 사라진 여성들은 눈에 보이지 않을 뿐, 어딘가에 존재했다. 미로 속에 존재하던 여성들을 찾아내는 숨은그림찾기는 현대 여성들의 끼어들기를 위한 전제 조건이며, 현대 여성의 끼어들기는 미래라는 새판을 짜기 위한 필요조건이기도 하다. 15세기의 크리스틴 드 피장은 17세기의 메리 애스텔과 18세기의 메리 울스턴크래프트의 존재 근거이며, 17, 18세기의 두 메리는 현대의 마거릿 대처Margaret Thatcher와 힐러리 클린턴Hillary Clinton을 가능케 했고, 이들은 또한 현재의 수많은 청년 여성들을 만드는 데 공헌했다. 따라서 역사 속의 숨은그림찾기와 현실의 끼어들기, 미래의 새판 짜기는 21세기 현시점의 여성들에게 부과된 역사적 소명으로, 동시적으로 이루어져야 할 것이다. 궁극적으로 과거는 현재와 미래를 위한 절대적 필요조건이기에 과거를 제대로 이해하고 정비하는 것은 잘못된 과거를 반복하지 않기 위해, 나아가 더 나은 미래를 설계하기 위해 필수적인 작업이다.

근대시민혁명은 보편주의 원칙에 따라 '보편자 남성'을 역사와 철학의 주인공으로 등장시켰다. 이 구도에서 여성은 아내와 어머니로서의 인간관계 내에 갇혀 사회로 나아갈 수 없었다. 페미니즘은 이에 대한 새로운 혁명적 시도이다. 전근대사회에서 관계 속에 갇혀 있던 인간을 개인으로 구출해낸 것이 계몽사상과 시민혁명이라면, 관계 속에 갇혀 있던 여성을 해방시킨 것이 페미니즘이다. 인간의 해방과 개인의 탄생을 기치로 내걸었으나, 여성이 제외된 반쪽의 역사를 회복하고 바로 세우는 작업이 바로 페미니즘으로, 이를 통해 젠더화된 그들만의 정치사상은 이제 탈젠더화된 모습으로 바로 설 수 있게 되는 것이다.

따라서 페미니즘은 평등과 동일성으로 시작하게 된다. 여기서 현실의 중첩적 상황을 간과하지 못하는 병리 현상이 발생한다. 여성의 현실에서 전근대적 상황은 일종의 '지연된 녹색신호delayed green'(다른 신호는 바뀌었는데 다른 신호보다 조금 늦게 바뀌는 녹색 신호로서, 차들이 달리는 데 시차를 두어 혼잡을 줄이려는 교통신호 체계) 현상이 나타나는 상황이라고 할 수 있다. 여성은 여전히 남성과 다른 현실 속에서 다른 상황과 접하고 있다. 동시에 '여성이 과연 남성과 동일한가 또는 동일해야 하는가'라는 본질적 문제에 부딪히게 된 것이다. 동일성과 차이를, 평등과 다름을 동시에 포용해야만 하는 것이 일상적 삶의 정치사상인 페미니즘의 중요한 쟁점으로 드러난다. '개인적인 것은 정치적인 것'이라는 페미니즘의 명제가 살아 있는 한, 현실의 차이를 간과할 수는 없다.

21세기의 페미니즘은 평등과 차이의 문제에 현명하게 대처할 필요가 있다. 현실에서 어느 하나도 버리기 힘들고 양자 모두를 취할 수 없다면, 균형을 맞추면서 나아가야 하는 것이 아닐까? 아무리 현실에 문제가 많아도, 변화에 앞서 보다 중요한 것은 인간의 생존이다. 문제 있는 현실을 교정하고자 하는 것은 인간이 보다 좋은 미래를 원하기 때문이다. 여기서 극단적 선택의 결과는 이러한 목적에 부합하지 않는다. 따라서 평등과 차이의 문제는 이 사회가 미래로의 진전을 원하는 한, 언제나 같이 붙잡고 가야 할 양날의 칼이다.

근대시민혁명으로 민주주의가 확산되면서 시민이 사회의 주역으로 등장했다. 여기서 시민은 남성인가, 아니면 중립적 성 정체성을 가진 자로서 중성인가? 남성이 보편주의 근대사상의 주역이기에 바로 보편자라는 의미인가? 그렇다면 과연 여성은 어디에 존재하는 것인가? 여성이 오랫동안 시민으로 사회에 들어서기 어려웠던 이유가 바로 여기에 있다. 보편과 근본에 대한 사상적 변화가 이루어지고 나서야, 그 해체 과정에서 여성 시민의 모습이 비로소 드러나게 된 것이다.

여기서 여성 시민의 정체성 문제가 대두된다. 여성 시민은 보편자인가? 보편자 남성을 대체한 존재인가? 그렇다면 여성이 남성의 정체성을 가지게 되었다는 말인가? 이것이 과연 제대로 된 정체성이라고 볼 수 있을까? 여성은 여성으로서 활동하고 여성의 정체성을 가져야 한다. 보편주의적 사고가 완전히 사라지지 않은 틈새에서 여성이 주체로 등장하면서 여성의 정체성에 대한 혼란이 발생하는 것이다. 남성적 보편주의의 땅에서 자라난 다원주의의 싹에 달린 여성의 정체성이 과연 무엇인가 하는 문제이다. 여성주의 철학자 뤼스 이리가레Luce Irigaray는 여성의 타자성을 전적으로 인정하면서, 사회의 전면에 내세운다. 보편주의의 땅에서 최초로 등장한 여성 시민은 2등 시민이었다. 이제 가식적으로 남성을 모방하는(1등 시민인 척하는) 차원을 벗어나 여성 시민으로서의 정체성이 확보되어야 2등이나

마 사회에서 제 모습과 제 소리를 내게 된다는 의미로 해석된다.

이렇게 여성의 등장은 사회적 다원성이 확보되어가는 데 초석을 놓아간다. 그러나 문제는 또한 여기에 있다. 여성이 과연 단일한 집단인가 하는 문제이다. 개인 간의 차이가 명백할진대, 과연 여성을 하나의 집단으로 보고 그들의 자유, 평등, 권리와 정체성 문제를 논할 수 있느냐 하는 것이다. 정치사상의 탈젠더화 과정에 따라 사회의 법과 제도가 많이 변해왔지만, 여전히 존재하는 여성의 문제는 바로 여기에 기인한다. 2000년 이후 국제회의에서 다루는 여성 이슈는 매우 다양해지고 있다. 기본 기치는 '여성의 세력화empowerment of women'이지만, 전 세계 여성들의 당면 목표는 매우 다양하고 상이하기까지 하다. 중동, 아프리카 등 여성 인권에 대한 인식이 현저하게 낮은 지역에서 추구하는 목표는 여성 교육으로, 정치적 참여라든가 정치 세력화 등은 아직 요원한 것이 현실이다. 여기서 국가들 간이나, 한 국가 안에서 여성들 간의 차이와 다양성을 고려하는 것이 21세기에 해결해야 할 페미니즘과 정치사상의 새로운 과제이다.

오랫동안 정치의 극한투쟁을 경험해온 인류의 역사를 분석해보더라도, 상생을 논하게 된 시기는 그리 오래되지 않았다. 근대정치사상의 이분법적 사고와 정치학의 기본 원리에서도 우友와 적이 분명히 나뉘고 전선이 그려진다. 모든 영역의 삶에서 인간은 위험한 줄타기를 하면서 극한투쟁과 정쟁을 거쳐 공멸의 길로 들어선 적도 있다. 그러나 여전히 강력한 힘을 발휘하는 인간의 이성능력은 이에 대한 반성 또한 불러일으켜 전쟁의 20세기를 지나 21세기로 들어선 지금 많은 사람들이 지속 가능한 사회와 상생을 부르짖고 있다. 절대 선에 대한 사회적 동의도, 원칙과 토대에 대한 사회적 합의도 이제 매우 다양한 형태로 귀결되고 있어, 사회에서 표출되는 갈등을 해결하는 방식에 대해서도 많은 논의를 거치고 있다.

민주주의도 참여 민주주의, 심의 민주주의 등 다양한 형태로 진화를 거듭하고 있지만, 공통된 것은 그동안 공론의 장에서 배제되어온 사회의 소수자, 약자, 객체, 대상 들로 담론의 영역을 확장하고 있다는 점이다. 정신적으로나 물질적으로 한계에 도달한 발전과 개발이 이러한 상생 과정을 거쳐 그 지속 가능성을 확보하고 어울림과 평화의 장을 열어갈 수 있을 것이다.

따라서 정치사상의 탈젠더화는 현재의 갈등과 대립을 협동과 상생으로 이끌어 사회의 교착 상태를 풀어갈 수 있는 단서를 제공한다. 현실의 체제와 제도의 근저에는 정치사상의 기본 개념들이 면면히 흐르고 있으므로, 그 정신적 바탕에서부터 제한된 사고에서 벗어나야만 차별이 없어질 수 있다. 정치사상의 탈젠더화는 사고의 편향성을 사상시키고 인식의 다원성을 제공하면서 시민들로 하여금 사회에서의 차별과 불합리를 제대로 판별할 수 있게 하는 역할을 한다.

사회가 발전하려면 시민의 자각이 필수적인데, 플라톤, 루소 등 고대 이후 많은 사상가들은 시민의 의식과 판단력을 제고하기 위한 교육에 관심을 기울였다. 이들은 제대로 된 시민을 양성하는 것이 민주주의의 근본 목적이며, 궁극적으로 역사의 정상적 방향 설정에 도움이 된다고 생각했다. 굴곡진 역사의 과정 속에서 젠더화되어버린 정치사상을 젠더적 사고에서 해방시켜 탈젠더화해야 하는 사상적 책무의 중요성이 바로 여기에 존재한다. 교착 상태에 빠진 사회와 역사를 이제는 탈젠더화를 통해 정상 궤도로 돌려놓는 작업이 지금 정치사상이 해야 할 임무이자 과제인 것이다.

정치사상이 세상을 제대로 설명하기 위해서는, 있는 것을 그대로 보지 않은 채 설정된 원칙의 잣대로만 세상을 재단한 근대기획으로부터 벗어나야 한다. 근대사회의 인식론적 기반은 계몽사상이다. 이분법적 방법으로 세상을 구획하고, 하나하나 체계적으로 설명해온 계몽사상은 인간을 주체로 설정하고, 원칙에 근거하여 세상을 형성해왔다고 할 수 있다. 그렇게 형성된 세상이 있는 그대로의 모습과 거리를 두고 마주 보게 된 상태에서 세상과 인간을 제대로 보기 위해 만들어진 것으로서의 탈근대 담론은 기존의 억압적 담론 구조에서 뛰쳐나온 인간들의 외침이라 할 수 있다. 자유와 해방을 외쳤던 계몽과 근대는 여성의 배제라는 현상에서 명백히 드러나는 사상의 젠더화로 인해 특권화된 자유와 억압이 상존하는 피폐한 해방의 모습을 보였다. 이로써 근대기획은 실패로 귀결되었고 궁극적으로 진정한 자유와 해방을 위해서는 탈근대주의postmodernism를 기다려야 했다.

플라톤은 동굴의 비유를 통해서 빛과 진리를 인지하게 된 철학자들이 설정한 원칙 위에 세상을 설계했고, 근대기획은 이를 그대로 적용해왔다. 플라톤 이후 근대의 철학자들──특히 근대의 기획자인 계몽사상가들──은 인간이 실제로 살아가는 모습이라기보다는 인간이 살아가야 하는 이상적 목표로서의 모습을 설정하고, 이 목표에 현실을 맞추어가는 것이 옳은 것이라고 보았다. 인간을 주체로, 남성을 주체로 하는 근대기획 300년의 결과, 세상의 실제 모습은 이상적인 모습과 거리를 벌려온 것이다. 고대부터 근대에 이르기까지 철학자가 형성한 세상에서 사람들이 살아왔다면, 이제 탈근대사회에서는 동굴 속에 살던 일반 시민들이 세상으로 나와 자신들의 진솔한 삶을 있는 그대로 보여주게 된다. 플라톤 당시의 철학자들이 했던 작업을 이제는 동굴 속의 일반 시민들이 하게 된 것이다. 정치사상이 제 모습을 회복하기 위한 첫 단추가 바로 여성과 자연의 제자리 찾기라고 할 수 있다.

근대정치사상의 탈젠더화 작업은 근대정치사상이 성 중립적이라는 환상에서 벗어나는 것으로부터 시작해야 한다. 일단 남성 편향적으로 젠더화되어 있다는 점을 인식해야 탈젠더화 작업도 가능하다. 근대사상의 근거가 된 보편성과 이를 위한 중립성이 근대 300여 년의 시간이 지난 21세기에 과연 제대로 된 보편과 엄밀한 의미의 중립인지 생각해봐야 하는 시점에 우리는 서 있는 것이다. 시간과 공간의 한계를 벗어나지 못하고 현실 속에 갇힌 우리가 과연 보편적인 시각을 가지기 위한 전제로서 중립성을 말할 수 있을까? 이러한 의문이 탈젠더화의 시작일 수 있음을 여기서 알 수 있다. 근대사상이 중립성이 아니라 남성 중심성으로 기초가 놓였다는 점을 인정하는 것이 그 첫걸음이고, 여성주의적 시각을 도입하는 것이 그다음 단계일 것이다. 이를 위해 남성 중심 사회에서 여성의 렌즈가 필요하게 되며, 역차별의 가능성을 지닌 할당제나 채용 목표제 등 여성을 대상으로 한 특별한 조치들의 한시적 적실성이 존재하는 것이다. 여기서 여성의 렌즈는, 가시광선의 영역에서 살아가는 인간이 적외선을 볼 수 있는 특수 렌즈를 끼는 것처럼, 사회의 남성 중심성을 확인하기 위해 현실의 인간이 장착할 필요가 있는 장치라고 할 수 있다.

여기서 여성주의적 인식론을 도입하는 것이 근대정치사상을 회복하는 데 필수적임이 드러난다. 주체/객체의 이분법으로는 여성의 존재를 자체적으로 인식할 수 없다. 차이의 사상가 뤼스 이리가레는 다음과 같이 설명한다. "주체에 관한 어떤 이론도 언제나 남성에 의해 전유되어왔다……여성이 이에 수긍하는 한, 여성이라는 존재는 허상에 불과하다……여성이 결코 주체일 수 없으므로, 역사의 발전에서 여성은 적극적 역할을 수행할 수 없다."(Irigaray 1985, 133~224쪽). 여성의 존재를 드러내는 것은 기존의 근대적 사고로는 불가능하며, 탈젠더화 과정을 거쳐 여성이 주체로 바로 서야 한다는 것이다.

여성주의적 인식론은 계몽주의적 인식론의 기본 전제와 시각을 달리하는 탈근대주의의 반근본주의적 인식론과 궤를 같이한다. 페미니즘 이론가 수전 헤크먼Susan Hekman은 양자를 다음과 같이 구분하여 설명한다. 계몽주의는 우선 지식에는 절대적 근거가 있다고 주장하는데, 반근본주의는 복수적 진리가 있을 가능성을 제시하면서, 그 진리의 저변에 깔려 있는 역사적 · 문화적 유산에 관심을 둔다. 추상성을 가진 지식을 설정하는 계몽주의에 대하여, 반근본주의는 상황 속에서 지식이 발견되고 전개되어나간다고 설명한다. 지식은 어떤 객관적 기준점에서 출발하는 것이 아니며, 그러한 기준점도 존재하지 않는다는 것이다. 계몽주의는 주체와 객체가 존재하고 대립한다고 보는 데 반해, 반근본주의는 유일한 진리로서 특정한 형태의 담론이 존재한다고 인정하지 않는다. 주체와 객체의 문제도 대립으로 보지 않고 합일로 본다. 반근본주의에서 보는 인간의 오성은 '다양한 식견의 융합' 능력을 포함하는 것이다. 이와 함께 현실의 표상으로서의 언어를 분석하기도 한다. 반근본주의는 언어와 세계의 밀접한 연계성을 포착해내면서, 언어와 세계가 하나의 문법 체계를 형성하고 있음을 제시한다. 계몽사상에서 보듯이 이상적 언어 체계가 따로 존재하는 것이 아니며, 양자가 동시에 의미를 가지고 현실을 구성해나간다는 것이 반근본주의의 주장이다(Hekman 1987, 69~71쪽).

반근본주의와 동일한 맥락에서, 여성주의는 지식에 대한 여성적 접근을 제시한다. 이는 남성적 · 합리적 인식 모델의 결함을 넘어서서 인간 현상을 보다 설득력 있게 설명하려는 시도라고 할 수 있다. 합리주의자의 주장과 같이 지식은 추상적이거나 절대적인 것이 아니며, 감정, 직관, 느낌과 분리되어 있지 않다는 것이다. 오히려 당시의 역사적 · 사회적 상황에 따라 상대적으로 이해될 수 있는 것임을 여성주의적 인식론은 제시한다(Harding 1984, 43~63쪽).

남성 대 여성의 대립적 사고에 대한 대안은 명백히 인간이라는 개념이다. 그러나 가부장 제도의 시초부터 인간은 남성을 의미해왔다는 사실을 부인할 수 없다. 명백히 대안적 기능을 다하기 위하여, 인간이라는 개념은 이제 심각하게 재규정되어야 한다……여성학적 인식론을 외치는 것은 '인간적' 시각의 재정립을 부르짖는 것이다. 이리하여 이성이나 논리에 의한 인식 방법이나 직관과 감정이입적 인식 방법, 그리고 도덕성까지도 생물학적 성sex이 아니라, 각 개인적 특성과 연관되어 있다는 다원적 사고가 가능해진다. (Hekman 1987, 81~82쪽)

여성주의적 인식론은 억압되어 있던 여성의 해방과 자유를 통해 여성의 지위를 객체에서 주체로 회복시킨다. 정치사상의 탈젠더화 작업을 통해서 사회에서 사라진, 보이지 않던 여성을 드러나게 하고 보이게 한다. "여성주의적 인식론은 새로운 인식의 지평을 열어 인간의 인식 지평을 확대시킨다. 이를 통해서 근대시민혁명의 결실인 자유, 평등, 정의 등의 내용이 그야말로 사회의 전 구성원에게 적용될 수 있는 진정한 근대기획이 완성될 것이다."(박의경 2008b, 410쪽). 근대정치사상에 대한 탈근대적 · 여성주의적 접근을 통해서, 젠더화된 근대정치사상이 제대로 보여줄 수 없었던 절반의 세상이 모습을 드러내게 된다. 여성주의나 반근본주의가 추구하는 대안은 이분법적 사고를 극복하자는 것이지 해체시키자는 것이 아니기에, 정치사상의 탈젠더화는 여성뿐만 아니라 인간 모두에게 새로운 가능성과 희망을 열어주는 것이다.

지식이란 절대적 근거를 가지고 있고, 사회로부터 합리적 · 논리적 추론 과정을 거쳐 얻어지며, 객관적 기준점을 가지고 언어라는 기호를 통해 표현 · 전달된다는 것이 근대적 인식론의 요체이다. 여기서 정상 궤도를 벗어난 근대정치사상을 제자리로 돌려놓기 위해서는 근대사상의 개념들이 중립적이라는 생각에서 벗어나야 한다. 사회과학이 객관적이기 매우 어렵듯이, 가부장사회에서 도출된 자연에 대한 인간의 지배, 여성에 대한 남성의 지배도 또한 객관적인 것일 수 없기 때문이다. 근대의 기본 사상은 중립적이고 객관적이기보다 무엇인가에 이미 편향되어 있는 편견적 구조를 그 태생에서부터 이미 배태하고 있다. 따라서 가부장사회라는 구조물 위에서 바라본 자명한 진리도, 자유와 평등도, 지배/피지배의 관계도 그 구조물이 제거된 상태와는 분명히 다를 것임은 자명하다.

주체 인간이 생각하는 것이 존재의 근원이라는 근대사상의 원류로부터, 객체 자연은 이제 그 존재 여부를 자체의 존재가 아니라 인간의 사고 체계에 포함되어 있는지의 여부에 따라 결정받게 되었다. 고대 그리스 소피스트의 이론을 반박하면서 나온 절대 진리의 존재 가능성에 대한 확신은 이제 역으로 있음에도 불구하고 사고 체계에 포함되는지의 여부에 따라 있음과 없음의 상태를 오가는 역설적인 상황이 전개된 것이다. "나는 생각한다, 고로 나는 존재한다"는 데카르트의 명제로부터 근대는 주체 중심의 사고 체계를 확립했다. 있는 것은 있고 없는 것은 없는 자연적 진리의 길에서, 주체인 인간이 생각하는 것은 존재하고 인간이 생각하지 않는 것은 존재하지 않는다는 역설이 들어서게 된 것이다.

이렇게 근대정치사상은 하나의 중심을 설정하고 질서를 잡아나갔다. 현대사회와 인간의 삶에 끼친 근대정치사상의 영향을 간과할 수는 없지만, 중심의 주변으로 밀려 나와 있었던 존재들의 입장 또한 중요하게 취급해야 한다. 이 주변의 존재들이 관심의 대상으로 들어서기에는 300년 이상의 세월이 필요했다. 이제 '개인적인 것은 정치적인 것'이라는 명제가 설득력을 가지고, 일상의 주제들이 거대 담론의 장에서 논의되고 있다. 획일적 근본주의에서 다원적 탈근본주의로 사회는 이미 이행하고 있는 것이다.

탈근대주의와 환경 담론, 페미니즘은 근대정치사상을 공격하는 것으로부터 출발하고 있는데, 실상은 근대정치사상 자체의 내용에서부터 그 연원을 찾을 수 있을 것이다. 근대정치사상에서 이미 설정되어 있는 인간과 자연, 남성과 여성의 관계에서부터 사상의 시대적 전환은 이미 배태되어 있는 셈이다. 있는 것을 원칙의 잣대로 보자는 것이 근대정치사상이었다면, 있는 것을 있는 그대로 보자는 것이[71] 탈근대주의를 비롯한 환경과 페미니즘 사상이다. 이러한 이행 작업을 통해 관심과 분석의 초점이 인간에서 자연으로, 남성에서 여성으로, 원칙에서 현실로 움직이고, 또한 이들의 설정 방식도 질서 잡기에서 늘어놓기로 변화된다. 늘어놓기가 질서 잡기에 익숙한 근대인들에게는 혼란스러운 것으로 인식될 수 있다. 그러나 질서 잡기 과정에서 숨어버리거나 사라져버리는 것들을 살려낼 수 있다는 장점이 존재함을 간과할 수는 없다. 어쨌거나 이들도 존재하기 때문에 우리의 사고 체계에서 제외된 상태로 방치할 수는 없는 일이다.

젠더화된 근대정치사상의 남성 중심성은 탈근대 시대의 정치사상에서도 유산처럼 이어진다. 탈근대성을 운위하면서도 실제로는 근대성에 머무르고 있는——100미터 달리기의 결승선으로 달려 들어오는 선수의 몸처럼, 머리는 근대로 진입했으나 몸의 일부인 발은 아직도 과거에 있는——묘한 상황이 전개되는 것이다. 따라서 여성의 문제도, 자연의 문제도 이러한 상태에서는 궁극적으로 해결되기 어렵다. 머리로는 동의하나 몸이 따르지 않아 행동으로 이어지지 않는 상황에서 사회 제도의 변화를 기대하

---

71 있는 것을 없다고 하는 사고가 오래가기는 어려운 일이다. 있는 것은 있고, 없는 것은 없다. 성철 스님의 동양적 수사를 따르면, "산은 산이고, 물은 물이다".

기란 쉽지 않은 일이다. 게다가 형식과 내용의 간격이 클 경우에 제도는 그 시대에 맞지 않는 옷이 되어버리고 만다.

따라서 탈근대 시대로 들어선 21세기에 진정한 의미의 탈근대성을 가지려면 그 근원적 문제부터 차단시킬 필요가 있다. 근대정치사상이 온전하게 갈 수 없었던 근본 원인을 진단하고 치유해야 할 것이다. 여기서 필자는 젠더화된 근대정치사상에서 그 원인을 발견하고, 이를 치유해야만 진정한 의미의 근대정치사상으로 바로 서게 될 뿐 아니라, 탈근대로 이행되는 사상도 비로소 제대로 자리 잡게 되리라고 생각한다. 탈젠더화 과정을 통해서 근대정치사상의 가치는 비로소 완전해지고, 완전한 모습으로 원칙과 토대를 전달하게 될 것이기 때문이다. 자유와 평등과 같은 중요한 가치가 사회 구성원 일부에게는 실질적인 의미로 전달되지 않는 상황이라고 할 때, 과연 그 가치가 제대로 된 가치인지 생각해볼 일이라는 것이다. 사회의 전부가 행복할 때 그 사회는 행복하다고 할 수 있고, 일부 성원이 불행하다면 그 사회 전체가 행복하다고 할 수는 없는 일이다.

인간이 행복하려면 선택할 수 있어야 하고, 선택이 가능하려면 자유가 있어야 한다. 현대사회에서 각 개인의 자유를 가장 잘 보장할 수 있다고 증명된 정치 체제가 바로 민주주의이다. 따라서 민주주의 사회에서 인간이 자유로운 삶을 영위할 때, 소크라테스 이래 정치의 궁극적 목표인 인간의 좋은 삶이 완성될 수 있다고 본다. 민주주의 체제 속에서 자유롭지 못한 억압된 목소리는 없는지 찾아내서 들려주는 작업이 현대 정치의 근본 목적인 것이다. 지금도 여성 이슈가 주요한 정치 사회 문제로 등장하는 이유가 바로 여기에 있다.

제2장

열린사회를 향한 미래 전략

    세계와 세대를 향한 모든 인간의 권리가 프랑스대혁명을 통해서 선포되자 영국의 울스턴크래프트는 동일한 원칙에 따라 남성뿐만 아니라 여성도 살아가야 한다는 전제를 가지고 현실에 접근한다. 그녀는 현실에서 좌절을 거듭하면서도 자신의 소설 《메리》와 《마리아》에서 여주인공의 삶을 통해 법과 제도가 인간의 삶에 얼마나 큰 영향력을 미치는지 그려내고 있다. 잘못된 사회의 법, 제도와 이어지는 사회적 관행과 편견 때문에 지적·도덕적으로 우수한 여성들이 어떠한 고통을 받고 살아가는지, 또한 얼마나 인간성이 파괴되는지를 잘 보여준다. 여성이 고통 받고 파괴되어가는 이면에는 남성의 방종과 이기심은 물론, 또 다른 피해자이자 가해자 여성의 존재가 숨어 있다고 울스턴크래프트는 또한 지적한다. 결국 이러한 악순환은 근대사회의 주역인 시민의 형성을 어렵게 만든다는 것이다. 울스턴크래프트는 시민을 형성하는 데 가정이 무엇보다도 중요하다고 강조하면서 가족의 성원인 여성의 절망적 상태는 시민의 현재뿐만 아니라 미래까지도 어둡게 만든다고 말한다. 여성이 차세대 시민의 양육자이기 때문이다. 여성의 개인적 상황이 결국 사회적 차원에까지 영향을 미치는 셈이다. 울스턴크래프트는 여성 개인의 상황을 개선하는 것이 정치적·사회적 과제라는 것을《메리》와《마리아》를 통해서 세상에 드러냈다.

메리와 마리아, 저마이마의 절망적 상태는 또한 희망의 가능성을 내포하기도 한다. 여성이 절망적 상태에 처한 원인을 사회의 법과 제도, 기득권자 남성의 이기심과 방종으로 파악하고 있기 때문이다. 원인이 여성 자체가 아니라 그 외부에 있다면, 그 외부 조건만 변경하면 절망은 희망으로 바뀔 수 있다는 결론에 이른다. 미래사회를 위한 희망적 메시지가 아닐 수 없다. 여성은 그 자체로서 미래를 위해 준비가 되어 있었다.

여성의 개인적 문제의 근저에는 사회적 구도가 자리 잡고 있다. 따라서 여성 문제를 해결하려면 무엇보다도 먼저 사회적 구조를 분석해야 한다. 프랑스 혁명을 통해 쟁취한 자유와 평등이 여성에게도 적용되어야 할 시대적 당위성을 울스턴크래프트는 메리와 마리아, 저마이마라는 인물들에 투영해 시대를 관통하는 이미지로 창출해낸 것이다. 메리와 마리아, 저마이마의 연대를 보면 여성의 고난에는 사회적 이유가 있음을 알 수 있으며, 이 연대가 이루어지는 상황을 보면 여성의 고난을 해결하는 데 사회적 동원이 필요하다는 것도 알 수 있다. 200여 년이 지난 지금까지 여성 관련 정책에 대해서 의도적인 정책적 배려가 필요한 이유가 바로 여기에 있다고 울스턴크래프트는 웅변적으로 보여준다(박의경 2012b, 208~209쪽).

프랑스 혁명의 성과가 비록 선별적이기는 하지만 현실에 어느 정도 정착한 시기가 1800년대 중반이다. 1830년대부터 1860년대까지 영국의 지성계는 민주주의라는 그릇에 자유라는 영혼을 중심으로 좋은 삶과 행복이라는 목표를 담는 구체적인 작업에 초점을 맞추게 된다. 사상과 개념 자체도 중요하지만 그것을 현실화시키는 작업 또한 중요한 것이기에, 공리주의자들의 공헌이 빛나는 시기이기도 하다.

메리 울스턴크래프트의 외로운 외침은 60여 년 후 공리주의의 계승자 존 스튜어트 밀을 통해서 보다 구체화된다. 이상주의자이자 공리주의자인 밀의 목표는 현실에서의 좋은 삶이었다. 이상이 구체화된 삶을 위해 좋은 정부와 좋은 제도를 구상하는 데 많은 시간을 보낸 밀은 저서에서 자주 이 주제를 다루었다. 지적 동지이자 아내인 해리엇 테일러와의 지적 정보 교환도 이러한 내용을 담고 있다. 밀은 이성을 근본으로 논의를 전개하고 원칙과 기준을 설정해나가지만, 근본 목표는 실제 삶에서 그러한 원칙을 구현해나가자는 데 있다고 생각했다. 울스턴크래프트나 테일러의 글에서 지속적으로 제시되는 이성을 중심으로 하는 자유의 문제에 여성이 배제되어야 하는 근거가 무엇인지에 대한 질문에 밀은 자유주의자로서 답변할 수 없음을 인정한다. 밀은 이성과 자유를 말하는 근대라면 여성이 배제될 수 없다고 결론을 내리고, 이를 위한 사상적·현실적 작업을 수행해나간다. 밀의 《자유론》과《여성의 종속》은 60여 년 전 울스턴크래프트가 발표한《여성의 권리 옹호》에 대한 화답이었고, 실제로 밀은 의회에 진출하여 여성의 정치적 권리 확대를 주창하기도 한다. 울스턴크래프트의 외로운 외침은 밀의 화답으로 실제 정치 현장에 적용되는 단초를 형성하기에 이른 것이다.

모든 인간의 자유와 행복이라는 목표를 달성하기 위해 근대사회는 법적·제도적으로 많은 분야에서 양적·질적 발전을 이루어왔다. 법과 제도라는 형식이 이미 갖추어진 현대사회에서 목표 달성을 위해 필요한 것은 개념의 진정성과 이에 따른 행위자 인간의 사고 전환이다. 개념의 진정성 확보와 사고의 전환을 위해 중요하게 대두되는 것이 바로 윤색된 개념의 원상회복일 것이다. 근대사회를 형성하는 대표적인 핵심 개념인 자유가 남성 중심적 현실에 안착하는 과정에서 자유는 남성 중심적으로 윤색되었고 그것이 곧 중립(즉, 정상)으로 인식되었다. 이런 현상은 자유로운 사회에서 자유롭지 않은 사람들이 양산된 이유이기도 하다. 우리의 행복을 위해 민주주의가 자유를 중심으로 바로 서는 것이 중요해진 현시점에서, 민주주의를 바로 세우기 위해 이제 보편적인 자유가 필요하다는 것은 주지의 사실이다. 여기서 자유가 윤색되어 있거나 편향성을 가지고 있다면, 세상의 모든 것이 그리 보이고, 그렇게 규정되게 마련이다. 민주주의가 보편화된 지금, 미래를 위한 전략은 자유라는 기본 개념을 제대로 세우는 데 있다. 즉, 자유의 탈젠더화에 민주주의의 미래가 달려 있으며, 이를 위한 구체적 작업은 바로 여성주의적 시각을 포함시키는 데 있다. 여기에는 숨은그림찾기와 끼어들기, 새판 짜기라는 세 가지 방법이 존재한다. 울스턴크래프트나 테일러, 밀의 논의를 21세기에 다시 분석하는 것은 그 첫 번째 방법인 숨은그림찾기에 해당하는 것으로, 현재의 근원인 과거의 힘을 추적하면서, 미래로 나아가는 원동력을 찾아보자는 데 그 목적이 있다.

법과 제도가 갖추어진 상태에서 이제 그 지속성을 담보하기 위한 구조 변화를 이루어내는 것은 바로 사람이다. 자유롭고 평등한 여성 시민의 존재는 민주주의 발전의 관건이자, 여성정치 발전 전략의 핵이다. 자유와 평등을 기조로 법제가 자리 잡고, 그 법제를 기반으로 여성정치의 발전을 논하는 것은 곧 민주주의의 완성을 논하는 것과 마찬가지다. 이때 여성 시민이 정치 사회 곳곳에 포진하고 있어야 사회 구조는 변화할 수 있다. 사회 구조의 변화는 제도와 인간의 동시적 작업을 필요로 한다.

여기에 구조 변화를 위한 의식의 변화, 의식의 변화를 위한 교육의 중요성이 들어서게 된다. 복지국가의 가치관과 민주주의의 완성에 핵심적 역할을 하는 스웨덴 여성 정책은 교육에서부터 시작하는 양성 평등 의식의 고

양에 그 기반을 두고 있다. 평등사회를 위해 근본적으로 필요한 것은 새로운 세대의 올바른 성인식과 교육에서 찾을 수 있다는 스웨덴의 접근 방식은 평등한 사회 구조를 형성하는 데 공헌하고, 여성의 정책 결정직 진출을 확대시키면서 사회의 평등 의식을 다시 고양시키는 선순환 구조를 이룬다. 어린 시절부터 양성 평등 교육을 받음으로써 '성 중립적' 의식을 가지게 되고 진정한 평등을 인식할 수 있는 기반이 마련되어 민주주의와 평화를 위한 사회의 토대가 형성된다는 것이다. 민주주의가 일상의 민주화를 통해서 실현되듯이, 사회계층 간의 평등, 남녀 간의 평등도 일상의 평등, 가정의 평등에서 실현될 수 있는 것이다. 민주주의 의식을 확보하는 것이 여성의 평등을 위한 행진에 절대적으로 중요하며 여성의 평등이 민주주의의 완성을 위해 필요한 것이기에, 사회의 민주주의화와 여성의 사회 참여는 상호 간의 필요충분조건이다(박의경 2011b, 47~48쪽).

이미 자유와 민주주의가 보편 가치로 인지되고 있는 21세기에 개념이 형성되어가던 18, 19세기를 돌아보며 자유 개념의 탈젠더화를 논하는 것. 그것은 과거의 숨은그림찾기를 통해 개념을 중립적으로 적용할 가능성을 찾아보고, 끼어들기의 현실을 넘어 새판 짜기의 미래로 나아가기 위한 정치사상적 정지整地 작업이라 할 수 있다. 과거는 현재와 미래의 조건이며, 앞으로 나아가기 위한 추동력을 제공하는 역사의 엔진이다. 과거는 움직이지 않는 것처럼 보일 뿐 죽은 것이 아니며, 인간이 여기에 숨을 불어넣는 순간부터 미래를 향한 무한한 상상력을 제공하는 자원의 보고이기도 하다. 울스턴크래프트와 밀의 탈젠더화된 자유 개념을 통해 그들의 보편적 자유에 대한 열정은 이미 다시 살아났다. 이 탈젠더화된 자유 개념은 현대사회의 진로를 잡아주고 개념의 궤도 이탈을 방지하는 중요한 사상적 제어판 역할을 하면서 미래로 향하고 있다.

참고문헌

강옥선, 〈19세기 영국 여성의 종속과 '별개의 영역'의 이데올로기〉, 《영어영문학연구》 제54
  권 3호(2012).

강평순, 〈자유주의 페미니즘에 대한 연구 : Wollstonecraft, Mill과 Woolf를 중심으로〉, 《영어영
  문학연구》 제39권 1호(1997).

김비환 외, 《인권의 정치사상》(이학사, 2010).

김혜숙 외, 《여성과 철학》(철학과현실사, 1999).

단테, 알리기에리, 《신곡 1 · 2 · 3》, 박상진 옮김(민음사, 2007).

달, 로버트, 《민주주의론》, 김왕식 외 옮김(동명사, 2002).

데카르트, 《성찰 : 자연의 빛에 의한 진리탐구 프로그램에 대한 주석》, 이현복 옮김(문예출
  판사, 1997).

돕슨, 앤드루, 《녹색정치사상》, 정용화 옮김(민음사, 1998).

라마자노글루, 캐롤린, 《페미니즘, 무엇이 문제인가》, 김정선 옮김(문예출판사, 1997).

랜달, 비키, 《여성과 정치》, 김민정 외 옮김(풀빛, 2000).

러너, 거다, 《역사 속의 페미니스트 : 중세에서 1870년까지》, 김인성 옮김(평민사, 2007).

루소, 장 자크, 《고독한 산책자의 몽상》, 김중현 옮김(한길사, 2007).

_____, 《에밀 또는 교육론 1 · 2》, 이용철 · 문경자 옮김(한길사, 2007).

_____, 《신엘로이즈 1 · 2》, 서익원 옮김(한길사, 2008).

롤만, 마리트 외, 《여성철학자》, 이한우 옮김(푸른숲, 2005).

류터, 로즈마리 래드퍼드, 《가이아와 하느님》, 전현식 옮김(이화여자대학교출판부, 2000).

마키아벨리, 니콜로, 《군주론》, 강정인 옮김(까치, 1994).

미네르바 정치연구회 엮음, 《국제질서의 패러독스》(인간사랑, 2005).

미스, 마리아 · 시바, 반다나, 《에코페미니즘》, 손덕수 · 이난아 옮김(창작과비평사, 2000).

밀, 존 스튜어트, 《자유론》, 서병훈 옮김(책세상, 2005).

_____,《여성의 종속》, 서병훈 옮김(책세상, 2006).

_____,《존 스튜어트 밀 자서전》, 최명관 옮김(창, 2010).

_____,《공리주의》, 이을상 옮김(지식을만드는지식, 2011).

_____,《대의 정부론》, 서병훈 옮김(아카넷, 2012).

바버, 벤자민,《지하드 맥월드》, 박의경 · 이진우 옮김(문화디자인, 2003).

박동천, 〈존 스튜어트 밀의 자유주의와 제국주의〉,《국제정치논총》제50집 4호(2010).

박의경, 〈여성과 정치사상 : 여성학적 인식론의 발견과 그 사상사적 지평〉, 한국여성정치문
　　화연구소 엮음,《여성과 정치 II》(1997).

_____, 〈자유 개념에 관한 여성주의적 고찰〉,《한국정치학회보》제33집 3호(1999).

_____, 〈공공 영역에서의 여성 가시화 전략 : 남성 사회에서 여성 공간〉,《여/성이론》통권
　　6호(여성문화이론연구소, 2002년 여름).

_____, 〈루소에 나타난 성과 정치〉,《아시아여성연구》제43집 2호(2004).

_____, 〈소프트 파워의 세계정치〉,《세계정치 : 문화와 국제정치》제28집 1호(2007).

_____, 〈참여민주주의를 위한 루소의 역설〉,《사회과학연구》제16집 2호(2008a).

_____, 〈페미니즘 : 민주주의의 완성을 위하여〉, 한국정치학회 엮음,《정치학 이해의 길잡
　　이 : 정치사상》(법문사, 2008b).

_____, 〈근대정치사상과 인권 그리고 여성〉,《한국정치외교사논총》제30집 2호(2009).

_____, 〈미국민주주의와 관용의 정신〉,《한국정치연구》제19집 3호(2010a).

_____, 〈'자유' 개념의 정치사상적 흐름에 대한 고찰〉,《현대사회과학연구》제14권(2010b).

_____, 〈근대정치사상에서의 여성과 자연〉,《오토피아》제25집 3호(2010c).

_____, 〈대중에서 시민으로〉,《한국정치학회보》제45집 5호(2011a).

_____, 〈열린 미래를 위한 여성정치전략〉,《21세기정치학회보》제21집 3호(2011b).

_____, 〈프랑스대혁명과 근대기획, 그리고 여성의 희망과 절망〉,《한국정치외교사논총》
　　제34집 1호(2012a).

_____, 〈루소와 울스톤크라프트〉,《정치사상연구》제18집 2호(한국정치사상학회, 2012b).

_____, 〈공리주의자 밀의 민주주의론 고찰〉,《국가와 정치》제19집(성신여자대학교 동아
　　시아연구소, 2013a).

_____, 〈계몽과 근대의 아포리아, 여성〉,《민주주의와 인권》제13권 1호(전남대학교 5.18
　　연구소, 2013b).

박의경 · 손봉숙, 《한국민주주의와 여성정치》(도서출판 풀빛, 2000).

버크, 에드먼드, 《숭고와 아름다움의 이념의 기원에 대한 철학적 탐구》, 김동훈 옮김(마티, 2006).

_____, 《프랑스 혁명에 관한 성찰》, 이태숙 옮김(한길사, 2008).

베리, 존 B., 《사상과 자유의 역사》, 박홍규 옮김(바오출판사, 2005).

베일리스, 존 외, 《세계정치론》, 하영선 외 옮김(을유문화사, 2009).

보리오-발리시, 사빈 · 장카리니-푸르넬, 미쉘, 《저속과 과속의 부조화, 페미니즘》, 유재명 옮김(부키, 2007).

보부아르, 시몬느, 《제2의 성》, 이희영 옮김(동서문화사, 2009).

볼, 테렌스 · 대거, 리차드, 《현대 정치사상의 파노라마》, 정승현 외 옮김(아카넷, 2006).

볼즈, 앤드류 엮음, 《국제정치에 윤리가 적용될 수 있는가》, 김한식 · 박균열 옮김(철학과현실사, 2004).

브론너, 스티븐 에릭, 《현대 정치와 사상》, 유홍림 옮김(인간사랑, 1999).

서병훈, 〈유치한 제국주의, 토크빌을 위한 변명〉, 《정치사상연구》 제17집 2호(2011a).

_____, 〈토크빌의 '새로운 자유주의'〉, 《한국정치학회보》 제45집 4호(2011b).

세이빈, 조지 · 솔슨, 토머스, 《정치사상사 1》, 성유보 · 차남희 옮김(한길사, 1997).

소기석, 《현대 환경윤리에 대한 종교학적 연구》(한국학술정보, 2005).

슈트, 스티븐 · 얼리, 수잔, 《현대사상과 인권》, 민주주의법학연구회 옮김(사람생각, 2000).

스콧, 조앤 W., 《페미니즘 위대한 역설》, 공임순 외 옮김(앨피, 2006).

스트라우스, 레오 · 크랍시, 조셉 엮음, 《서양정치철학사 I》, 김영수 외 옮김(인간사랑, 2010).

아가젠스키, 실비안느, 《성의 정치》, 유정애 옮김(일신사, 2004).

아리에스, 필립 외, 《사생활의 역사 3 : 르네상스부터 계몽주의까지》, 이영림 옮김(새물결, 2002).

에번스, 사라, 《자유를 위한 탄생》, 조지형 옮김(이화여자대학교 출판부, 1998).

오미영, 〈군사주의 폭력과 젠더화된 위계질서〉, 《여성연구논집》 제13집(2001).

오미영 · 황영주, 〈군사주의 폭력과 젠더화된 위계질서〉, 《여성과 평화 2》(2001).

울스턴크래프트, 메리, 《여권의 옹호》, 손영미 옮김(한길사, 2008).

울프, 버지니아, 《올랜도》, 김유정 옮김(혜원출판사, 1995).

_____, 《자기만의 방》, 이미애 옮김(민음사, 2006).

윌린, 셸던,《정치와 비전 1》, 강정인 외 옮김(후마니타스, 2007).

이근식,《존 스튜어트 밀의 진보적 자유주의》(기파랑, 2006).

이근식 · 서병훈,《자유주의와 한국사회》(철학과현실사, 2007).

이샤이, 미셸린,《세계인권사상사》, 조효제 옮김(길, 2005).

이영애 엮음,《뉴밀레니엄의 성정치학》(법문사, 2001).

이우정 엮음,《여성들을 위한 신학》(한국신학연구소, 1985).

이종은,《평등, 자유, 권리》(책세상, 2011).

잉글하트, 로널드 · 웰젤, 크리스찬,《민주주의는 어떻게 오는가》, 지은주 옮김(김영사, 2011).

장미경,《페미니즘의 이론과 정치》(문화과학사, 1999).

재거, 앨리슨 M. 외,《여성주의 철학 1~2》, 한국여성철학회 옮김(서광사, 2005).

전경옥, 〈근대성과 성찰적 근대화 논의에 대한 페미니스트 비판 : 인식론적 가능성〉,《한국정
　　　치학회보》제33집 4호(2000년 봄).

_____, 〈그림을 통해 본 가부장적 근대 유럽에서 활용한 여성 이미지의 이중성〉,《아시아
　　　여성연구》제50권 2호(2011).

조긍호 · 강정인,《사회계약론 연구》(서강대학교출판부, 2012).

조용훈,《동서양의 자연관과 기독교 환경윤리》(대한기독교서회, 2002).

조(한)혜정,《성찰적 근대성과 페미니즘》(또하나의문화, 1988).

클리프, 토니,《여성해방과 혁명》, 이나라 · 정진희 옮김(책갈피, 2008).

토크빌 A.,《미국의 민주주의》, 박지동 옮김(한길사, 1983).

_____,《앙시앵 레짐과 프랑스혁명》, 이용재 옮김(지식을만드는지식, 2013).

통, 로즈마리 푸트남,《페미니즘 사상 : 종합적 접근》, 이소영 옮김(한신문화사, 2000).

티커너, 안,《여성과 국제정치》, 황영주 외 옮김(부산외대출판부, 2001).

파머, 브라이언 외 엮음,《오늘의 세계적 가치》, 신기섭 옮김(문예출판사, 2006).

페이트만, 케럴 · 린든 쉐인리, 메어리 엮음,《페미니즘 정치사상사》, 이남석 · 이현애 옮
　　　김(이후, 2004).

페인, 토머스,《상식, 인권》, 박홍규 옮김(필맥, 2004).

펠스키, 리타,《근대성과 페미니즘》, 김영찬 · 심진경 옮김(거름, 1995).

프레스, 즈느비에브 외,《여성의 역사 4 : 페미니즘의 등장》, 권기돈 · 정나원 옮김(새물결,
　　　1998).

플라톤, 《국가 · 정체》, 박종현 역주(서광사, 1997).

_____, 《티마이오스》, 박종현·김영균 역주(서광사, 2000).

피오렌자, E. S., 《크리스챤 기원의 여성신학적 재건》, 김애영 옮김(종로서적, 1986).

하그리브스, 로버트, 《표현 자유의 역사》, 오승훈 옮김(시아출판사, 2006).

하디, 헨리 엮음, 《이사야 벌린의 자유론》, 박동천 옮김(아카넷, 2006).

하영선 엮음, 《21세기 평화학》(풀빛, 2002).

한국여성연구원 엮음, 《지구화 시대 여성주의 대안가치》(푸른사상, 2005).

한국영미문학페미니즘학회, 《페미니즘, 어제와 오늘》(민음사, 2000).

한정숙, 《여성은 이렇게 말했다》(길, 2008).

헌트, 린, 《프랑스 혁명의 가족 로망스》, 조한욱 옮김(새물결, 1999).

_____, 《인권의 발명》, 전진성 옮김(돌베개, 2009).

홍태영, 〈젠더화된 공화국 : 프랑스 혁명과 여성의 영역〉, 《아시아여성연구》 제43집 2호 (2004).

황영주, 〈평화, 안보 그리고 여성 : '지구는 내가 지킨다'의 페미니즘적 재정의〉, 《국제정치논총》 제43집 1호(2003).

황태연, 《환경정치학과 현대정치사상》(나남, 1994).

Abrams, Lynn, *The Making of Modern Woman : Europe 1789-1918*(Harlow, Great Britain : Pearson Education, Longman Publisher, 2002).

Acosta, Ana M., *Reading Genesis in the Long Eighteenth Century*(Burlington, VT : Ashgate, 2006).

Affeldt, Steven. G., "The Force of Freedom", *Political Theory*, vol. 27, no. 3(1999).

Akkerman, Tjitske · Stuurman, S. (eds.), *Perspectives on Feminist Political Thought in European History*(New York : Routledge, 2009).

Apetrei, Sarah, *Women, Feminism and Religion in Early Enlightenment*(Cambridge : Cambridge University Press, 2010).

Aristoteles, *The Politics of Aristotle*, Ernest Barker (trans.)(New York : Oxford University Press, 1958).

Ashworth, G. (ed.), *A Diplomacy of the Oppressed*(London : Zed Books, 1995).

Astell, Mary, *Astell : Political Writings*(Cambridge : Cambridge University Press, 1996).

_____, *A Serious Proposal to the Ladies*(New York : Broadview Press, 2002).

Babcock, Barbara A. (ed.), *The Reversible World : Symbolic Inversion in Art and Society*(Ithaca · London : Cornell University Press, 1978).

Barber, Benjamin, "Rousseau and the Paradoxes of the Dramatic Imagination", *Daedalus*, vol. 107, no. 5(1978).

_____, *Strong Democracy*(Berkeley : University of California Press, 1984).

Barry, B., *Justice as Impartiality*(Oxford : Clarendon Press, 1996).

_____, "Spherical Justice and Global Injustice", D. Miller · M. Walzer(eds.), *Pluralism, Justice and Equality*(Oxford : Oxford University Press, 1995).

Bay, Christian, *The Structure of Freedom*(Stanford : Stanford University Press, 1958).

Beauvoir, Simone de, *The Second Sex*(New York : Vintage Books, 1952).

Beck, L. W., *Kant : Selections*(New York : Macmillan Publishing Co., 1988).

Bem, Sandra L., *The Lenses of Gender*(New Haven, CT : Yale University Press, 1993).

Benhabib, S., "The generalized and the Concrete Other", E. Kittay · D. Meyers (eds.), *Women and Moral Theory*(Totowa, NJ : Rowman and Littlefield, 1987).

Berlin, I., *Four Essays on Liberty*(New York : Oxford University Press, 1970).

Berman, Marshall, *The Politics of Authenticity : Radical Individualism and the Emergence of Modern Society*(New York : Atheneum, 1972).

Blum, Carol, *Rousseau and the Republic of Virtue*(Ithaca : Cornell University Press, 1986).

Bogdan, Popa, "Mill, Gender Ideal and Gender Oppression", *Thinking Gender Papers*(UCLA Center for the Study of Women, 2011).

Bosanquet, B., *The Philosophical Theory of the State*(New York : Macmillan Co., 1899).

Brint, M. E., "Echoes of Narcisse", *Political Theory*, vol. 16, no. 4(1988).

Broude, Norma · Garrard, Mary D., *Feminism and Art History : Questioning the Litany*(New York : Harper and Row Publishers, 1982).

Brown, Sarah, "Feminism, International Theory and International Relations of Gender Inequality", *Millennium*, vol. 17, no. 3(1988).

Brugess-Jackson, Keith, "John Stuart Mill, Radical Feminist", *Social Theory and Practice*, vol. 21, no. 3(1995).

Cassirer, E., *The Question of Jean-Jacques Rousseau*, Peter Gay (ed.)(New York : Columbia University Press, 1954).

_____, *Rousseau, Kant, Goethe*(New York : Harper and Row Publishers, 1963).

Chapman, John, *Rousseau—totalitarian or liberal?*(New York : Columbia University Press, 1956).

Charvet, J., *The Social Problem in the Philosophy of Rousseau*(London : Cambridge University Press, 1974).

Cicero, *On the Commonwealth*, G. Sabine (trans.)(New York : Macmillan Publishing Co., 1985).

Cixous, Helene, "The laugh of the Medusa", K. Cohen · P. Cohen (trans.), *Signs*, vol. 1, no. 4(1979).

Clark, R., *Herder : His Life and Thought*(Berkeley : University of California Press, 1969).

Coleman, Patrick, *Rousseau's Political Imagination*(Geneva : Droz, 1984).

Connell, R. W., *Gender and Power*(Stanford : Stanford University Press, 1987).

Connoly, William, *Political Theory and Modernity*(Oxford and New York : Basil Blackwell, 1988).

Craiutu, A., "Tocqueville's Paradoxical Moderation", *The Review of Politics*, vol. 67, no. 4(2005).

Croce, B., *History as the Story of the Liberty*, S. Spigge (trans.)(New York : W. W. Norton and Co., 1941).

Crowley, Helen, "Women and the Domestic Sphere", Stuart Hall et al. (eds.), *Modernity : An Intro-duction to Modern Societies*(Oxford : Blackwell, 1996).

Dandekar, N., "Ecofeminism", *American Nature Writer*, Fall/Winter(1990).

Dante, Alighieri, *Divina Commedia*(1302~1320).

Davis, Natalie Zemon · A, Farge(eds.), *A History of Women in the West*, vol. III(Cambridge, MA : The Belknap Press of Harvard University Press, 1994).

Derathe, R., *Jean-Jacques Rousseau et la Science Politique de son Temps*(Paris : Vrin, 1950).

Deutscher, Penelope, "When Feminism is high and Ignorance is low : Harriet Taylor Mill on the Progress of the Species", *Hypatia*, vol. 21, no. 3(2006).

Donner, Wendy, "John Stuart Mill's Liberal Feminism", *Philosophical Studies*, vol. 69(1993), 155 ~166쪽.

Dresen-Coenders, Lene (ed.), *Saints and She-Devils : Images of Women in the 15th and 16th Centuries*(Nijimegen, Netherlands : The Rubicon Press, 1987).

Duby, Georges · Perrot, Michelle (eds.), *A History of Women in the West : Renaissance and Enlightenment Paradoxes*(London : The Belknap Press of Harvard University Press, 1993).

Ellison, Charles, "Rousseau and the Modern City : The Politics of Speech and Dress", *Political Theory*, vol. 13, no. 4(1985).

Elshtain, Jean, *Women and War*(Chicago : University of Chicago Press, 1987).

Emad, Mitra C., "Reading Wonder Woman's Body : Mythologies of Gender and Nation", *The Journal of Popular Culture*, vol. 39, no. 6(2006).

Engels, Frederick, *The Origin of the Family, Private Property, and the State*, Evelyn Reed (trans.)(New York : Pathfinder Press, 1972).

Enloe, Cynthia, *Bananas, Beaches, and Bases : Making Feminist Sense of International Politics*(Berkeley : University of California Press, 1983).

Fairchilds, Cissie, *Women in Early Modern Europe : 1500-1700*(Harlow : Pearson Education, Longman Publishers, 2007).

Falco, M. (ed.), *Feminist Interpretations of Mary Wollstonecraft*(University Park, PA : Pennsylvania State University Press, 1996).

Feenberg, Andrew, *Critical Theory of Technology*(New York : Oxford University Press, 1991).

Ferguson, Moira, "Mary Wollstonecraft and the Problematic of Slavery", *Feminist Review*, no. 42(1992).

Ferguson, Susan, "The Radical Ideas of Mary Wollstonecraft", *Canadian Journal of Political Science*, vol. 32, no. 3(1999).

Ferraro, Kathleen J., *Neither Angels nor Demons : Women, Crime, and Victimization*(Boston : Northeastern University Press, 2006).

Fetscher, I., "Rousseau's concept of Freedom", *Nomos*, vol. IV : Liberty(1962).

Firestone, Shulamith, *The Dialectic of Sex*(New York : William Morrow, 1970).

Freedman, Estelle, *The Essential Feminist Reader*(New York : Modern Library, 2007).

Friedan, Betty, *Feminine Mystique*(New York : Dell Publishing, 1963).

Fromm, E., *Escape from Freedom*(New York : Rinehart and Co., 1941).

Gay, Peter, *The Enlightenment : An Introduction*, vol. 2, *The Science of Freedom*(London : Wildwood House, 1973).

Gerson, Gal, "Liberal Feminism : Individuality and Oppositions in Wollstonecraft and Mill", *Political Studies*(2002), vol. 50, 794~810쪽.

Gilligan, Caro, *In a Different Voice*(Cambridge, MA : Harvard University Press, 1982).

Godineau, Dominique, *The Women of Paris and their French Revolution*, K. Streip (trans.)(Berkeley : University of California Press, 1998).

Goodin, R., *Utilitarianism as a Public Philosophy*(Cambridge : Cambridge University Press, 1995).

Gould, Carol, *Beyond Domination*(Totowa, NJ : Rowman and Allhanheld, 1984).

Green, T. H., *Lectures on the Principles of Political Obligation*(London : Longmans, 1941).

Gunther-Canada, Wendy, *Rebel Writer : Mary Wollstonecraft and Enlightenment Politics*(Dekalb, IL : Northern Illinois University Press, 2001).

Hall, Stuart · Held, David · Hubert, Don · Thompson, Kenneth (eds.), *Modernity* : An Introduction to Modern Societies(Oxford : Blackwell, 1996).

Hamilton, Edith · Cairns, H. (eds.), *The Collected Dialogues of Plato*(Princeton : Princeton University Press, 1971).

Hardin, Garrett, "The Tragedy of the Commons", *Science,* vol. 162(1968년 12월 13일).

Hayek, Friedrich, *John Stuart Mill and Harriet Taylor : Their Correspondence and Subsequent Marriage(1951)*(Whitefish, MT : Kessinger Publishing, LIC., 2010).

Hegel, G. W. F., *Philosophy of Right*, T. M. Knox (trans.)(Oxford : Clarendon Press, 1952).

_____, *The Philosophy of History*, J. Sibree (trans.)(New York : Dover Publications, Inc., 1956).

Hekman, Susan, "The Feminization of Epistemology", *Journal of Women, Politics and Policy*, vol. 7, no. 3(1987).

_____, "John Stuart Mill's the Subjection of Women : the Foundations of Liberal Feminism", *History of European Ideas*, vol. 15, issues 4~6(1992).

Held, Virginia, "The meshing of care and justice", *Hypatia*, vol. 10, no. 2(1995).

Herder, Johann G., *Outlines of a Philosophy of the History of the Mind*, T. Churchil (trans.)(New York : Bergman Publishers, 1800).

Hesse, Carla, *The Other Enlightenment*(Princeton, NJ : Princeton University Press, 2003).

Hill, Bridget, "The Links between Mary Wollstonecraft and Catharine Macaulay : New Evidence", *Women's History Review*, vol. 4, issue. 2(1995).

Himmelfarb, Gertrude, *The Roads to Modernity*(New York : Vintage Books, 2003/Random House, Inc., 2004).

Hirschmann, Nancy, *Gender, Class and Freedom in Modern Political Theory*(Princeton, NJ : Princeton University Press, 2008).

Hobbes, T., *Leviathan*(New York : Penguin Books, 1986).

Hobsbawm, E. J., *The Age of Revolution, 1789-1948*(Hachette, UK : New American Library, 1962).

Hofstede, "The Role of Cultural Values in Economic Development", Arvedson · Lonnroth · Ryden (eds.), *Economics and Values*(Center for Business and Policy Studies, Almqvist and Wiksell International, 1986).

Horowitz, Maryanne Cline, "Aristotle and Woman", *Journal of the History of Biology*, vol. 9, no. 2(1976년 가을), 183~213쪽.

Hume, D., *Theory of Politics*, F. Watkins (ed.)(London : Nelson, 1951).

Hunt, Lynn (ed.), *The French Revolution and Human Rights*(New York : Bedford/St. Martin's, 1996).

_____, *Inventing Human Rights : a History*(New York : W. W. Norton&Co., 2007).

Ingham, Arleen M., *Women and Spirituality in the Writing of more Wollstonecraft, Stanton and Eddy*(New York : Palgrave and Macmillan, 2010).

Irigaray, Luce, *The Sex Which is not One*, C. Porter · C. Burke (trans.)(Ithaca, NY : Cornell University Press, 1985).

Ishay, Micheline, *The History of Human Rights : From Ancient Times to the Globalization Era*(Berkeley : University of California Press, 2004).

Israel, Jonathan I., *Radical Enlightenment*(Oxford : Oxford University Press, 2001).

Jacobs, Jo Ellen (ed.), *The Complete Works of Harriet Taylor Mill*(Bloomington, IN : Indiana University Press, 1998).

_____, *The Voice of Harriet Taylor Mill*(Bloomington, IN : Indiana University Press, 2002).

Jaggar, Alison, *Feminist Politics and Human Nature*(Totowa, NJ : Rowman and Allanheld Harvester, 1983).

Jaggar, Alison · Rothenberg, Paula, *Feminist Frameworks*(New York : McGraw-Hill Book Company, 1984).

Jansen, Sharon L., *Debating Women, Politics, and Power in Early Modern Europe*(Houndmills · Basingstoke · New York : Palgrave Macmillan, 2008).

Johnson, C. (ed.), *Mary Wollstonecraft*(New York : Cambridge University Press, 2002).

Kant, I., *The Metaphysics of Morals*, M. Gregor (trans.)(Cambridge : Cambridge University Press, 1991).

Kelly, Gary, *Revolutionary Feminism*(London : Macmillan Press Ltd., 1996).

King, Y., "Ecology of feminism and feminism of ecology", *Healing and the Wounds*, J. Plant (ed.) (Philadelphia, PA : New Society Publishers, 1989).

Knott, Sarah · Taylor, Barbara (eds.), *Women, Gender and Enlightenment*(Great Britain : Palgrave Macmillan, 2007).

Krieger, L., "Stages in the History of Political Freedom", *Nomos*(1950).

Kristeva, Julia, *Desire in Language, A Semiotic Approach to Literature and Art*, T. Gora · A. Jardine · L. S. Roudiez (trans.)(Oxford : Blackwell, 1982).

Kunzle, David, "World Upside Down : The Iconography of a European Broadsheet Type", Barbara A. Babcock (ed.), *The Reversible World : Symbolic Inversion in Art and Society*(Ithaca · London : Cornell University Press, 1978).

Laird, J., *On Human Freedom*(London : George Allen and Unwin Ltd., 1947).

Landes, Joan, *Women and the Public Sphere in the Age of the French Revolution*(Ithaca, NY : Cornell University Press, 1988).

Laqueur, Thomas, *Making Sex : Body and Gender from the Greeks to Freud*(Boston : Harvard University Press, 1990).

Lazreg, M., "Feminism and Difference", M. Hirsch · E. Fox Keller (eds.), *Conflicts in Feminism*(New York : Routledge, 1990).

Lefebvre, George, *The Coming of the French Revolution*(Princeton, NJ : Princeton University Press, 1989).

Lloyd, G., *Part of Nature in Spinoza's Ethics*(Ithaca, NY : Cornell University Press, 1994).

_____, *Feminism and History of Philosophy*(Oxford : Oxford University Press, 2002).

Locke, J., *Two Treatises of Government*, P. Laslett (ed.)(New York : A Mentor Book, 1965).

_____, *An Essay Concerning Human Understanding*, P. H. Nidditch (ed.)(Oxford : Clarendon

Press, 1975).

Locke, Jill · Botting, Eileen Hunt, *Feminist Interpretations of Alexis de Tocqueville*(University Park, PA : Pennsylvania State University Press, 2009).

Lyndon Shanley, Mary · Pateman, Carole (eds.), *Feminist Interpretation and Political Theory*(Pennsylvania : The Pennsylvania State University Press, 1991).

Lynn, John A. II, *Women, Armies, and Warfare in Early Modern Europe*(Cambridge · New York · Melbourne · Madrid · Cambridge University Press, 2008).

Machiavelli, Niccoló, *The Prince*(1512).

Mann, Hollie · Spinner-Halev, Jeff, "John Stuart Mill's Feminism : On Progress, the State and the Path to Justice", *Polity*, vol. 42, no. 2(2010).

Marshall, Barbara L., *Engendering Modernity : Feminism, Social Theory and Social Change*(Boston : Northeastern University Press, 1994).

Matheson Peter, "Breaking the Silence : Women, Censorship, and the Reformation", *The Sixteenth Century Journal*, vol. 27, no. 1(1996년 봄), 97~109쪽.

Mazzini, Giuseppe, *The Duties of Man and Other Essays*(London : J. M. Dent and Co., 1929).

McLay, Molly, "From Wollstonecraft to Mil", *Constructing the Past*, vol. 7, no.1(2006).

Merchant, C., *Earthcare : Women and the Environment*(London : Routledge, 1996).

Mill, Harriet Taylor, *Woman's Rights Tracts*(Boston : Forgotten Books, 2012).

Mill, J. S., *Collected Works of J. S. Mill*, vol. VIII, John M. Robson (ed.)(Toronto : University of Toronto Press, 1963).

_____, *Autobiography*(London : Penguin Books, 1989).

_____, *On Liberty and Other Essays*, John Gray (ed.)(Oxford : Oxford University Press, 1991).

_____, *Principles of Political Economy*(New York : Prometheus Books, 2004).

_____, *Essays on Ethics, Religion and Society*(Indianapolis, IN : Liberty Fund, 2006).

Mill, J. S. · Riley, Jonathan, *Principles of Political Economy and Chapters on Socialism*(Oxford : Oxford University Press, 2008).

Millet, Kate, *Sexual Politics*(Garden City, NY : Doubleday Press, 1970).

Mineka, Francis, *The Dissidence of Dissent*(Chapel Hill : University of North Carolina Press, 1944).

Mitchell, Juliet, *Woman's Estate*(New York : Pantheon Books, 1971).

Mohanty, C. T., "Under Western eyes : feminist scholarship and colonial discourse", *Boundary* 2(1984).

Molloy, Patricia, "Subversive Strategies or Subverting Strategy? : Toward a Feminist Pedagogy for Peace", *Alternatives* 20(1995).

Montesquieu, *De l'Esprit des Lois*, Tome I · II(Paris : Editions Garnier Frères, 1961).

Morrison, Susan S. "The Feminization of the German Democratic Republic in Political Cartoons 1989-90", *Journal of Popular Culture*, vol. 25, no. 4(1992년 봄), 35~52쪽.

Mueller, Iris Wessel, *John Stuart Mill and French Thought*(Urbana, IL : University of Illinois Press, 1956).

Muller, H., *Freedom in the Western World*(New York : Harper and Row Publishers, 1964).

Nagel, T., *Equality and Partiality*(New York : Oxford University Press, 1991).

Nussbaum, Martha, "Onora O'Neil 1 : Justice, gender and international boundaries", M. Nussbaum · A. Sen (eds.), *The Quality of Life*(Oxford : Clarendon Press, 1993).

O'Brien, Karen, *Women and Enlightenment in Eighteenth Century Britain*(Cambridge : Cambridge University Press, 2009).

Offen, Karen, *European Feminisms 1700-1950 : A Political History*(Standford : Standford University Press, 2000).

Okin, Susan Moller, *Women in Western Political Thought*(Princeton, NJ : Princeton University Press, 1979).

O'Neill, Daniel I., *The Burke-Wollstonecraft Debate*(University Park, PA: Pennsylvania State University Press, 2007).

O'Neill, Onora, "Justice, gender and international boundaries", M. Nussbaum · A. Sen (eds.), *The Quality of Life*(Oxford : Clarendon Press, 1993).

Pateman, Carole, "Sublimation and Reification : Locke, Wolin and the Liberal Democratic Conception of the Political", *Politics and Society*, vol. 5, no. 4(1975), 441~467쪽.

Pateman, Carole., *The Sexual Contract*(Standford : Standford University Press, 1988).

_____ (ed.), *Disorder of Women : Democracy, Feminism and Political Theory*(Stanford, CA : Stanford University Press, 1989).

Peterson, V. Spike, *Gendered States*(Boulder, CO : Lynne Rienner Publishers, 1992).

_____, "Transgressing Boundaries : Theories of Knowledge, Gender and International Relations", *Millennium*, 21(2)(1992).

Phillips, Anne, "Feminism and Liberalism Revisited : Had Martha Nussbaum got it Right?", *Constellations*, vol. 8, no. 2(2001).

Plaet et al., *The Collected Dialogue of Plato*(Princeton, NJ : Princeton University Press, 2005).

Plato, *Republic*, A. Bloom (trans.)(New York : Basic Books, 1968).

Plumwood, V., "Women, Humanity and Nature", *Radical Philosophy*(1988년 봄).

_____, *Feminism and the Mastery of Nature*(New York : Routledge, 1993).

Randall, V., *Women and Politics*(Chicago : University of Chicago Press, 1982).

Randall, Vicky · Waylen, Georgia, *Gender, Politics and the State*(New York : Routledge, 1998).

Rauschenbusch-Clough, Emma, *A Study of Mary Wollstonecraft and the Rights of Woman*(General Books, The Longmans, Green Co., 2009)(www.General-Books.net).

Rawls, J. (ed.), *Theory of Justice*(Cambridge, MA : Harvard University Press, 1971).

Reeves, Richard, *John Stuart Mill : Victorian Firebrand*(London : Atlantic Books, 2007).

Reiss, H., *Kant's Political Writings*(Cambridge : University Press, 1970).

Ring, Jennife, "Mill's The Subjection of Women : The Methodological Limits of Liberal Feminism", *The Review of Politics*, vol. 47, no. 1(1985).

Rossi, Alice S., *Essays on Sex Equality : J. S. Mill and Harriet Taylor Mill*(Chicago, IL : University of Chicago Press, 1970).

Rousseau, J. J., *Politics and the Arts*, Allan Bloom (ed. · trans.)(Ithaca, NY : Cornell University Press, 1960).

_____, *Œuvre Complètes de Jean-Jacques Rousseau*, 4 vols(Paris : Gallimard, 1964~1969).

_____, *The First and Second Discourse*, Roger Masters (ed.)(New York : St. Martin's Press, 1964).

_____, *La Nouvelle Héloïse*, J. McDowell (trans.)(University Park, PA : Pennsylvania State University, 1968).

_____, *On the Social Contract*, R. Masters (trans.)(New York : St. Martin's Press, 1978).

_____, *Emile or Education*, A. Bloom (trans.)(New York : Basic Books, 1979).

_____, *Essay on the Origin of Language*, Victor Gourevitch (ed. · trans.)(New York : Harper and Row, 1986).

Ruether, R. R., *Religion and Sexism*(New York : Simon and Schuster, 1974).

_____ , *New Woman/New Earth : Sexist Idelologies and Human Liberation*(New York : Seabury, 1975).

Ruggiero, Guido de, *The History of European Liberalism*(Boston : Beacon Press, 1959).

Sabine, George, *A History of Political Theory*(Hillsdale, IL : Dryden Press, 1973).

Sapiro, Virginia, *A Vindication of Political Virtue*(Chicago : University of Chicago Press, 1992).

Saxonhouse, A., *Women in the History of Political Thought*(New York : Praeger, 1985).

_____ , *Fear of Diversity : The Birth of Political Science in Ancient Greek Thought*(Chicago : University of Chicago Press, 1992).

Schwartz, Joel, *The Sexual Politics of Jean-Jacques Rousseau*(Chicago, IL : University of Chicago Press, 1984).

Scott, Joan, "French Feminism and the Rights of Man : Olympe de Gouges's Declaration", *History Workshop Journal* 28(1989).

Sennett, Richard, *The Fall of Public Man : On the Social Psychology of Capitalism*(New York : Knopf, 1974).

Shanley, Mary · Pateman, Carole, *Feminist Interpretations and Political Theory*(University Park, PA : Pennsylvania State University Press, 1991).

Shiva, V., *Staying Alive, Women, Ecology and Development*(New Delhi : Fali for Women, 1989).

Shklar, Judith, *Men and Citizens : A Study of Rousseau's Social Theory*(Cambridge : Cambridge University Press, 1969).

Sophocles, *Three Theban Plays*, T. H. Banks (trans.)(New York : Oxford University Press, 1956).

Spence, Jean · Aiston, Sarah · Meikle, Maureen (eds.), *Women, Education and Agency : 1600-2000*(New York : Routledge, 2010).

Squires, Judith, *Gender in Political Theory*(Cambridge, UK : Polity Press, 1999).

Stafford, William, "Is Mill's 'liberal' Feminism 'masculinist'?" *Journal of Political Ideologies*, vol. 9, no. 2(2004).

Starobinski, Jean, *Jean-Jacques Rousseau : Transparency and Obstruction,* Arthur Goldhammer (trans.) (Chicago : Chicago University Press, 1988).

Steans, Jill, *Gender and International Relations*(New Brunswick, NJ : Rutgers University Press, 1998).

Strauss, Leo, *Natural Right and History*(Chicago : University Press, 1955).

_____, *What is Political Philosophy*(Chicago : University of Chicago Press, 1959).

Strauss, Leo · Cropsey, J. (eds.), *History of Political Philosophy*(Chicago : Chicago University Press, 1972).

Strong, Tracy, *Jean-Jacques Rousseau : The Politics of the Ordinary*(Thousand Oaks, CA : Sage Publications, 1994).

Sylvester, Christine, "Riding the Hyphens of Feminism, Peace, and Place in Four-(or More) Part Cacophony", *Alternatives* 18(1993).

_____, *Feminist Theory and International Relation in a Postmodern Era*(New York : Cambridge University Press, 1994).

_____, "Masculinity and Femininity in the Construction of a New Order of Peace"(한국국제정치학회 유네스코 공동학술회의 발표논문, 2000).

Szapuova, Mariana, "Mill's Liberal Feminism : Its Legacy and Current Criticism", *Prolegomena*, vol. 5, no. 2(2008).

Taylor, Barbara, *Mary Wollstonecraft and the Feminist Imagination*(Cambridge : Cambridge University Press, 2003).

Tickner, J. Ann, *Gender in International Relations*(New York : Columbia University Press, 1992).

_____, "Searching for the Princess? : Feminist Perspectives in International Relations", *Harvard International Review* 21(1999).

_____, *Gendering World Politics*(New York : Columbia University Press, 2001).

Tocqueville, Alexis de, *Old Regime and the French Revolution*, S. Gilbert (trans.)(New York : Anchor Books, 1955).

_____, *Democracy in America*, 2 vols, P. Bradley (trans.)(New York : Alfred A. Knopf, Inc., 1960).

_____, *Souvenirs*, J. P. Mayers (ed.)(Paris : Gallimard, 1964).

_____, *Selected Letters on Politics and Society*, Roger Boesche (ed.)(Berkerley : University of California Press, 1985).

_____, *The Tocqueville Reader*, Olivier Zunz · A. Kahn (eds.)(Oxford : Blackwell, 2002).

Todd, Janet (ed.), *Wollstonecraft Anthology*(New York : Columbia University, 1977).

_____, *Women's Friendship in Literature*(New York : Columbia University Press, 1980).

_____ (ed.), *The Collected Letters of Mary Wollostonecraft*(New York : Columbia University Press, 2003).

Todd, Janet · M. Butler (eds.), *The Works of Mary Wollstonecraft*, vol. 5(New York : New York University Press, 1989).

Tokar, B., *The Green Alternative*(San Pedro : R. and E. Miles, 1987).

Tong, Rosemarie, *Feminist Thought*(Boulder, CO : Westview Press, 1988).

Tronto, J., *Moral Boundaries : A Political Argument for an Ethic of Care*(New York, NY : Routledge, 1993).

_____ , "Care as a basis for radical political judgment", *Hypatia*, vol. 10, no. 3(1995).

Urbinati, Nadia, *Mill on Democracy*(Chicago, IL : University of Chicago Press, 2002).

Urbinati, Nadia · Zakaras, Alex, *J. S. Mill's Political Thought*(Cambridge : Cambridge University Press, 2007).

Velkley, R., *Freedom and the End of Reason*(Chicago : The University of Chicago Press, 1989).

Walzer, M., *Spheres of Justice*(New York : Basic Books, 1983).

_____ , "Interpretation and Social Criticism", S. M. McMurrin (ed.), *The Tanner Lectures on Human Values*(Salt Lake City : University of Utah Press, 1988).

Welch, Cheryl B. (ed.), *The Cambridge Companion to Tocqueville*(Cambridge : Cambridge University Press, 2006).

Wiesner-Hanks, Merry. E., *Women and Gender in Early Modern Europe*(New York, NY : Cambridge University Press, 2008).

Willen, Diane, "Women in the Public Sphere in Early Modern England : The Case of the Urban Working Poor", *The Sixteenth Century Journal*, vol. 19, no. 4(1988년 겨울), 559~575쪽.

Wolin, S., *Politics and Vision*(Boston : Little, Brown and Co., 1960).

Wollstonecraft, M., *Vindication of the Rights of Woman*(London : Penguin Books, 1985).

_____ , *Mary and The Wrongs of Woman*(Oxford : Oxford University Press, 1990).

Young, Iris M., *Justice and the Politics of Difference*(Princeton, NJ : Princeton University Press, 1990).

_____ , *Throwing Like a Girl and Other Essays in Feminist Philosophy and Social Theory*(Bloomington : Indiana University Press, 1990).

Zalewski, M., "Well, what is the feminist perspective in Bosnia?", *International Affairs* 71 : 2(1995).

Zedner, Lucia, *Women, Crime, and Custody in Victorian England : Oxford Historical Monographs*(Oxford
    : Clarendon Press, 1991).

Zerilli, L., *Signifying Woman*(Ithaca, NY : Cornell University Press, 1994).

_____, *Feminism and the Abyss of Freedom*(Chicago : University of Chicago Press, 2005).

여성의 정치사상
울스턴크래프트와 밀

펴낸날   초판 1쇄   2014년 8월 15일

지은이   박의경

펴낸이   김직승
펴낸곳   책세상
주소   서울시 마포구 광성로1길 49 대영빌딩 4층(121-854)
전화   02-704-1251(영업부), 02-3273-1333(편집부)
팩스   02-719-1258
이메일   bkworld11@gmail.com
홈페이지   www.bkworld.co.kr
등록   1975. 5. 21. 제1-517호

ISBN   978-89-7013-884-8 93340